审计
高效工作法

陈英飞——著

中国铁道出版社有限公司
CHINA RAILWAY PUBLISHING HOUSE CO., LTD.

北 京

图书在版编目（CIP）数据

审计高效工作法 / 陈英飞著 . -- 北京：中国铁道
出版社有限公司，2025. 3. -- ISBN 978-7-113-31599-3

Ⅰ. F239.22

中国国家版本馆 CIP 数据核字第 20244QU980 号

书　　名：**审计高效工作法**
　　　　　SHENJI GAOXIAO GONGZUOFA

作　　者：陈英飞

责任编辑：王淑艳　　　　编辑部电话：(010)51873022　　　电子邮箱：554890432@qq.com
封面设计：末末美书
责任校对：苗　丹
责任印制：赵星辰

出版发行：中国铁道出版社有限公司（100054，北京市西城区右安门西街 8 号）
网　　址：https://www.tdpress.com
印　　刷：河北宝昌佳彩印刷有限公司
版　　次：2025 年 3 月第 1 版　　2025 年 3 月第 1 次印刷
开　　本：710 mm×1 000 mm　1/16　**印张**：16　**字数**：257 千
书　　号：ISBN 978-7-113-31599-3
定　　价：69.80 元

　　一直想为不了解审计行业及刚进入这个行业的新人朋友写一本关于审计的书，希望能让一个没有财务、审计基础知识的人，能够快速了解审计工作，顺利度过初入职场的迷茫期。写书的初衷同笔者的公众号"审计工厂"一样，都是希望帮助初入职场的新人朋友。

　　市面上有很多审计书籍，它们严谨、专业、逻辑清晰，作者也均是来自于财务、审计等领域的优秀人才，而笔者只是数百万审计人中的一个平凡的缩影，只是有幸通过公众平台让更多的人认识。笔者的审计之路并非坦途，也曾经历过职场初期的种种困难，所以更能对新人朋友感同身受。这本书主要是对初入职场的新人朋友进行审计思路的引导，帮助他们建立审计思维。本书的内容尽可能"接地气"，让各位新人朋友在轻松阅读的同时有所思、有所悟。

　　需要注意的是，这本书是从外部会计师事务所（以下简称事务所）的角度来写，不包含政府审计、企业内部审计。虽然方向不同，但是思维是共通的。

　　本书分为八章：第一章是带领审计新人朋友宏观了解审计工作，以通俗易懂的文字介绍审计的起源与常规审计的工作流程，辅以审计认定与重要性水平的概念，以贴近日常的举例，使读者形成对审计工作的初步认识；第二章详细讲解初入职场所面临的基础工作，如监盘、抽查会计凭证、常见审计抽样方法，以及审计工作实用的 Excel 工具，为后期工作做好充分准备；第三章是在前面两章的铺垫后，读者可以进一步深入了解审计工作，正式对内部控制与实质性程序进行思路引导；第四章主要内容是透过生产成本帮助新人朋友理解企业财务运作，如想了解机器的运作，就必须明白其内部各个精密零件如何紧密配合，审计亦是如此，明白其内在逻辑，才能将其层层拆解并发现问题；第五章介绍常见科目实质性测试的关注思路，在实务中举一反三；第六章主要介绍常用的分析思路，然后以两节实操内容分析带读者走进真实的审计分析程序之中，通过合理的分析，能让底稿生动且丰富，增强底稿的可靠性；第七章帮助读者理解现金流量表编制的逻辑，并以实操示例演示编制过程，帮助读者揭开现金流量表的面纱；第八章作为本书的最后一章，主要为笔者在工作中对一些事务的看法，如业财融合、审计收费与独立性、事务所利益与员工待遇的矛盾，以及对审计工作压力的调节。

最后，用蘑菇定律结尾，新人朋友常常会从事一些基础工作，有时可能得不到必要的指导和提携。但是，蘑菇生长必须经历这样一个过程，人的成长也肯定会经历这样一个过程。这就是蘑菇定律，或叫萌发定律。

笔者的个人微信公众号：审计工厂，可关注并阅读相关文章。

目　录

I

第3章　整装待发——内部控制与实质性程序思路引导

第4章　行稳致远——透过成本核算理解企业财务运作

第5章　见微知著——常见科目的实质性测试

第 6 章　画龙点睛——如何做分析程序

第 7 章　返璞归真——揭开现金流量表的面纱

第 8 章　尘埃落定——尾章

结　语

第1章 初入职场——了解审计工作

童年时，常常幻想自己是身怀绝技行走"江湖"的侠士，直至步入职场，幻想与现实发生了明显的转化，绝技变成了 Excel 技能，武器变成了笔记本电脑，行走职场自然是四处出差奔走。本书的第一章，就从笔者的视角，带各位初入职场的新人朋友，了解审计人的工作，通过介绍审计的起源与常规审计的工作流程，辅以审计认定与重要性水平的概念，以贴近日常的举例，来使读者形成对审计工作的初步认识，揭开审计工作的神秘面纱。

1.1 审计的起源与基础知识

简单来说，审计起源于股份公司所有权和管理权的分离，大多数股东不参与公司的经营管理，但出于自身利益，非常关心公司的经营成果，于是产生了由独立会计师对公司财务报表进行审计，以保证管理层编制的财务报表真实可靠。审计业务涉及"三方关系人"，分别是注册会计师、被审计单位管理层（责任方）、财务报表预期使用者。如今市场对审计的需求越来越旺盛，需要一份客观而专业的审计报告，满足除管理层之外诸多财务报表预期使用者（股东、公司债权人、供应商、顾客、证券监管机构等）的需求，于是便有了审计从业者。

虽然审计人在实务中面临的问题千奇百怪，但审计人遵循的永远都是《企业会计准则》和《中国注册会计师审计准则》（以下简称《审计准则》），日积月累的经验形成了一套标准的"生产工艺流程"，如编制底稿（从初步业务活动到业务完成阶段的底稿模板应有尽有）、年度审计、尽职调查、经济责任审计等报告模板一应俱全。

在介绍审计的生产工艺流程之前，通过理解序时账、科目余额表、资产负债表之间的关系，既能够让新人朋友了解一些会计基础知识，也能够帮助新人朋友进一步理解审计工作。简单来说，这三张表就像衣服：序时账是线，科目余额表是线织成的布料，财务报表就是做好的衣服。如果说会计是在制作衣服，那审计的目标就是检查衣服的质量。

序时账也叫日记账，是按照经济业务发生的时间先后顺序逐日逐笔登记的账簿。想象一下我们日常记录收支的流水账，比如学生时代花钱买的鞋子、衣服、袜子、香蕉、苹果等，收到父母给的生活费、兼职收入等，示例见表 1-1。

表 1-1 流水账示例

金额单位：元

项　　目	金　　额
收入合计	2 000
其中：父母给的生活费	1 500
兼职收入	500
支出合计	290
其中：鞋子	100
衣服	150
袜子	10
香蕉	10
苹果	20
余额	1 710

　　企业的序时账也是一样的道理，只不过更正式一些。会计科目按其所提供信息的详细程度及其统驭关系不同，分为总分类科目和明细分类科目。例如，鞋子、衣服、袜子可分到"生活用品"，香蕉、苹果可分到"水果"一类中，这就是总分类科目；明细分类科目就是对总分类科目做进一步分类，提供更详细、更具体的会计信息科目，"水果"下的香蕉、苹果就是明细分类科目。

　　假设，我们在 2023 年 1 月 1 日开了一家水果店，出资 20 万元，然后去批发市场分别采购了 20 斤苹果和香蕉，我们需要这样来记账，见表 1-2。

表 1-2 记账示例

金额单位：元

日　　期	凭证号	科目名称	摘　　要	借方金额	贷方金额
2023 年 1 月 1 日	记-001	银行存款	收到开店资金	200 000	—
2023 年 1 月 1 日	记-001	实收资本	收到开店资金	—	200 000
2023 年 1 月 1 日	记-002	库存商品	采购 20 斤苹果	100	—
2023 年 1 月 1 日	记-002	库存商品	采购 20 斤香蕉	400	—
2023 年 1 月 1 日	记-002	应付账款	采购商品	—	500

　　为了便于分类整理，我们把开店投入的钱叫作实收资本，买来的货物叫作库存商品，赊账的钱叫作应付账款，刚入行可能看不懂借贷方向，慢慢熟悉就好了。银行存款和库存商品是资产类科目，借方金额代表增加；实收资本是权益类科目，贷方金额代表增加；应付账款是负债类科目，贷方金额代表增加。

　　科目余额表是各个科目的余额，一般包括上期余额、本期发生额、期末余额。序时账这根线编好了，我们来用线做布料，示例见表1-3。

表1-3　科目余额表

金额单位：元

级次	科目名称	期初借方	期初贷方	借方发生额	贷方发生额	期末借方	期末贷方
1	银行存款	—	—	200 000	—	200 000	—
2	实收资本	—	—	—	200 000	—	200 000
3	库存商品	—	—	500	—	500	—
3-1	库存商品（苹果）	—	—	100	—	100	—
3-2	库存商品（香蕉）	—	—	400	—	400	—
4	应付账款	—	—	—	500	—	500

这是序时账编成科目余额表的结果，可以看出"级次3"代表库存商品，"级次3-1"和"级次3-2"两个二级科目的合计就是"级次3"这个一级科目的金额。如"级次3-1"即是库存商品的下级明细科目，以后我们买的苹果，不管花了多少钱，在科目余额表上"级次3-1"都是买苹果累计的发生金额，期末借方代表着苹果的剩余金额。

再来说资产负债表，科目余额表这块布料做好了，我们来做衣服，示例见表1-4。

表1-4　资产负债表简表

金额单位：元

资　　产		负　　债	
银行存款	200 000	应付账款	500
存货	500	所有者权益	
—	—	实收资本	200 000
资产总计	200 500	负债和所有者权益	200 500

既然是衣服，自然是穿上后要漂漂亮亮的，资产负债表以特定日期的静态企业情况为基准，浓缩成一张报表，如在科目余额表中的库存商品科目，在资产负债表变成了存货项目，存货项目下面还有原材料、发出商品等科目，因为是同一类别，所以对应的金额都会在资产负债表中汇总起来通过存货来展示，这样能让人在短时间内了解企业经营状况，现实中在不了解一个人的情况下，一般会看对方的穿着来估测实力，企业也是靠资产负债表申请银行借款、吸引投资等，判断企业的华丽衣服是否货真价实，就要交给审计了。

1.2 审计"生产工艺流程"

理解序时账、科目余额表、资产负债表之间的关系后，我们再来看审计的"生产工艺流程"，在出具正式的审计报告之前，审计的生产工艺流程一般为三步：编制审计底稿→编制试算平衡表→编制审计报告和财务报表附注初稿。

1.2.1 编制审计底稿

我们先了解底稿的用处后，就会明白为什么要编制底稿。获得被审计单位的资料后，通过一系列的检查和分析，将获取的资料和得出的结论打印装订，形成审计工作底稿，用来证明我们已经按《审计准则》执行程序，报告正式出具前，我们要将底稿送到质控老师处进行检查，质控老师检查后会提出问题，项目负责人对问题进行回答。质控老师就相关问题和项目负责人达成一致后，才可以出具审计报告。此外，重大项目的底稿除事务所各部门之间交叉复核，也会被外部监管机构抽查到，检查程序是否按《审计准则》执行，是否有重大遗漏等。如果出现问题，后果将很严重。

所以底稿的作用不言而喻，新人朋友要相信自己的工作成果对整个审计工作来说是极其重要的，我们在做底稿的时候会逐渐区分财务和审计的工作内容，同时也要有目的性地提高自己的专业技能。

1.2.2 编制试算平衡表

试算平衡表可以理解成"升级版"的财务报表，原始数据来自于被审计单位的财务报表，也称作未审报表，审计人在编制底稿时发现问题后进行审计调整，将调整数据录入试算平衡表，形成经审计后的报表，也称作审定报表，表1-5"本期未审数"为被审计单位原始数据，"本期已审数＝本期未审数±审计调整金额"，示例见表1-5。

表1-5 试算平衡表示例

金额单位：元

项　　目	本期未审数	审计调整		本期已审数
		借方金额	贷方金额	
货币资金	50	10	——	60

1.2.3　编制审计报告和财务报表附注初稿

前两个审计工艺完成后，就可以初步编制审计报告了，此时我们可以整理一下思路：首先编制审计底稿，发现问题后编制调整分录，将调整分录录入试算平衡表，此时"未审数"变成"已审数"，由"已审数"作为财务报表附注的数据来源。

审计报告里包括报告标题、报告号、收件人、审计意见、形成审计意见的基础、管理层和治理层对财务报表的责任、注册会计师对财务报表审计的责任、注册会计师的签名及盖章、事务所的名称、地址及盖章、报告日期。下面是审计报告的模板，仅供参考。

审计报告

×× 会师报字〔202×〕第 ×× 号

×××××：

一、审计意见

我们审计了 ××（以下简称"贵公司"）财务报表，包括 202× 年 12 月 31 日的资产负债表，202× 年度的利润表、现金流量表、所有者权益变动表，202× 年 12 月 31 日的资产减值准备情况表及相关财务报表附注。

我们认为，后附的财务报表在所有重大方面按照《企业会计准则》的规定编制，公允反映了贵公司 202× 年 12 月 31 日的财务状况及 202× 年度的经营成果和现金流量。

二、形成审计意见的基础

我们按照《审计准则》的规定执行了审计工作。审计报告的"注册会计师对财务报表审计的责任"部分进一步阐述了我们在这些准则下的责任。按照中国注册会计师职业道德守则，我们独立于贵公司，并履行了职业道德方面的其他责任。我们相信，我们获取的审计证据是充分、适当的，为发表审计意见提供了基础。

三、管理层和治理层对财务报表的责任

贵公司管理层（以下简称"管理层"）负责按照《企业会计准则》的

规定编制财务报表，使其实现公允反映，并设计、执行和维护必要的内部控制，以使财务报表不存在由于舞弊或错误导致的重大错报。

在编制财务报表时，管理层负责评估贵公司的持续经营能力，披露与持续经营相关的事项（如适用），并运用持续经营假设，除非计划清算、终止运营或别无其他现实的选择。

治理层负责监督贵公司的财务报告过程。

四、注册会计师对财务报表审计的责任

我们的目标是对财务报表整体是否不存在由于舞弊或错误导致的重大错报获取合理保证，并出具包含审计意见的审计报告。合理保证是高水平的保证，但并不能保证按照《审计准则》执行的审计在某一重大错报存在时总能发现。错报可能由于舞弊或错误导致，如果合理预期错报单独或汇总起来可能影响财务报表使用者依据财务报表作出的经济决策，则通常认为错报是重大的。

在按照《审计准则》执行审计工作的过程中，我们运用职业判断，并保持职业怀疑。同时，我们也执行以下工作：

（1）识别和评估由于舞弊或错误导致的财务报表重大错报风险，设计和实施审计程序以应对这些风险，并获取充分、适当的审计证据，作为发表审计意见的基础。由于舞弊可能涉及串通、伪造、故意遗漏、虚假陈述或凌驾于内部控制之上，未能发现由于舞弊导致的重大错报的风险高于未能发现由于错误导致的重大错报的风险。

（2）了解与审计相关的内部控制，以设计恰当的审计程序，但目的并非对内部控制的有效性发表意见。

（3）评价管理层选用会计政策的恰当性和作出会计估计及相关披露的合理性。

（4）对管理层使用持续经营假设的恰当性得出结论。同时，根据获取的审计证据，就可能导致对贵公司持续经营能力产生重大疑虑的事项或情况是否存在重大不确定性得出结论。如果我们得出结论认为存在重大不确定性，《审计准则》要求我们在审计报告中提请报表使用者注意财务报表中的相关披露；如果披露不充分，我们应当发表非无保留意见。我们的结论基于截至审计报告日可获得的信息。然而，未来的事项或情况可能导致贵公司不能持续经营。

（5）评价财务报表的总体列报（包括披露）、结构和内容，并评价财务报表是否公允反映相关交易和事项。

我们与治理层就计划的审计范围、时间安排和重大审计发现等事项进行沟通，包括沟通我们在审计中识别出的值得关注的内部控制缺陷。

××会计师事务所（特殊普通合伙）　　　中国注册会计师：

中国·北京　　　　　　　　　　　　　中国注册会计师：

202×年××月××日

新人朋友往往认为，审计报告包含后附的财务报表附注，但实际上审计报告只有上面的寥寥几页，而财务报表附注，包含企业的基本情况、财务报表编制基础、遵循《企业会计准则》的声明、重要会计政策和会计估计、会计政策和会计估计变更及差错更正的说明、重要报表项目的说明、其他需要说明的重要事项，例如或有事项和承诺事项、资产负债表日后非调整事项、关联方关系及其交易等。

审计师往往是在编制附注上费时费力，但实质上这并不是我们的责任，为什么还要编制呢，用大家最容易理解的话来说，被审计单位是"甲方"，审计师虽然客观独立，但与被审计单位保持良好的关系也是下一次继续合作的基础，同时我们有标准"生产工艺流程"，为企业代编附注可以对外提供高质量的财务信息，也可以让客户感受事务所提供的一条龙服务，省时省力更省心，这样的乙方谁不喜欢呢？

1.3　如何理解审计认定

我们在学习审计理论知识时会学到"各类交易事项及相关披露""期末账户余额及相关披露"的审计认定，本节通过举例来让大家快速理解审计认定。我们代入一个场景，老师留下 10 道数学题作为课后作业，学生上交作业，意味着作业已完成并作出以下认定：

（1）完整性：所有应当完成的题目均已完成（没有漏题）。

（2）准确性：与作业有关的题目已恰当记录，相关结果已得到恰当计算和描述（计算准确）。

（3）截止：题目已记录于正确的作业期间（没有把前期没做的题补在当前的作业里）。

假如我们是老师，那我们的目标应该是验证这些学生作出的认定是否存在问题，如小 A，10 道题只做了 9 道，完整性认定不恰当；小 C，计算结果存在错误，准确性不恰当；小 D，把前几天漏做的作业写在了当前日期的作业里，截止认定不恰当。

审计也是如此，当管理层声明财务报表已按照适用的财务报告编制基础编制，在所有重大方面作出公允反映时，就意味着管理层对各类交易和事项、账户余额及披露的确认、计量和列报作出了认定，审计师的目标即是验证管理层作出的认定是否恰当，也就是检查管理层是否"诚实"。虽然在审计中我们会要求管理层提供"管理层声明书"，但书面声明就像我们小时候犯错时写下的保证书，虽然写了，但能保证我们不偷偷犯错吗，所以管理层声明书只是提供了必要的审计证据，但不算是提供了充分适当的审计证据。

为了达成目标，审计师制定了检查、观察、询问、函证、重新计算、重新执行及分析程序七种类型的具体审计程序，并设计出各种相关底稿来帮助审计师发现问题，以此实现对报表各项认定的检查。

表 1-6 为认定、审计目标和审计程序之间的关系举例。

表 1-6　认定、审计目标和审计程序之间的关系

认　定	审计目标	审计程序
存在	资产负债表列示的存货存在	实施存货监盘程序
完整性	销售收入包括了所有已发货的交易	检查发货单和销售发票的编号及销售明细账
准确性	销售业务是否基于正确的价格和数量，计算是否准确	比较价格清单与发票上的价格、发货单与销售订购单上的数量是否一致，重新计算发票上的金额

认　定	审计目标	审计程序
截止	销售业务记录在恰当的期间	比较上一年度最后几天和下一年度最初几天的发货单日期与记账日期
权利和义务	资产负债表中的固定资产确实为公司所有	查阅所有权证书、购货合同、结算单和保险单
准确性、计价和分摊	以净值记录应收款项	检查应收账款账龄分析表、评估计提的坏账准备是否充足

1.4　初识审计调整与审计意见类型

实务中出于效率考虑，项目经理一般会在底稿完成前作出审计调整并编制试算平衡表，同时把调整分录发给项目组成员，项目组成员将调整分录放到自己负责的底稿中，使底稿数据与试算平衡表数据保持一致。本节主要是带大家了解审计工作中的调整，以及审计意见类型，进一步走进审计世界。

1.4.1　审计调整与重分类调整

"调整"二字可以概括出审计师在审计期间的工作成果，我们可以把审计前的财务报表想象成准备接受体检的人，而审计师则是报表医生，通过一系列的常规与非常规检查，发现财务报表存在的问题，通过"调整"这把手术刀，修复财务报表存在的问题，让其身体的各项关键数据正确地对外展示，而调整又分为审计调整与重分类调整，本节将以举例的方式展示它们之间的区别。

1. 审计调整

审计调整是审计师在审计过程中发现的重要或重大审计差异进行的调整。审计调整事项在审计工作底稿中以会计分录的形式反映，如发现被审计单位有定期存款利息没有入账，货币资金完整性认定不恰当，因此作出审计调整，以货币资金底稿为例，通过对比日记账与对账单余额发现差异后，在对应的明细表中调整示例见表 1-7。

表 1-7 银行存款明细余额表

金额单位：元

被审计单位提供					审计人员填写				
开户银行	银行账号	账户性质	账户状态	日记账余额	对账单余额	日记账与对账差异	调整数		
							借	贷	本位币金额
××银行	××××	基本户	正常	1 000	1 500	500	500	—	1 500

然后在底稿审定表中作出调整分录，示例见表 1-8。

表 1-8 审定表

金额单位：元

期末余额		
未审数	审计调整数	本期审定数
1 000	500	1 500

期末数—调整事项见表 1-9。

表 1-9 调整事项表

金额单位：元

调整事项说明	会计分录		调整金额	
	一级科目	二级科目	借方金额	贷方金额
定期存款利息未入账调整	银行存款	—	500	—
	财务费用	—	—	500

因为审计调整分录是审计师编制试算平衡表和代编经审计的会计报表的重要基础，我们要清楚地对比出调整前与调整后的数据，需要用到试算平衡表，在试算平衡表中的调整分录中，录入之前在底稿中作出的调整，在底稿中调整时用会计科目，录入试算平衡表时将会计科目换为报表项目。试算平衡表中调整分录汇总参考如下，与底稿调整部分格式基本一致，示例见表 1-10。

表 1-10 试算平衡表调整示例（调整分录汇总）

分录序号	调整内容	调整分录科目名称		金额（元）	
		一级科目	二级科目	借方金额	贷方金额
1	定期存款利息未入账调整	货币资金	—	500	—
		财务费用	—	—	500

因为试算平衡表中已经做好链接公式，录入调整分录后，调整前（未审数）加上或者减去调整数就自动得出调整后（审定数），也就是在审计报告里最终展示的数，试算平衡表示例见表1-11。

表 1-11　试算平衡表调整示例

金额单位：元

项　　目	调整前	审计调整		调整后
		借方金额	贷方金额	
货币资金	1 000	500	—	1 500

2. 重分类调整

重分类调整与审计调整不同，重分类指会计报表层面的重分类，"调表不调账"[①]，即不调整明细账和总账，只调整报表科目余额；而审计调整，调整报表的同时伴随着调整账面原始分录，举例如下：

笔者刚入行不久，在调整往来科目的时候，发现本应该在借方余额的应收账款竟然出现在贷方，原谅笔者当初一无所知，以为被审计单位做账出了大错。负责人轻飘飘甩来一句"重分类"，当时笔者头脑一片空白，为了避免新人朋友也出现这种情况，用简单的分录及调整帮助大家理解重分类。

（1）假设企业买东西，和商家约定月末一块结账。

借：原材料　　　　　　　　　　　　　　　　　　100
　　贷：应付账款　　　　　　　　　　　　　　　　　　100

这时候应付账款还没变异，贷方余额100元。

（2）到月末了，企业支付200元，跟对方商家说多付的钱是预付的，下次算的时候抵扣用。

借：应付账款　　　　　　　　　　　　　　　　　　200
　　贷：银行存款　　　　　　　　　　　　　　　　　　200

这时候应付账款变异了，贷方金额（100）－借方金额（200）＝借方余额（100）。这个操作没问题，因为《企业会计准则》允许这样操作，如《企业会计准则及应用指南》中对预付账款的描述，核算企业按照合同规定预付的款

[①]调表不调账是财务管理和税务处理中的一个术语，指在会计核算或税务申报时，根据特定需求或规定，仅对财务报表或税务报表中的数据进行调整，而不改变会计账簿中的原始记录。在实际操作中，调表可能涉及对利润表、资产负债表等财务报表的调整。而不调账则意味着在调整报表的过程中，不改变会计账簿中的记录，保持其原始性和完整性。

项。预付款项情况不多的，也可以不设置本科目，将预付的款项直接记入"应付账款"科目。但是要记住，在审计资产负债表日这天的余额，财务报表上没有体现预付账款怎么行？这不就是分类不准确吗？

（3）审计作为"报表医生"，需要操刀进行重分类调整，将不符合要求的内容移到属于它的位置上，把分类错误的科目重新分类到正确的科目中，调整如下：

借：预付账款   100

  贷：应付账款   100

这时，应付账款借方余额就和贷方余额抵消了，应付账款借方余额（-100）+应付账款贷方余额（100）=0，报表上只剩下准确分类的预付账款，注意这笔调整是在试算平衡表上做的调整分录，并不影响企业的账面，即"调表不调账"。

1.4.2　审计意见类型

我们可以把审计师想象成阅卷人，《企业会计准则》和《审计准则》是标准答案、是评分的标准，被审计单位管理层则是考生，交上来的答卷是未经审计的财务报表，审计师检查答卷后，将错误的地方改正后提交管理层，并且告诉对方是根据哪一条"标准答案"得出的结果，根据管理层的态度作出"评分"，即通过审计报告中的几种意见类型来表示被审计单位的分数。

（1）90分以上，标准的无保留意见。被审计单位采用的会计处理方法遵循《企业会计准则》及有关规定：会计报表反映的内容符合被审计单位的实际情况；会计报表内容完整，表述清楚，无重要遗漏；报表项目的分类和编制方法符合规定要求。

（2）60分～90分，带强调事项段的无保留意见。被审计单位编制的财务报表符合相关《企业会计准则》的要求，并在所有重大方面公允反映被审计者的财务状况、经营成果和现金流量，但是存在需要说明的事项，如对持续经营能力产生重大疑虑及重大不确定事项等。

（3）59分，保留意见。被审计单位会计报表的反映就其整体而言是恰当的，但还存在着下述情况之一时，应出具保留意见的审计报告：个别重要财务会计事项的处理或个别重要会计报表项目的编制不符合《企业会计准则》和国家其他有关财务会计法规的规定，而且被审计单位拒绝进行调整；因审计范围受到局部限制，无法按照独立审计准则的要求取得应有的审计证据；个别会计处理方法的选用不符合一贯性原则。

（4）0分，否定意见。会计处理方法的选用严重违反《企业会计准则》和国家其他有关财务会计法规的规定，被审计单位拒绝进行调整；会计报表严重歪曲了被审计单位的财务状况，经营成果和现金流动情况，而且被审计单位拒绝进行调整。

（5）无法评分，无法表示意见。由于审计范围受到委托人、被审计单位或客观环境的严重限制，不能获取必要的审计证据，以致无法对会计报表整体反映发表审计意见时，应当出具无法表示意见的审计报告。

以上几种意见类型，其中保留意见和否定意见有一个共同之处，即"被审计单位拒绝进行调整"，也就是说"评分"更多取决于被审计单位管理层的态度。如果被审计单位知错能改，按审计意见进行改正，审计师是不会吝啬打80分以上的；保留意见为什么是59分，这是一个大家都比较害怕的分数，说明你整体做得还不错，但还是差了一点，结果就完全不同，审计意见也是如此；无法表示意见就比较好理解，没办法看到试卷，怎么能评分呢？

1.5　理解重要性水平

本节分为三部分来讲解：一是财务报表整体的重要性；二是实际执行的重要性；三是明显微小错报。目的是帮助各位新人朋友理解审计中的重要性水平，合理运用重要性的概念，高效完成审计工作。

这一节对于刚接触审计的新人朋友来说可能会略有难度，但重要性水平的运用贯穿审计的全流程，也是宏观了解审计的一个切入口。本节重在理解，也是后面章节的铺垫。

1.5.1　财务报表整体的重要性

"审计的目的是改善财务报表的质量或内涵，增强除管理层之外的预期使用者对财务报表的信赖程度，即以合理保证的方式提高财务报表的可信度，而不涉及为如何利用信息提供建议。注册会计师通过收集充分、适当的证据来评价财务报表编制是否在所有重大方面符合《企业会计准则》，并出具审计报告，从而提高财务报表的可信性。"

看上面两段话，我们可以知道审计的主要目标是"增信"，而不是锱铢必较，审计不可能保证发现所有的问题，是确定一个可接受的标准，超过标准的就是重要的，举两个例子：

比如，如某路段限速 60 千米/时，那么车速在 60 千米/时以上就会被扣分罚款，这 60 千米/时就是衡量是否违规的一个标准。又如实施诈骗，涉案金额 3 000 元以上就能刑事立案，这 3 000 元便是立案的标准。

对于财务报表，重要性是指某项错报的规模或性质。根据实际情况，此项错报可能被合理地认为会影响使用者的经济决策。因为我们审计的是财务数据，所以确定重要性水平可以理解为：确定一个对财务报表而言的重要性金额，对超过重要性金额的项目需要特别关注，确定重要性需要运用职业判断，通常先选定一个基准，再乘以某一百分比作为财务报表整体的重要性，这方面并不用太纠结，根据《审计准则》及实务经验为新人朋友总结以下情况，见表 1-12，我们在做底稿时，根据实际情况选择即可。

表 1-12 基准选择参考表

被审计单位的情况	可能选择的基准	可能选择的基准百分比	
		公众利益实体	非公众利益实体
企业的盈利水平保持稳定	经常性业务的税前利润	5%	10%
企业近年来经营状况大幅度波动，盈利和亏损交替发生，或者由正常盈利变为微利或微亏，或者本年度税前利润因情况变化而出现意外增加或减少	过去 3 至 5 年经常性业务的平均税前利润或亏损（取绝对值）	5%	10%
	营业收入	1%	2%
企业为新设企业，处于开办期，尚未开始经营，目前正在建造厂房及购买机器设备	总资产	1%	2%
企业属于新兴行业，目前侧重于抢占市场份额、扩大企业知名度和影响力	营业收入	1%	2%
开放式基金，致力于优化投资组合、提高基金净值、为基金持有人创造投资价值	净资产	1%	2%
国际企业集团设立的研发中心，主要为集团下属各企业提供研发服务，并以成本加成的方式向相关企业收取费用	成本与营业费用总额	1%	2%
公益性质的基金会	捐赠收入或捐赠支出总额	1%	2%

需要了解一下经常性业务的税前利润和可能选择的基准百分比。

1. 经常性业务的税前利润

我们都知道税前利润指的是扣除所得税之前的利润，而企业会有一些非经常性的收入和支出，因为非经常性的具有偶然性，比如处置资产产生的损益、各种形式的政府补贴、遭受自然灾害而计提的各项资产减值准备等，而选择基准时要选择比较稳定的指标，所以经常性业务的税前利润就是税前利润扣除非经常性因素后的利润。

2. 可能选择的基准百分比

（1）百分比和选定的基准之间存在联系，如经常性业务的税前利润对应的百分比通常比营业收入对应的百分比要高。例如，对以营利为目的的制造业企业，注册会计师可能认为经常性业务税前利润的 5%～10% 是适当的；对非营利性组织，注册会计师可能认为收入总额或费用总额的 1%～2% 是适当的。

（2）百分比和企业类型存在联系（见表 1-12），会发现公众利益实体（上市公司等）的重要性基准百分比要小于非公众利益实体（一般企业），我们可以理解为重要性越低，审计标准就越高。想象一下，如果诈骗金额达到 10 元就立案，那是不是会少了很多罪犯？但是警察叔叔的工作量也会变得巨大。

百分比无论是高一些还是低一些，只要符合具体情况，都是适当的，不必过多纠结。

1.5.2 实际执行的重要性

在确定好财务报表整体的重要性金额后，此时还会冒出一个实际执行的重要性。这个我们可以这样理解，就像大学军训时期，"重要性"的要求是寝室整洁，没达到要求的人会被通报批评。但实际执行下来却是垃圾桶里不能有垃圾，书桌上不能放书。那么在审计中就是在已确定重要性的基础上，再确定一个更低的金额作为衡量标准，以此来减少风险。所以重要性水平越低，意味着标准更加严格，我们需要执行的程序就越多，换成审计教材的说法就是：重要性水平与进一步审计程序的范围呈反向变动关系（进一步审计程序的范围是指实施进一步审计程序所涉及的数量多少，包括抽取的样本量、对某项控制活动的观察次数等）。

理解了上段内容，我们再来看审计教材上关于实际执行的重要性的定义，应该就比较容易理解了：实际执行的重要性，是指注册会计师确定的低于财务报表整体的重要性的一个或多个金额，旨在将未更正和未发现错报的汇总数超过财务报表整体的重要性的可能性降至适当的低水平。

实际执行的重要性金额如何确定，通常而言，实际执行的重要性一般为财务报表整体重要性的 $50\%\sim75\%$。

1. 选择 50% 的情况

（1）首次接受委托的审计项目；

（2）连续审计项目，以前年度审计调整较多；

（3）项目总体风险较高，例如处于高风险行业、管理层能力欠缺、面临较大市场竞争压力或业绩压力等；

（4）存在或预期存在值得关注的内部控制缺陷。

2. 选择 75% 的情况

（1）连续审计项目，以前年度审计调整较少；

（2）项目总体风险为低到中等，例如处于非高风险行业、管理层有足够能力、面临较小的市场竞争压力和业绩压力等；

（3）以前期间的审计经验表明内部控制运行有效。

实务中很多项目组往往出于谨慎性，而对报表所有项目实施进一步审计程序，重要性水平形式化，增加了审计人员工作量。

1.5.3　明显微小错报

《中国注册会计师审计准则第 1251 号——评价审计过程中识别出的错报》第六条规定："注册会计师应当累积审计过程中识别出的错报，除非错报明显微小。"注册会计师可能将低于某一金额的错报界定为明显微小的错报，对这类错报不需要累积，因为注册会计师认为这些错报的汇总数明显不会对财务报表产生重大影响。"明显微小"不等同于"不重大"。明显微小错报金额的数量级，与按照《中国注册会计师审计准则第 1221 号——计划和执行审计工作时的重要性》确定的重要性的数量级相比，应当是明显不同的（明显微小错报金额的数量级更小）。这些明显微小的错报，无论单独或者汇总起来，还是从规模、性质或其发生的环境来看都是明显微不足道的。为了判定审计中发现的错报哪些需要累积，哪些不需要累积，注册会计师需要在制定审计计划时预先设定明显微小错报的临界值。

简单来说，明显微小错报就是小到可以忽略的错误，比如我们测算折旧、摊销等，差异较小就可以忽略不计，无须调整。曾经看到过一张试算平衡表，非重要科目调整分录有很多几毛钱的调整，虽然严谨是好事，但是在项目时间较紧的情况下，尽量抓大放小。一定要记得，我们是去对企业进行审计，作出合理保证，而不是"抄家"。

明显微小错报一般为财务报表整体重要性的1%～5%，参考以下确定比例：

（1）以前年度审计中识别的错报（包括已更正和未更正错报）数量和金额。可参考以前年度的调整和未调整分录的数量和金额，如果多则确定明显微小错报临界值时选较低的比例。

（2）重大错报风险的评估结果。如企业发生重大错报的概率比较大，则确定明显微小错报临界值时选较低的比例。

（3）被审计单位治理层和管理层对注册会计师与其沟通错报的期望。如果管理层希望审计师查到更多的错报，则确定明显微小错报临界值时选较低的比例。

（4）被审计单位的财务指标是否勉强达到监管机构的要求或投资者的期望。比如说投资者期望企业的利润每年可以增长10%，假设企业去年利润是100万元，今年的利润刚好是111万元，也就是勉强达到投资者的期望。这时，我们需要考虑有没有可能会是管理层为了达到目标虚增利润，则确定明显微小错报临界值时就会选较低的比例，以此发现异常情况。

案例 某项目组首次对A企业进行年度审计。假设A企业为公众利益实体，近年来经营状况大幅度波动，盈利和亏损交替发生，近三年过去经常性业务的平均税前利润1 000万元人民币，则确定的A企业重要性水平计算如下：

总体重要性水平＝1 000×5%＝50（万元）

实际执行重要性水平＝50×50%＝25（万元）

明细微小错报临界值＝50×1%＝0.5（万元）

相关底稿编制参考如图1-1所示。

财务报表整体的重要性

选择的基准:　　　　　　　　经常性业务的税前利润

基准金额:　　　　　　　　　| 10 000 000元 |

选择的比例:　　　　　　　　| 5% |

重要性金额:　　　　　　　　| 500 000元 |

基本理由:

> 被审计单位为上市企业,利润是投资者最为关注的财务指标,但企业近年来经营状况大幅度波动,盈利和亏损交替发生,因此选择近3年过去经常性业务的平均税前利润作为基准

实际执行的重要性(可容忍误差)

百分比:　　　　　　　　| 50% |　　(财务报表整体重要性的50%~75%)

金额:　　　　　　　　　| 250 000元 |

基本理由:　　　　　　| 项目为首次承接,且被审计单位为公众利益实体 |

明显微小错报的临界值

百分比:　　　　　　　　| 1% |　　(财务报表整体重要性的1%~5%)

金额:　　　　　　　　　| 5 000元 |

基本理由:

> 被审计单位治理层和管理层期望注册会计师对审计中发现的任何财务问题及时沟通和提出改进建议

图 1-1　底稿编制参考

第 2 章　厚积薄发——做好基础工作

　　这一章的主题是"厚积薄发"，含义为准备充分才能办好事情。具体介绍通用基础程序讲解，包括检查会计凭证、函证、常用的审计抽样方法，监盘程序、走访程序，以及审计工作常用的 Excel 函数及快捷键，帮助新人朋友为前期工作做好充分的准备。

2.1 审计新人的必修课

本节的核心内容分别为心理调节和实用技巧，其中"没做过会计是否影响审计工作"，是想帮助新人朋友建立信心，找准方向；"高效率的提问方式"，即通过适当的提问方式，更加高效地得到解决问题的方法，对未来的学习极有帮助。

2.1.1 没做过会计是否影响审计工作

内心的想法会影响到我们未来的发展方向，但有的想法可能对工作造成不必要的困扰，如没做过会计，会不会影响审计？这也是许多人在从业初期的疑问。有了这样的想法，面对经验丰富的财务人员往往会露怯，甚至于想转行做几年会计。

部分审计人员可能没有完整做账全流程的经历，对会计外出办理各种业务的流程也不甚清楚。在财务人员眼里，部分审计人员可能年纪不大，刚毕业不久，只知道张嘴要资料，有时候还问不到重点。

笔者的看法是：做过会计未必能胜任审计工作，没做过会计也不一定影响审计工作。

新人朋友往往会提出这样的疑问：不会做账会不会影响审计？但如果我们换一种角度，站在会计的角度来想：不熟悉业务部门流程会不会影响做账？

为什么要这么问，因为审计与会计职业不同，在各自的工作单位也有着不同的角色定位，审计人员在事务所中属于业务部门人员，是担任直接完成组织目标的工作人员，直接为事务所带来收益；会计在任职企业属于职能部门人员，而职能部门是组织中对下属单位具有计划、组织、指挥权力的部门，在价值和效益方面常常是间接的体现。因此，审计与会计各自存在的目标和意义都不同。

这时再来看一下会计人员的基础工作，即对业务部门提交的单据，进行加工处理做账，在这之前，需要会计人员调到业务部门工作一段时间吗？

同样地，审计是对会计做好的工作成果进行审核调整后出具相关报告，在这之前，审计人员需要去职能部门学会做账全流程吗？

新人朋友更多的是看到企业基层财务对日常单据的加工处理，但实际上企业财务高层需要参与经营管理，对经营决策提供财务分析、决策依据，若新人朋友转行做财务，也是基层工作与基层工作的转换，再次回归到审计行业，依旧是要从基层做起，还需要从财务思维转换到审计思维。

再从另一个角度举例，会计强调过程，是由"点"到"线"，再由"线"组成"面"；而审计的专注点在结果，主要是对"面"进行检查，而"点"与"线"是核查的线索。

如果说会计是在制作服装，那审计则是服装质检人员，审计人员并不一定需要学会如何制作，因为手中已有直观的检查标准。

给大家摘录一段服装的质检要求：

（1）服装的质检顺序为从左到右，自上而下，从前往后，从外到里地进行。

（2）检查成衣的面料、里料是否干净无污渍。

（3）成衣的缝线是不是按照标准进行缝制的，要有倒回针，不要出现跑线、漏针等现象。

……

审计人员只要按质检要求逐项检查，再提出问题。

同样的道理，对于审计人员来说，《审计准则》《企业会计准则》就是质检要求，而审计人员会在这个过程中，逐渐熟悉"质检"流程。

例如，对服装质检人员来说，成衣与样衣的颜色有色差，那就要思考是不是线用得不对，应该用什么颜色的线。

答案也就显而易见，所以职业不同，岗位分工不同。工作内容虽有交集，但各有侧重，不必为此而焦虑。财务新人也可能会想，不懂审计能不能做好会计，都是同样的道理。

有人曾私信笔者，说自己好像哪儿都懂一些，但哪儿都不精通，笔者觉得在初期大家都会有同样的困惑。在审计工作中，如承担 IPO （initial public offering，首次公开募股，以下简称 IPO）审计业务中，审计人员、券商、律师、发行人、财务人员需要经常打交道，在这个过程中难免会觉得知识储备不足，急于想要学习更多的东西，但又抓不住重点，因为每天都会出现新的问题，其实我们要学会与自己和解，不同的职业都有各自擅长的领域，我们能做的，是专注自身领域的同时，抓住问题的共性，明确目标，专心提升，切忌没头苍蝇一般，最后的结果可能是什么都得不到。

希望这些内容，能让新人朋友明确方向，减少焦虑，树立信心开启职业生涯。8.1 节中还会提到关于业财融合的思考，但与本节并不矛盾，我们在不同的阶段会有不同的思考。

2.1.2 高效率的提问方式

尽管本书的核心内容在于培养审计思维，但是掌握某些职业技能，能让我们获取到更多的学习资源，高效率的提问方式正是其中的一种。

初入职场，我们会有很多疑惑，会经常向他人提问。很多新人朋友不好意思开口，文字交流也就成了很重要的提问方式，正确的沟通方式和技巧会帮助我们快速解决问题，同时也是展示自身态度的机会。

自从创立公众号以来，我收到过很多新人朋友的私信提问，有的人谦和有礼，我也很乐于回复我个人的见解；有的人出言不逊，看起来不像是提问，而是质问，让我很反感。可能有的新人朋友觉得每个人沟通方式不同，跟谁说话都是一样的语气，并不觉得有什么问题，但这是职场大忌。掌握正确的沟通方式，是每一个职场新人朋友的必修课，以下经验分享给大家：

1. 如何称呼

建议称呼对方为"老师"，不必考虑年龄，哪怕是对经验不如自己的人也是如此，而且，职场不以年龄来判断一个人的经验丰富与否，更多的是体现尊重和礼貌。

2. 向谁提问

现场审计的配置一般是："初级审计员＋高级审计员＋项目经理"，询问的顺序也应按此来问，非必要最好不要直接问项目经理，因为他的时间精力可能要放在更重要的事情上。此外，新人朋友有问题千万不要直接问企业的人员，而是先在项目组内询问，因为我们每个人都代表事务所的形象，提出的每一个问题要有依据。

3. 如何提问

（1）切忌不假思考，张嘴就问。提问前先上网搜索，形成自己的看法，如果还有困惑再进行提问，这一点尤为重要。

（2）切忌试探性问"在吗"，对方并不清楚你的意图，也会让人感觉不舒服，可能不会回复。

（3）切忌发送语音，对方可能没耐心听完语音，或者不方便听语音，而且语音转文字也不方便。

（4）切忌一句一句连着发，也不要一次发太长的文字，每段的字适量（每段不要超过手机屏幕的三分之一）。如果内容很多，先整理到 word 文档里再发送。

提问的万能格式：

第一段：礼貌称呼＋表示歉意＋意图（问题方向）；

第二段：问题描述＋搜索结果＋个人困惑＋感谢；

示例如下：

第一段：老师您好，不好意思打扰到您了，我有一个现金流量表编制方面的问题想请教您。

第二段：关于"研发支出——费用化"的现金流量表填列，网上观点认为"研发支出——费用化"的内容均计入"支付其他与经营活动有关的现金"。我个人的困惑是研发费用中也有料、工、费，是不是应该分别对应"经营活动中的购买商品支付的现金、支付给职工以及为职工支付的现金、支付其他与经营活动有关的现金"呢？请问是否有相关的明确规定，或者您的看法是什么？希望您在有空时能解答，感谢您。

拆解分析如下。

第一段：<u>老师您好，不好意思打扰到您了</u>，<u>我有一个现金流量表编制方</u>
        （礼貌称呼＋表示歉意）   ［意图（问题方向）］
<u>面的问题想请教您</u>。

第二段：<u>关于"研发支出——费用化"的现金流量表填列，网上观点认</u>
              （问题描述＋搜索结果）
<u>为"研发支出——费用化"均计入"支付其他与经营活动有关的现金"。我个</u>
人的困惑是研发支出也有料、工、费，是不是应该分别对应"经营活动中的

购买商品支付的现金、支付给职工以及为职工支付的现金、支付其他与经营活动有关的现金"呢，请问是否有相关的明确规定，或者您的看法是什么？希望您在有空时能解答，感谢您 🙏。（感谢）

看到这样用心的提问，对方一般不会不回复，谁会拒绝一个有礼貌、表述明确、带着思考提问的小朋友呢？不仅仅在称呼、提问上，而是把这样的方式融入到日常生活中，对我们只有利而无害。

2.2　练好审计基本功

本节主要是讲初入职场常被分配的工作：如何抽取和检查会计凭证、函证、常用审计抽样方法、往来账龄划分、监盘程序详解、走访、审计实用Excel功能，帮助还不熟悉审计工作的新人朋友快速了解基础工作，更快入手。

2.2.1　如何抽取和检查会计凭证

会计凭证是审计人员在审计过程中接触最多的证据，会计凭证又分为原始凭证和记账凭证，前面已经讲过简单理解序时账、科目余额表、资产负债表之间的关系，如我们给手机充值话费支出 30 元，记录的文字可以叫作记账凭证，但仅有记账凭证并不能作为实际购买的证明，所以还需要附上支付记录、购买票据等作为证据，这些证据成为原始凭证，企业也是如此。财务以审核无误的原始凭证为依据，按照经济业务事项的内容加以归类，并据以确定会计分录后填制会计凭证。记账凭证格式示例见表 2-1。

表 2-1　记账凭证格式

金额单位：元

记账凭证				
记账日期：2022 年 11 月 5 日				
公司名称：审计工厂股份有限公司			凭证号：0000001	
摘　要	会计科目		借方金额	贷方金额
	一级科目	明细费用		
手机充值话费	管理费用	电话费	30	—
手机充值话费	其他货币资金	微信零钱	—	30

原始凭证参考如图 2-1 所示。

手机充值

−30.00

当前状态	支付成功
商品	30元手机话费
商户全称	财付通支付科技有限公司
收单机构	财付通支付科技有限公司
支付时间	2022年11月5日 16：27：39
支付方式	零钱
交易单号	4200001675202211105491831
商户单号	7299042761202211105364887

图 2-1　原始凭证

为了方便查账，按时间顺序汇集起来的记账凭证组成了序时账；为了直观看出各总账科目的变动，再由序时账编制科目余额表；为了满足企业经营管理、全面系统地揭示企业一定时期的财务状况、经营成果和现金流量，再由科目余额表进一步加工成财务报表。

这是财务报表形成的过程，所以财务做账更多体现的是过程，而审计在于对最终结果的核查，因为我们不能保证每次被审计单位都将未整理、未入账的会计凭证提供给审计人员。所以实务中审计核查更多的是先获取财务报表进行分析，然后对变动较大的项目、异常的财务比率进行详细检查，也就是传说中的"逆查法"，核查顺序为财务报表→科目余额表→序时账→会计凭证。

完成前面的铺垫，相信大家已对会计凭证有了一定的认识，我们已经清楚为什么要检查会计凭证，那就到了下一个环节：如何检查会计凭证。

先来看如何抽取会计凭证，很简单，从序时账中筛选出需要检查的会计凭证，为了提高效率，审计人员往往先将要抽取的会计凭证整理为一张清单，然后带着纸质或者电子版清单去拍会计凭证，因为我们并不能把企业做好的原始凭证带走，所以拍摄凭证是为了方便随时检查和整理成工作底稿留存。

该抽多少笔，抽多大金额，并没有明确的标准，在这一阶段我们暂时不需要考虑审计抽样方法。

1. 如何选择会计凭证

选择会计凭证可从以下几个方面入手。

（1）要看项目类型、企业规模、风险程度。

①项目类型，要看是否为重大项目，比如首次公开募股、上市公司等与公众利益相关的项目，还要看是否为一般项目，比如股权结构相对简单，股东人数较少的非公众公司。

②企业规模的大小，是资产过亿元还是只有几百万元。

③存在的风险程度，是否经常融资、涉诉还是稳步发展；风险较大的自然抽取会计凭证的数量较多，抽多少要结合重要性，详情看下段内容。

（2）要考虑两个重要性。

①单个科目在报表中的重要性。企业资产总额 1 000 万元，应收账款 500 万元，那应收账款对报表而言必然是重大的，需要重点查验，对于重点查验的科目，就不能满足于简单地抽取会计凭证了，往往需要更详细的细节测试来核查。

②单笔金额占该科目发生额 10％以上的会计凭证。这笔发生额对于该科目而言是重大的，可以结合前期确定的实际执行的重要性水平，对超过该水平的会计凭证进行检查。比较稳妥的办法是抽查单笔金额占该科目发生额 10％以上的会计凭证，如管理费用发生额 100 万元，那么就抽取借方单笔金额在 10 万元以上的记账凭证。但是并不是超过这个标准金额的就需要抽取，没有业务实质的不需要抽取，比如摘要中带"结转"二字的，会计凭证后不会有附件，无实际意义，涉及折旧、摊销的会计凭证也无须抽取，此类通过测算来核查，企业银行间账户的互转，除与借款、还款相关的也无须抽取，在检查对账单时进行核对即可。

2. 拍摄会计凭证

如果是现场审计的话，需要审计人员亲自去拍摄会计凭证，新人朋友面对一柜子的会计凭证也不要慌乱，如管理费用凭证号为202×年12月的"记-460 号"凭证，找到对应期间的会计凭证盒，翻到选中的会计凭证进行拍照即可，会计凭证盒示例见表2-2。

一些大型企业在整理会计凭证的同时会把会计凭证录入系统，那样我们可以直接在企业的系统中查询并下载，未来会有越来越多的企业采取这种方式。

还有一种让新人朋友头疼的情况是凭证后所附资料过多，拍一个会计凭证需要好久，又不敢不拍全。其实不用担心，比如记账凭证后有一堆发票，我们在拍摄会计凭证的时候大致检查一下，然后拍下开票明细表、发票首尾页。针对很厚的合同，我们只需要拍下首页、合同关键条款（合同标的物、金额、付款时间、其他关键条款）、双方盖章页。

表 2-2　会计凭证盒示例

会计凭证		
企业名称：审计工厂股份有限公司	会计凭证名称	
起止日期：2023 年 12 月 1 日至 2023 年 12 月 31 日		
本月共 3 册　　　本册是第 3 册　　　本册会计凭证张数合计 560 张		
会计凭证顺序号：自 456 号至 789 号　　　保管期限：		
财务主管：　　　　　经办会计：		
全宗号：　　　　　目录号：　　　　　卷号：		

3. 检查会计凭证

拍好会计凭证后，审计人员要对自己负责的科目凭证进行检查，要关注验证会计凭证后所附原始单据能否支持、证明记账凭证中所载的分录、原始单据是否有所遗漏。比如付款是否有相关审批人签字、银行回单、收款凭证后面是否缺少银行进账单，确认收入凭证后是否有合同、发票或客户的签收单等；检查原始单据的金额、内容等能否和记账凭证对应。比如凭证后所附发票金额和记账凭证中记载金额是否相等，发票不止一张的其合计数和记账凭证是否一致。要重点检查原始单据上显示的对方单位和账面所载名称是否一致，如果不一致，记账凭证后应该有说明，如果没有说明则应予以关注。

4. 编制索引

从序时账中抽取的会计凭证需要粘贴到对应底稿中，根据右上角索引为会计凭证编索引号，如右侧索引为 ZA2-30，那么第一笔会计凭证的索引就是ZA2-30-1，以此类推，并不是在底稿上编完打印出来，还要把与之对应的纸质资料打印出来，在纸质资料右上角也写上索引。索引也可以按习惯自行设计索引号，只要能够对应到所附的资料即可，见表 2-3。

表 2-3　"银行存款"截止测试

索引：ZA2-30　金额单位：元

日期	会计凭证编号	业务内容	会计分录			银行业务是否跨期		对应费用是否跨期		对应往来是否期后返回		索引
			科目名称	借方金额	贷方金额	否(√)	是(√)	否(√)	是(√)	否(√)	是(√)	
2021年12月30日	记-1	支付货款	应付账款	1 000	—	√					√	ZA2-30-1
			银行存款	—	1 000							
2022年1月2日	记-2	支付维修费用	管理费用	1 000	—	√			√			ZA2-30-2
			银行存款	—	1 000							

同时，要善用交叉索引，抽取的会计凭证都会有对方科目，表 2-3 为银行存款的抽取凭证，对应的科目有应付账款，这笔分录的金额较大，那么应付账款科目抽取的会计凭证可能也会有这一笔，我们无须将打印的会计凭证都放在底稿后，那样会导致底稿很厚，如果打印的凭证附在了银行存款底稿后，那么只需要在应付账款查验会计凭证底稿的索引中填写"请见银行存款截止性测试底稿 ZA2-30-1"即可，这样其他人按索引就能找到这张会计凭证了。

2.2.2　函证

函证贯穿项目的始终，尽管程序简单，但其直接影响能否顺利出具审计报告。函证是指注册会计师为了获取影响财务报表或相关披露认定的项目信息，通过直接来自第三方对有关信息和现存状况的声明，获取和评价审计证据的过程，比如企业管理层拿着一张未审财务报表对审计人员说银行存款有 100 万元，审计人员不能假设其诚信，就放弃对口头或书面的数据进行检查，审计人员需要亲自向银行询证确认，银行回复没问题才能确信银行存款为 100 万元。

1. 函证流程实操

在实务中，最常见的是银行函证和往来函证。函证还包括询证函、存货函证等。企业的经营活动主要是购买和销售，然后通过银行机构进行相应的资金流转，审计人员对供应商和客户进行函证，目的在于验证购买和销售数据的真实性、准确性、完整性等；获取对账单并且对银行进行函证，同样是与银行记录的数据进行对比，相互印证，其他函证也是如此，都是用企业内部账面记载的数据与外部反馈数据进行核对。需要注意的是，函证并非仅用于验证金额，只要是审计人员认为有必要进行外部确认的内容都可以进行函证，如合同中的关键条款等。除现有的函证模板可以进行套用，还可以自行设计合适的函证模板。

无论是银行、往来或是其他函证，函证相关流程如图 2-2 所示。

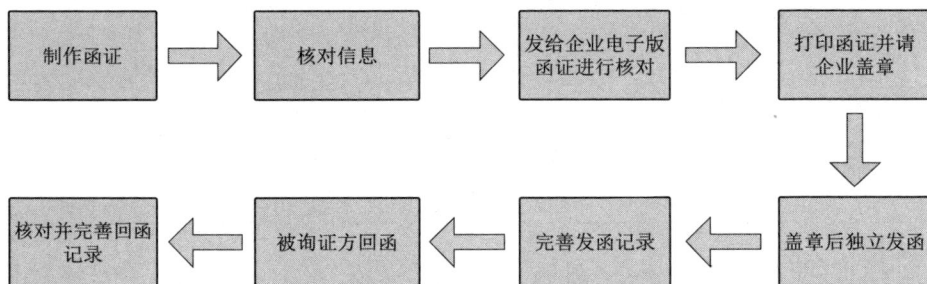

图 2-2　函证相关流程

根据《关于加快推进银行函证规范化、集约化、数字化建设的通知》（财会〔2022〕39 号）等文件要求，中国注册会计师协会和中国银行业协会制定了《银行函证工作操作指引》，就银行函证及回函工作中的具体事项作进一步明确和细化，因为指引中有更为详细的讲解，审计人员可查看该文件"三、银行询证函项目填写说明"正确规范填写银行询证函。若此文件失效时，审计人员可自行查询最新规定。因此本部分按照图 2-2 流程，以往来函证为例，简要介绍函证发函回函的流程（无论是银行、往来或是其他函证，发函回函执行的程序基本一致）。

（1）制作函证。我们可以看到函证的正文开头是"本公司聘请的××会计师事务所（特殊普通合伙）正在对本公司＿＿＿＿年度财务报表进行审计……"，所以函证是以被审计单位的名义向被询证方（银行、供应商、客户等）发送，被审计单位在函证上盖章，即说明其对事务所的授权，再由被询证方向事务所回函，审计人员收到回函后进行核查。

注：扫一扫二维码可获取文件"询证函"。

往来询证函模板如图 2-3 所示。

询证函

函证编号：×××

_____（公司）：

　　本公司聘请××会计师事务所（特殊普通合伙）正在对本公司_____年度财务报表进行审计。按照《中国注册会计师审计准则》的要求，应当询证本公司与贵公司的往来账项等事项。下列数据出自本公司账簿记录，如与贵公司记录相符，请在本函下端"信息证明无误"处签章证明；如有不符，请在"信息不符"处列明不符金额。回函请直接寄至××会计师事务所（特殊普通合伙）审计×部（或××分所）×××。

地址：　　　　　　　　　　　　　　　　邮编：

电话：　　　　　　　　　　　　　　　　传真：

1. 本公司与贵公司的往来账项

金额单位：元

截止日期	贵公司欠	欠贵公司	备注
2024 年 12 月 31 日		1 000 000	应付账款

2. 其他事项

本函仅为复核账目之用，并非催款结算。若款项在上述日期之后已经付清，仍请及时复函为盼。

_____公司（盖章）
_____年___月___日

以下由被询证方填写

结论：

1. 信息证明无误。 （公司盖章） 日期：_____年___月___日 经办人：	2. 信息不符，请列明不符项目及具体内容。 （公司盖章） 日期：_____年___月___日 经办人：

注：若是审计人员亲自前往询证，请列示以下内容：

　　上述事项由审计人员在被审计单位员工陪同下于____年___月___日前往____（被询证单位名称、地址）进行询证。

陪同人员 1：____（签章）　　　　　　审计人员 1____（签章）

陪同人员 2：____（签章）　　　　　　审计人员 2____（签章）

图 2-3　询证函

（2）核对信息。在制作好函证后一定要仔细核对信息，除了金额，也要对企业提供的地址、联系方式进行核对，可在"企查查"等网站查询企业公开地址并截图留存，但注册地址未必是企业实际所在的地址，如果时间充足可在发函前与被询证方联系进行确认，也可使用事务所内地址自动复核工具进行核对，并将复核记录打印出来，地址核对不符的，查明原因后修改并在底稿中记录。

（3）发给企业电子版函证进行核对。项目组内核对完成后再由企业对电子版函证进行核对，避免出现遗漏、错误的情况，提高函证效率。

（4）核对无误后项目组打印函证并请企业盖章。往来函证请企业在"公司（盖章）"处盖公章，如多页需加盖骑缝章。需要注意的是，银行函证则请企业在预留签章（企业在银行开户时的预留签章）处盖章，并对询证函加盖骑缝章。预留签章一般为三个章：公章、法人章、财务章。

需要注意的是，公章是单位处理内外部事务的印鉴，单位对外的正式信函、文件、报告要盖公章，盖了公章的文件具有法律效力。若单位没有合同专用章应使用公章；财务专用章是企业处理财务事务所使用的印章；法定代表人章如果单独使用则代表法定代表人，如果与公章一同使用就代表公司行为。

（5）盖章后独立发函。盖章后要将原件扫描一份留存，方便回函后进行核对检查，确认为原件，发函要对函证过程保持控制，不能由企业邮寄，也不能用企业内部专用的快递发函，发函时取得快递发函面单要留存，放入底稿中作为独立发函的证据。

（6）完善发函记录。发函记录按实际情况填写即可，示例见表 2-4。

表 2-4　函证控制过程查验记录表

编号	被函证单位	函证地址（根据被审计单位提供的函证清单地址填列）	发函控制							索引号
			发函日期	寄件人及单位是否为项目组和本事务所	被函证单位是否与函证清单单位一致	函证地址是否与注册地址一致	发函快递单号	是否取得发函快递单物流查询打印单	物流单查询记录是否与发函信息一致	
1										
2										
...										

（7）回函后核对并完善回函记录。

表 2-5 与表 2-4 出自同一张表格，为方便读者观看拆分成两张，回函后完善回函查验记录。

表 2-5　函证控制过程查验记录表

编号	被函证单位	回函控制								索引号
		收到回函的日期	回函快递单号	回函地址是否与发函地址相符	回函单位是否与发函单位相符	回函印章是否与相关合同等相符	是否取得回函快递单物流查询打印单	物流单查询记录是否与发函信息一致		
1										
2										
...										

将扫描件与回函进行对比，确认是原件，查验回函地址，是否与寄件地址相符；将回函快递单复印放在回函原件后，或剪下来贴在回函原件后。

（8）函证流程相关的纸质版底稿打印放置顺序。

发函清单表→名称地址核对记录表→核对信息的截图→发函快递面单→回函核对记录表→函证结果汇总表→发函前盖章后的函证复印件→函证回函原件→回函快递单复印件。

看到上面的顺序不要发蒙，整理的时候自然会明白其中的逻辑，带"表"字的为需填写的底稿，不带"表"字的为获取的审计证据，两者组合就组成了我们的工作底稿，证明我们按照《审计准则》的要求执行了相应的程序。

2. 函证中心发函

目前，规模较大的事务所均有自己的函证中心来处理函证，收发函证均通过函证中心，但会存在不适用的情况，如年审期间函证暴增，函证中心工作人员非常忙碌，此时仍会由项目组自行发函后将相关附件上传系统；或是因为项目组在外地出差、项目紧急、不可抗力等原因，出于提高效率和节省成本的考虑，还是会由项目组成员自行发函，所以我们仍要清楚传统的函证操作流程，以应对各种非常规情况。

由函证中心发函流程如图 2-4 所示。

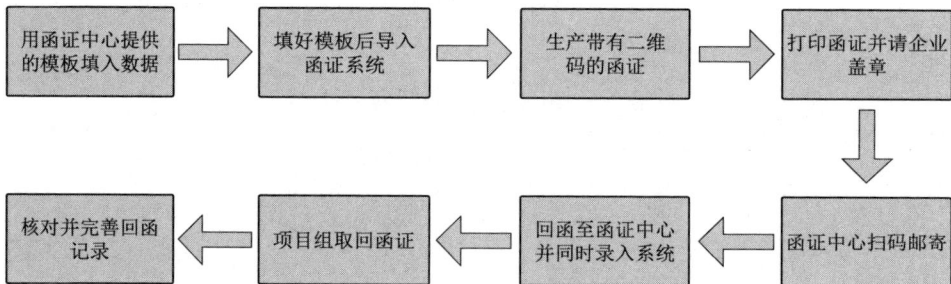

图 2-4　由函证中心发函流程

函证的收发均需通过函证中心：一是提高效率，省去审计人员在发函时将询证函逐个装入快递信封等的时间；二是为独立收发函提供了强而有效的证明。各事务所函证中心操作流程可能不同，但整体逻辑基本相同。

需要注意的是，2022 年 12 月 30 日发布的《关于加快推进银行函证规范化、集约化、数字化建设的通知》（财会〔2022〕39 号）中第二条第一项规定："自 2023 年 1 月 1 日起，备案从事证券业务的会计师事务所开展上市公司年报审计业务时，应当实现上市公司银行函证业务集约化。即，由会计师事务所指定处理函证的内部专门机构（或岗位）统一、集中处理函证业务，不得由项目组或注册会计师个人自行收发函证。其他会计师事务所和其他审计业务应当于 2023 年 12 月 31 日前实现银行函证集约化。"

3. 替代测试

按函证方式分为积极式函证与消极式函证，采用积极式函证时，只有注册会计师收到回函，才能为财务报表认定提供审计证据。采用消极式函证时，注册会计师只要求被询证者仅在不同意询证函列示信息的情况下才予以回函。

积极式函证在未收到时需查明原因，可能是对方未收到、未处理等，也可能是根本联系不到。对于不同的情况，审计人员可以电话联系说明情况请其帮忙配合，或是其他情况需要二次发函，并同时准备替代测试。但需要注意的是，在可获取的佐证管理层认定的信息只能从被审计单位外部获得，或者管理层凌驾于内部控制之上，员工或管理层串通舞弊，此时，取得积极式询证函回函是必要的程序，替代程序不能提供所需要的审计证据。在这种情况下，如果未获取回函，审计人员应当确定其对审计工作和审计意见的影响。

再来看替代测试。在实务中，替代测试是为了解决无法收回发出函证的问题，用另一种方法来替代函证，银行函证不涉及无法收回的问题，所以替代测试是针对除银行之外的函证。有的项目负责人会要求在发出函证的同时对所有函证进行替代测试，这是费时而且低效的方法。最好的办法是在发函前就判断哪些函证可能无法收回，比如涉及诉讼、较长账龄且无发生额的、可能存在争议的款项等，对此类款项进行更细致的核查，直接找到发生业务的凭证并查看附件，检查形成期末余额的合同、发票、收付款原始单据等，同时查看资产负债表日后收付款单据，能够证明该笔款项真实性、完整性、准确性等，并对这一系列检查、获取的证据形成工作底稿。

4. 回函不符

回函不符的常见原因如下。

（1）时间性差异。双方记账时间不同，如被审计单位向客户开具发票后，将发票寄给客户相关采购人员，存在采购人员未及时向客户财务部交接发票的情形，当客户以发票作为采购入账的依据时，会导致被审计单位收入确认时点早于客户采购入账时间，形成差异。

（2）暂估差异。被审计单位确认收入以客户签收时点为准，根据合同对开票时间的要求，存在已确认收入尚未开票的情况。当客户以发票作为采购入账的依据时，会导致被审计单位收入确认时点早于客户采购入账时间，形成差异。

（3）税差。发函金额为含税金额，客户回函数据为不含税金额，形成差异。

（4）被审计单位自身财务问题，根据实际情况进行审计调整。

对于回函不符的函证，及时与被审计单位沟通，获取被审计单位编制的函证不符调节表，并请其提供与调节事项相关的原始单据，审计人员复核各项差异及支持性证据，并对每一项差异作进一步分析和核实，对需要进行调整的数据进行审计调整。

以应收账款函证结果调节为例，示例如图 2-5 所示。

"应收账款"函证结果调节

金额单位：元

被询证单位：　审计工厂股份有限公司　　　　　　　　　账面余额：　　　　　　500

函证日期：　2023 年 12 月 31 日　　　　　　　　　　回函金额：　　　　　　400

1. 回函确认金额与账面余额差异：　　　　　　　　　　　　　　　　　－100

2. 加：被审计单位已记录，被询证单位未记录项目：

序号	日期	经济业务	会计凭证号	金额	可以确认的金额
1	2023 年 12 月 15 日	销售商品	记-123	100	100
合计				100	100

3. 减：被询证单位已记录，被审计单位未记录项目：

序号	日期	经济业务	会计凭证号	金额	可以确认的金额
1					
合计				0	0

4. 询证函确认金额经调节后余额：　　　　　　　　　　　　　　500

5. 被审计单位账面余额：　　　　　　　　　　　　　　　　　500

6. 调节后是否存在差异，差异金额：　　　　　　　　　　　　　0

审计结论：

　　差异原因系双方单位入账时间不同所致，客户以发票作为采购入账的依据，被审计单位收入确认时点早于客户采购入账时间，被审计单位会计处理正确，无须调整。

图 2-5　应收账款函证结果调节示例

5. 函证失败案例

　　函证程序虽然比较简单，但是细节之处较多，如果未加强把关会成为导致审计失败的原因之一。以下案例整理自中国证券监督管理委员会（以下简称证监会）会计部编写的《证券审计与评估行政处罚案例解析（2019）》第一部分审计案例：

辽宁××股份有限公司（以下简称辽宁××公司）——审计人员未对函证保持控制

审计人员在执行函证程序时，未对辽宁××公司提供的客户信息、回函地址信息进行充分核实。函证控制表信息由被审计对象提供，其可能与客户的真实信息不一致，审计人员仅将快递单上填写的信息与被审计对象提供的函证控制表上客户的信息核对一致，不能达到核实客户信息真实性的目的。审计人员在准备好函证后，未亲自将函证发出而是交给被审计对象工作人员代发，底稿中也未见发函记录，导致函证完全失去控制。辽宁××公司工作人员在取得对国外客户询证函后将询证函替换成新年贺卡，交给快递人员寄送国外客户。同时，辽宁××公司工作人员把询证函另外邮寄给国外的朋友，请其在收到的询证函上伪造客户签字后寄回审计人员。经过上述路径，境外客户最终只收到一封新年贺卡，审计人员收到的回函也并非来自拟函证对象，导致其未能发现辽宁××公司通过海外客户虚增收入的情况。

××电气设备有限公司——审计人员未就函证异常保持应有的职业怀疑，对未回函的函证执行的替代程序不到位

对于回函率偏低的情况，审计人员未予怀疑也未追查背后的原因。在出现大量未回函的情况下，审计人员未充分考虑函证程序的有效性，未进一步分析该迹象是否表明存在未识别的舞弊风险因素，进而未充分考虑是否需要修改认定层次重大错报风险的评估结果和应对程序。

审计人员对大量未回函的往来函证也未按照《审计准则》要求执行替代程序；执行部分应收账款替代测试时，曾抽到公司利用自制银行单据造假的会计凭证，但未按照审计计划，将销售回款金额与银行对账单进行核对，直接导致其未能发现相关问题。

东莞××股份有限公司——审计人员未对银行账户实施必要的函证程序

审计人员获取了货币资金明细表，该表显示了东莞××股份有限公司在中信银行、东莞银行等多个银行的 28 个账户，审计人员计划对包括零余额账户和已销户账户的所有银行账户发函。然而，在实际执行审计程序时，审计人员并未对上述 28 个银行账户进行函证，也未记录不予函证的理由。对于未对上述 28 个账户进行函证的情况，审计人员认为"涉案账户是自动开户销户的临时账户，不在函证的范围；且审计人员在审计过程中已经实施函证程序，但银行明确不予函证"。经查，这些银行账户均为东莞××股份有限公司虚构的银行账户，用于将其与控股股东间的关联交易构造成内部往来，审计人员在审计期间并未如其所述对相关虚构账户实施函证程序。由于没有按照《审计准则》的规定实施银行函证程序或替代程序，审计人员没有发现该公司通过虚构银行账户掩盖关联方交易的事实。

2.2.3 常用审计抽样方法

为什么中介机构执行样本抽查而非全查？要回答这个问题，我们首先要了解审计的固有限制，若管理层刻意舞弊，即便审计人员进行全查也未必能发现问题，更何况审计人员也不具备调查的执法权力。所以审计人员更多的是要考虑成本和效益，然后才能在合理的时间内以合理的成本对财务报表形成审计意见，审计人员有必要将审计资源投向最可能存在重大错报风险的领域，而审计抽样可以帮助审计人员高效地达成这一目标，因为抽样的特征之一是可以根据样本项目的测试结果推断出有关抽样总体的结论，如市场监督管理局会对食品生产商等生产的各批次产品进行抽检，以此来估计产品总体的质量是否达标。如果是全查，时间和成本会非常高。

我们在函证、监盘、抽取凭证等程序都可以借助抽样，来使我们挑选的样本更加科学。本节主要向大家介绍实务中比较常用审计抽样方法，即系统抽样和货币单元抽样。

在正式介绍这两种方法前，我们简单说一下样本量与特定项目。我们暂时不用纠结样本量如何确定，尽管有专业的计算公式，但实务中最简便的方法是选取特定项目单独测试，然后再用抽样方法对剩余的项目进行抽样，特定项目的金额可能已经占 60%，剩余的 40% 大概率是数量多，但金额较小的低风险项目，所以可根据职业判断大致估计样本量。再来看特定项目，选取的特定项目可能包括：

（1）大额或关键项目。如果五个金额较大的项目占审计对象总体金额的 80%，则通过测试这五个项目就可对审计对象总体的存在性和准确性获得较高程度保证。

（2）超过某一金额的全部项目。这可以决定抽取超过某一设定金额的所有项目，从而验证某类交易或账户余额的大部分金额，如以实际执行的重要性水平作为标准。

（3）按照风险因素选取测试项目。例如可疑的项目、异常的项目、特别具有风险倾向的项目，或者以前发生过错误的项目等。

（4）被用于获取某些信息的项目。

（5）被用于测试控制活动的项目。

下面我们来正式学习系统抽样和货币单元抽样。

1. 系统抽样

系统抽样法操作较为简便，实施起来不易出错，系统抽样也称等距抽样，是从审计对象总体中等距离地选取样本的一种抽样方法。采用系统抽样法，首先要计算抽样间距，确定抽样起点，然后再根据间距顺序选取样本。在实务中，我们通常结合重要性水平来确定样本范围。

举一个例子：假如我们审计 A 公司，确定财务报表整体的重要性为 100 万元，实际执行的重要性为 50 万元，明显微小错报的临界值为 2.5 万元。我们要对应收账款进行函证，对 A 公司单笔金额超过实际执行的重要性 50 万元（含 50 万元）的应收账款全部实施积极式函证。单笔金额在 2.5 万元至 50 万元之间的应收账款采用审计抽样的方法选取样本实施积极式函证，单笔金额低于 2.5 万元的应收账款采用审计抽样的方法实施消极式函证。

我们用系统抽样来对单笔金额在 2.5 万元至 50 万元之间的应收账款客户进行抽样。假设该区间应收账款客户共有 500 家，即样本范围为 500，且样本量为 20，那么抽样间距为 500÷20＝25，随机起始点需小于抽样间距，所以我们再从 1 至 24 中选取一个随机数作为抽样起点，随机数怎么取得？只需要用到 RANDBETWEEN 函数，函数为"＝RANDBETWEEN（1,24）"，代表着随机数范围在 1~24 之间的整数，假设得出的随机数为 15，那么被选取的样本依次加上抽样间距 25，选取样本示例见表 2-6。

表 2-6　选取样本示例

选取样本	选择的样本	计算方法
1	15	随机数起点
2	40	1＋选样间隔
3	65	2＋选样间隔
…	…	…
20	490	19＋选样间隔

但需要注意的是，使用系统抽样方法要求总体必须是随机排列的，否则容易发生较大的偏差，造成非随机的、不具代表性的样本。如我们习惯按金额先进行排序，确定特定项目，后面用审计抽样方法选取的项目也是如此排序，但测试项目的特征在总体内的分布具有某种规律性，则选择样本的代表性就可能较差，为克服系统抽样法的这一缺点，可增加随机起点的个数。假设随机起点定为两个，接上面的例子，样本量为 20，新增随机起点，抽样间距需重新计算：（500×2）÷20＝50，假设随机起点分别为 5 和 15，那么被选取的样本分别加上抽样间距，选取样本示例见表 2-7。

表 2-7　选取样本示例

选取样本	起点 1 样本	起点 2 样本	计算方法
1	5	15	随机数起点
2	55	65	1＋选样间隔
3	105	115	2＋选样间隔
4	155	165	3＋选样间隔
5	205	215	4＋选样间隔
6	255	265	5＋选样间隔
7	305	315	6＋选样间隔
8	355	365	7＋选样间隔
9	405	415	8＋选样间隔
10	455	465	9＋选样间隔

除了增加随机起点这种看起来很专业的方法外，我们也可以用其他办法来解决，因为测试项目的特征在总体内的分布具有某种规律性。所以，我们可以通过破坏这个规律来达到同样的目的，推荐一种"乱序排列"方法，如A1 至 A5 的客户和供应商是按一定规律排序的，我们可以在右侧新增一例"随机数"，在 Excel 中用 RAND 函数来生成随机数，示例见表 2-8。

表 2-8   乱序排列新增随机数示例表

序　　号	客户和供应商	随机数
1	A1 有限公司	＝RAND()
2	A2 有限公司	＝RAND()
3	A3 有限公司	＝RAND()
4	A4 有限公司	＝RAND()
5	A5 有限公司	＝RAND()

生成随机数示例见表 2-9。

表 2-9   生成随机数示例

序　　号	客户和供应商	随机数
1	A1 有限公司	0.78
2	A2 有限公司	0.75
3	A3 有限公司	0.07
4	A4 有限公司	0.47
5	A5 有限公司	0.15

再对随机数进行升序或者降序，此时序号为乱序，示例见表 2-10。

表 2-10   序号乱序示例

序　　号	客户和供应商	随机数
3	A3 有限公司	0.07
5	A5 有限公司	0.15
4	A4 有限公司	0.47
2	A2 有限公司	0.75
1	A1 有限公司	0.78

保持客户和供应商顺序不变，对序号重新编序即可，示例见表2-11。

表 2-11　序号重新编码示例

序　号	客户和供应商	随机数
1	A3 有限公司	0.07
2	A5 有限公司	0.15
3	A4 有限公司	0.47
4	A2 有限公司	0.75
5	A1 有限公司	0.78

教材会写出专业的标准的做法，但实务中遇到的情况千变万化，无论是抽样还是其他程序，我们需要在理解原理的基础上，探索非常规的、简单的方法，以此来提高我们的工作效率。

2. 货币单元抽样

虽然审计教材对货币单元抽样方法写得清清楚楚，但这部分内容比较抽象，不易理解，因此结合《审计准则》和对实务的理解，组合一版货币单元抽样表用来讲解，同时也更适合备考注册会计师审计科目的考生学习。

以货币单元作为抽样单元，项目金额越大，被选中的概率就越大，这样有助于注册会计师将审计重点放在较大的账户余额或交易业务中，实操举例如下：

假设我们要向被审计单位的客户发函证，验证应付账款是否真实存在，准备使用货币单元抽样法进行抽样。截至审计基准日，被审计单位应付账款账户共有 25 个。其中，借方账户有 1 个，贷方账户有 21 个，零余额账户有 3 个。

（1）筛选出期末余额负数余额的、零余额的、特定的项目：①了解负数余额的原因，进行重分类或其他调整；②对零余额或负余额的选取需要在设计时予以特别考虑。

此外，因为我们函证的是应付账款，属于负债类科目，存在低估风险，所以零余额账户也可能是未入账的负债。因此，《审计准则》提到对于存在低估风险的财务报表项目，不能仅仅因为其金额低于实际执行的重要性而不实施进一步审计程序，那我们如何判断对零余额账户是否发函呢？有两种简单的识别方法：一是关注发生额，是否交易频繁但期末余额为 0，可视为特定项目进行函证；二是不属于第一种情况，进行采购与付款循环的控制测试，如果控制得到有效执行的话，我们就可以相对信任，然后减少实质性程序，也就是可以不发函证。

（2）用系统抽样法选取样本，在剔除第一步筛选出的项目后，确定总体账面金额，然后除以样本量，计算得出样本间隔。

假设在剔除第一步筛选出的项目后剩余需要抽样的项目，见表 2-12。

表 2-12　抽样项目示例

金额单位：元

序　　号	客户和供应商（逻辑单元）	期末余额
1	A1 有限公司	2 600
2	A2 有限公司	12 000
3	A3 有限公司	17
4	A4 有限公司	25 000
5	A5 有限公司	59 900
6	A6 有限公司	1 500
7	A7 有限公司	94 000
8	A8 有限公司	8 900
9	A9 有限公司	180
10	A10 有限公司	25 225
11	A11 有限公司	62 700
12	A12 有限公司	3 800
13	A13 有限公司	540
14	A14 有限公司	48 000
15	A15 有限公司	60
16	A16 有限公司	1 300
17	A17 有限公司	5 400
18	A18 有限公司	67 000
19	A19 有限公司	31 000
合计	—	449 122

若用系统抽样法选取样本，首先用总体账面金额除以样本规模，得到样本间隔，并在第一个间隔中确定随机起点；其次从这个随机起点开始，按照抽样间隔，从总体中顺序选取货币单元；最后再对包含被选取货币单元的账户余额或交易（即逻辑单元）实施检查。

（总体账面金额为 449 122 元，样本数量为 19，那么抽样间隔为 449 122÷19＝23 638 元）

注册会计师检查的余额或交易被称为逻辑单元。如此次需要检查金额是 449 122 元，那么抽样单元就是 449 122 个，而不是 19 个账户，所以接下来我们要在表 2-12 的基础上插上一列货币区间，整体的货币区间是 1 至 449 122，但我们需要算出每个账户的货币区间，示例见表 2-13。

表 2-13　货币区间示例

金额单位：元

序　号	客户和供应商（逻辑单元）	期末余额	货币区间	
1	A1 有限公司	2 600	1	2 600
2	A2 有限公司	12 000	2 601	14 600
3	A3 有限公司	17	14 601	14 617
4	A4 有限公司	25 000	14 618	39 617
5	A5 有限公司	59 900	39 618	99 517
6	A6 有限公司	1 500	99 518	101 017
7	A7 有限公司	94 000	101 018	195 017
8	A8 有限公司	8 900	195 018	203 917
9	A9 有限公司	180	203 918	204 097
10	A10 有限公司	25 225	204 098	229 322
11	A11 有限公司	62 700	229 323	292 022
12	A12 有限公司	3 800	292 023	295 822
13	A13 有限公司	540	295 823	296 362
14	A14 有限公司	48 000	296 363	344 362
15	A15 有限公司	60	344 363	344 422
16	A16 有限公司	1 300	344 423	345 722
17	A17 有限公司	5 400	345 723	351 122
18	A18 有限公司	67 000	351 123	418 122
19	A19 有限公司	31 000	418 123	449 122
合计		449 122		

计算方法举例：

序号 1 的账户余额为 2 600 元，货币区间为 1～2 600 元；

序号 2 的货币区间起始为 2 600＋1，终止为（序号 1＋序号 2）的账户余额＝14 600 元；

序号 3 的货币区间起始为 14 600＋1，终止为（序号 1＋序号 2＋序号 3）的账户余额＝14 617 元；

以此类推，起始比较容易，但注意终止是累计数，如序号 19 的终止为序号 1～18 账户余额的累计数。

提示：货币单元抽样不用分层，就是拿过来直接用，不用排序，"货币单元抽样在确定所需的样本规模时无须直接考虑总体的特征（如变异性），因为总体中的每一个货币单元都有相同的规模"，看完后面的步骤自然会明白，此时不必纠结。

（3）选择一个低于抽样间隔的随机数作为起始点。在单元格输入公式＝RANDBETWEEN（1，23 637），就可以得出随机数。本次得出的随机数是 5 065，然后从这个随机起点开始，按照抽样间隔，从总体中顺序选取货币单元，示例见表 2-14。

表 2-14 选取货币单元示例

金额单位：元

选取样本	选择的样本单元	计算方法
1	5 065	随机数起点
2	28 703	1＋选样间隔
3	52 341	2＋选样间隔
4	75 979	3＋选样间隔
5	99 617	4＋选样间隔
6	123 255	5＋选样间隔
7	146 893	6＋选样间隔
8	170 531	7＋选样间隔
9	194 169	8＋选样间隔
10	217 807	9＋选样间隔
11	241 445	10＋选样间隔
12	265 083	11＋选样间隔
13	288 721	12＋选样间隔
14	312 359	13＋选样间隔
15	335 997	14＋选样间隔
16	359 635	15＋选样间隔
17	383 273	16＋选样间隔
18	406 911	17＋选样间隔
19	430 549	18＋选样间隔

可以看到我们选出的样本还是 19 个，那选取的意义在哪呢，还不如全选，我们来看最后一步。

（4）根据选出的样本单元，找出对应的货币区间，示例见表 2-15。

表 2-15　找出对应货币区间示例

金额单位：元

序号	客户和供应商（逻辑单元）	期末余额	货币区间		被选中次数				是否作为样本
					1	2	3	4	
1	A1 有限公司	2 600	1	2 600	—	—	—	—	—
2	A2 有限公司	12 000	2 601	14 600	5 065	—	—	—	是
3	A3 有限公司	17	14 601	14 617	—	—	—	—	—
4	A4 有限公司	25 000	14 618	39 617	28 703	—	—	—	是
5	A5 有限公司	59 900	39 618	99 517	52 341	75 979	—	—	是
6	A6 有限公司	1 500	99 518	101 017	99 617	—	—	—	是
7	A7 有限公司	94 000	101 018	195 017	123 255	146 893	170 531	194 169	是
8	A8 有限公司	8 900	195 018	203 917	—	—	—	—	—
9	A9 有限公司	180	203 918	204 097	—	—	—	—	—
10	A10 有限公司	25 225	204 098	229 322	217 807	—	—	—	是
11	A11 有限公司	62 700	229 323	292 022	241 445	265 083	288 721	—	是
12	A12 有限公司	3 800	292 023	295 822	—	—	—	—	—
13	A13 有限公司	540	295 823	296 362	—	—	—	—	—

序号	客户和供应商（逻辑单元）	期末余额	货币区间		被选中次数				是否作为样本
					1	2	3	4	
14	A14 有限公司	48 000	296 363	344 362	312 359	335 997	359 635	—	是
15	A15 有限公司	60	344 363	344 422	—	—	—	—	
16	A16 有限公司	1 300	344 423	345 722	—	—	—	—	
17	A17 有限公司	5 400	345 723	351 122	—	—	—	—	
18	A18 有限公司	67 000	351 123	418 122	383 273	406 911	—	—	是
19	A19 有限公司	31 000	418 123	449 122	430 549	—	—	—	是

被选中次数列中的数就是在上一步我们选取的样本单元，我们找到对应的区间即可，如 5 056，在货币区间 2 601～14 600 中，示例见表 2-16。

表 2-16　选取的样本单元示例

金额单位：元

序号	客户和供应商（逻辑单元）	期末余额	货币区间		被选中次数				是否作为样本
					1	2	3	4	
7	A7 有限公司	94 000	101 018	195 017	123 255	146 893	170 531	194 169	是

序号 7 账面金额为 94 000 元，货币区间为 101 018～195 017 元。第一个被选中的是 123 255 元，因为抽样间隔为 23 638 元，那下一个样本单元"123 255＋23 638"自然也在货币区间范围内，直到超过范围为止。所以，如果逻辑单元的账面金额大于或等于抽样间隔，该项目一定会被挑选出来。如其账面金额是抽样间隔的数倍，该项目不止一次被挑选出来。

这种情况下，最终选取的逻辑单元数量小于确定的样本规模，此时我们来看选取的样本，有十个逻辑单元被抽取，也就是我们要发函的样本，示例见表 2-17。

表 2-17　发函样本示例

金额单位：元

客户和供应商（逻辑单元）	期末余额	货币区间		被选中次数				是否作为样本
A2 有限公司	12 000	2 601	14 600	5 065	—	—	—	是
A4 有限公司	25 000	14 618	39 617	28 703	—	—	—	是
A5 有限公司	59 900	39 618	99 517	52 341	75 979	—	—	是
A6 有限公司	1 500	99 518	101 017	99 617	—	—	—	是
A7 有限公司	94 000	101 018	195 017	123 255	146 893	170 531	194 169	是
A10 有限公司	25 225	204 098	229 322	217 807	—	—	—	是
A11 有限公司	62 700	229 323	292 022	241 445	265 083	288 721	—	是
A14 有限公司	48 000	296 363	344 362	312 359	335 997	359 635	—	是
A18 有限公司	67 000	351 123	418 122	383 273	406 911	—	—	是
A19 有限公司	31 000	418 123	449 122	430 549	—	—	—	是

（5）快捷方法。在货币单元抽样中使用系统抽样法选取样本时，如果项目金额等于或大于抽样间距，货币单元抽样将自动识别所有单个重大项目，即该项目一定会被选中。因此，我们可以直接筛选出账户余额大于等于抽样间距 23 638 的期末余额，此时可以忽略被选中次数，选取的逻辑单元数量为 8 个，剩余两个再手动补上即可，示例见表 2-18。

表 2-18　筛选结果示例

序号	客户和供应商（逻辑单元）	期末余额（元）	是否作为样本
4	A4 有限公司	25 000	是
5	A5 有限公司	59 900	是
7	A7 有限公司	94 000	是
10	A10 有限公司	25 225	是
11	A11 有限公司	62 700	是
14	A14 有限公司	48 000	是
18	A18 有限公司	67 000	是
19	A19 有限公司	31 000	是

上述内容可参考讲解中用到的货币单元抽样表，里面已经做了链接，新人朋友自行操作一下，根据实际情况修改，并作为实质性底稿留存。

注：扫一扫二维码可获取文件"货币单元抽样"。

2.2.4 往来账龄划分

往来科目主要有应收账款、应付账款、预收账款、预付账款、其他应收款、其他应付款这六大往来，也是财务报表中"存在感"非常高的项目，在不考虑其他复杂事项前，新人朋友可能在账龄划分面前止步不前。在实务中多以先进先出法划分账龄，所以本节以先进先出法对应收账款账龄划分举例，讲解往来账款划分账龄的逻辑，用简单且容易理解的逻辑教会大家划分账龄。

案例 2021 年应收账款示例见表 2-19。

表 2-19 2021 年应收账款明细表示例

金额单位：元

应收账款	期初余额	借方发生额	贷方发生额	期末余额	1 年以内	1～2 年	2～3 年
审计工厂股份有限公司	0	200	100	100	100	—	—

应收账款借方代表增加，贷方代表减少，2021 年应收账款期初无余额，新发生应收 200 元，收回 100 元，对方还欠 100 元，期末余额对于 2021 年来看账龄是 1 年以内的。

2022 年应收账款示例见表 2-20。

表 2-20 2022 年应收账款明细表示例

金额单位：元

应收账款	期初余额	借方发生额	贷方发生额	期末余额	1 年以内	1～2 年	2～3 年
审计工厂股份有限公司	100	20	50	70	20	50	

应收账款 2022 年期初余额 100 元，是 2021 年期末余额延续下来的，我们在不考虑本年发生额的情况下，100 元在 2022 年末的账龄应该是 1～2 年，然后我们来考虑本年发生额，贷方代表减少，意味着本年收回了 50 元。根据先进先出的原则，我们假设收回的这 50 元是对方在还上一年欠我们的钱，此时 1～2 年的账龄就还有 50 元，正所谓好借好还，再借不难。本年借方发生额 20 元，因此 1 年内的账龄为 20 元。

先进先出理解成先借的先还。假设 A 同事去年找你借了 100 元，今年还了 50 元，这 50 元就是在还去年欠的钱，欠钱的账龄在年底就是 1～2 年之间，今年又新借了 20 元，新借的账龄就是 1 年以内的。

2023 年应收账款示例见表 2-21。

表 2-21　2023 年应收账款明细表示例

金额单位：元

应收账款	期初余额	借方发生额	贷方发生额	期末余额	1 年以内	1～2 年	2～3 年
审计工厂股份有限公司	70	100	90	80	80	—	—

应收账款 2023 年期初余额 70 元，是 2022 年期末余额延续下来的，我们在不考虑本年发生额的情况下，这 70 元的账龄应该在上年账龄的基础上增加一年，在 2023 年末 1～2 年的账龄应该是 20 元，2～3 年的账龄为 50 元，但我们来看贷方发生额为 90 元，意味着 2023 年收回 90 元，覆盖了一共欠的 70 元，那么此时之前的账龄就归零了。只要有余额，本年的账龄都为 1 年以内。

当我们逻辑相通的时候可以直接判断 1 年以内的账龄，应收账款贷方金额大于期初余额，意味着收回的钱大于对方欠的钱，1 年以内的账龄＝借方发生额－（贷方发生额－期初余额）；贷方发生额小于期初余额，意味着收回的钱小于对方欠的钱，1 年以内的账龄＝借方金额。

账龄划分后需要校验账龄逻辑，如 2022 年 1～2 年账龄金额≤2021 年 1 年以内账龄金额，因为 2022 年 1～2 年账龄金额是 2021 年 1 年以内账龄金额迁移过去的，不可能大于。同理，2023 年 2～3 年账龄金额≤2022 年 1～2 年账龄金额，以此类推来验证账龄是否划分有误。

其他的往来账龄逻辑也与此相同，在往来客户和供应商明细较少的情况下可以直接手动划分，较多的情况下可以用自动划分账龄模板。

注：可扫一扫二维码，获取文件"自动划分账龄模板-往来"。

文本

自动划分账龄模板-往来

2.2.5　监盘程序详解

盘点是指定期或临时对资产实际数量进行清查、清点的一种作业，那么监盘就是监督盘点的过程，是我们取得审计证据必须要执行的程序。监盘的对象主要为库存现金、应收票据、固定资产、存货。本节对这四种监盘对象的监盘流程进行详细讲解，使其更贴近实务。

1. 库存现金监盘

（1）监盘时间安排。库存现金监盘时间最好安排在上午上班前或下午下班时，因为在这两个时间段，库存现金不会有发生额。如果工作时间监盘，库存现金不断发生变化，则无法核对。

（2）人员安排。审计人员、出纳员、会计主管必须在场。

（3）执行的程序。出纳员清点库存现金，审计人员在旁监盘，观察清点过程（审计人员不能参与盘点）。盘点后应由审计人员编制"库存现金监盘表"，该表由出纳员、会计主管、审计人员共同签字，作为审计工作底稿留存。

在实务中，因为项目组往往要同时进行很多家企业的审计工作，每家企业有在现场的时间安排，因此实际监盘日与资产负债表日往往不是同一天，此时监盘需要将实际监盘日的金额倒推回资产负债表日，因为审计的是资产负债表日的金额。

如果监盘时间安排在 2024 年 1 月 5 日，当日库存现金余额为 156 元，为了确定期间库存现金变动情况，监盘后需要获取截止至 2024 年 1 月 5 日的序时账和科目余额表，然后开始倒推：监盘日余额（156）＋期间现金付出金额（167）－期间现金收入（100）＝资产负债表日金额（223）。

倒推至资产负债表日金额示例见表 2-22。

表 2-22　倒推至资产负债表日金额示例

金额单位：元

2023 年 12 月 31 日	2024 年 1 月 1 日～2024 年 1 月 4 日		2024 年 1 月 5 日
资产负债表日	期间现金收入	期间现金付出	监盘日余额
223	100	167	156

监盘时编制的库存现金监盘核对表示例见表 2-23。

表 2-23　库存现金监盘核对表示例

盘点日期：　　2024 年 1 月 5 日　　　　金额单位：元

检查核对记录			实有库存现金盘点记录		
项　　目	行次	人民币	面额	人民币	
上一日账面库存余额	①	156	—	数量	金额
盘点日未记账传票收入金额	②	—	100	1	100
盘点日未记账付款付出金额	③	—	50	1	50

检查核对记录			实有库存现金盘点记录		
盘点日账面应有金额	④＝①＋②－③	156	20	—	—
盘点实有库存现金数额	⑤	156	10	—	—
盘点日应有与实际金额差异	⑥＝④－⑤	—	5	1	5
差异原因分析			2	—	—
			1	1	1
			0.5	—	—
			0.2	—	—
			0.1	—	—
			0.05	—	—
			合计	—	156
追溯至报表日结存额	报表日至盘点日库存现金付出总额（＋）	⑦	167	情况说明及审计意见	
	报表日至盘点日库存现金收入总额（－）	⑧	100		
	报表日库存现金应有余额	⑨＝④＋⑦－⑧	223		
	报表日账面汇率	—	—		
	报表日余额折合本位币金额	—	223		
本位币合计					

盘点人（出纳）：×× 　　　　　　主管会计：×× 　　　　　　复核员：××

监盘结束后要记得由出纳员、会计主管、审计人员共同签字。

2. 应收票据监盘

监盘要求与库存现金监盘基本一致，监盘前根据企业提供的票据台账填列应收票据监盘表并打印出来，下图红框内容在监盘时用签字笔手写。

如今已经不再开具纸质的承兑汇票，全部统一改为电子承兑汇票。企业财务人员登录电子商业汇票系统，审计人员进行监盘，仔细核对票据记载信息是否与台账记载一致，如实际监盘日与资产负债表日不是同一天，此时监盘需要将实际监盘日的金额倒推回资产负债表日，原理参照库存现金监盘，应收票据监盘表示例如图 2-6 所示。

应收票据监盘表示例

1. 清点票据情况

票据种类	票据号码	出票日	到期日	票面金额	出票人	承兑人	前手背书人	利率	索引号
合计				—					

盘点参加人员： 会计主管： 监盘人员： 盘点日期：

2. 应收票据倒轧表

盘点日金额 ①	至盘点日 贷方发生额 ②	至盘点日 借方发生额 ③	倒推至资产 负债表日金额 ④=①+②-③	资产负债表 日账面金额 ⑤	差异额 ⑥=④-⑤	备注
—			—		—	

3. 审计说明

（1）审计人员于 ___ 年 ___ 月 ___ 日对公司的应收票据进行了盘点，盘点时将公司存放于 _____ 中的票据全部进行清点。

（2）我们均已查见票据原件，并与应收票据备查簿 ___ 年至 ___ 年 ___ 月 ___ 日相应的记录进行了逐一核对，核对项目包括：票据种类、出票日期、票据号、出票人、前手，记录均核对一致（底稿见索引号 _____），同时未发现已到期未承兑的应收票据。

图 2-6 应收票据监盘表示例

电子承兑汇票示例如图 2-7 所示。

3. 固定资产监盘

（1）编制监盘计划。监盘计划内容主要包括监盘目的，监盘时间、地点、人员的安排，监盘范围、监盘程序，此处可参考模板，根据实际情况修改模板信息。

（2）获取或编制固定资产盘点表。此处分为两种情况：一是企业会定期对资产进行盘点，此时审计人员顺便去监盘，向企业索要盘点表；二是审计人员按企业提供的固定资产台账编制抽盘表，监盘前请企业人员打印出来，在监盘现场手填抽盘表空白处，见表 2-24。

图 2-7 电子承兑汇票示例

表 2-24 固定资产盘点清单表

被审计单位：审计工厂股份有限公司 2022 年 12 月 31 日　　　　　　　　金额单位：元

序号	名称	编号	资产存放地	账面原值	是否盘点	账面数量	实盘数量	账实相符（√）	盘盈	盘亏	盈亏原因	审计意见	附件及索引
1	办公楼	001	A厂区	100 000	是	1							
2	轿车	002	B厂区	50 000	是	1							
	合计			150 000									

盘点人（签名）：　　　　　　　　日期：

监盘人（签名）：　　　　　　　　日期：

财务人员（签名）：　　　　　　　日期：

抽查结果汇总

抽查金额合计　　150 000　　正确笔数（笔）＿＿＿＿＿

账面原值总计　　200 000　　抽查笔数（笔）＿＿＿＿＿

抽　查　比　例　　75%　　正　确　率＿＿＿＿＿％

在大部分情况下审计人员自行编制固定资产盘点表，做法是将固定资产台账的数据粘贴到模板中，按资产原值进行排序，筛选出一定比例的资产进行抽盘。表2-24抽查的两项资产原值占账面原值合计的75%，注意不要用减去折旧后的账面价值来排序。比如一栋办公楼经过20年的折旧，账面价值只有10万元了，那我们按金额重要性的规定就不监盘了吗？

（3）监盘现场操作流程。

①到监盘现场第一件事要拍合照：审计人员和参与盘点的企业人员合照，要用水印相机拍摄，显示时间和地点。

②监盘要采用双向抽盘的方式：一是从监盘表到实物，检验账面记录的准确性，这种方式由企业人员带着审计人员按监盘表来核对实物；二是从实物到监盘表，检验的是账面记录的完整性，由审计人员随意选取固定资产实物，询问盘点人该资产在盘点表中的位置。双向抽盘时根据实际情况在"固定资产盘点清单表"上相应位置写明数量和画"√"即可。为了提高效率，大部分情形是采用从监盘表到实物的方式监盘，然后随机在现场选取少部分实物，再核实监盘表中是否已准确记录。

③在固定资产的监盘过程中，需要注意固定资产是否存在损毁、闲置、盘盈、盘亏等非正常情况，在"固定资产盘点清单表"备注该资产所在行相应情况，同时拍照留存，待监盘完成后询问负责人是否要作出审计调整。

④监盘中要注意资产的规格、型号等信息，是否与账面记录一致。拍照也要拍到资产的规格、型号等信息，照片打印后要写明资产名称并标注索引，不能随手一拍，那样在整理照片并编制索引的时候可能无法对应到监盘表。另外，不需要拍太多照片，只选取金额大的、异常的资产拍照即可。

⑤监盘结束后监盘人、盘点人、财务人员要在监盘表相应位置上共同签字，监盘表的每一页都需要签字，最后请企业在首页盖章并加盖骑缝章，审计人员要拿到签字、盖章版的监盘表原件。

（4）编制监盘小结。此处参考模板，根据实际情况修改模板信息。

注：可扫一扫二维码，获取文件"固定资产监盘计划、固定资产监盘小结"。

（5）纸质资料顺序。监盘计划→监盘小结→盘点表→编好索引的盘点照片。

文本
固定资产监盘
计划

文本
固定资产监盘
小结

4. 存货监盘

（1）编制监盘计划。与固定资产类似，此处参考模板，根据实际情况修改模板信息。

（2）获取或编制存货盘点表。此处同样分两种情况：一是企业定期对资产进行盘点，此时审计人员顺便去监盘，向企业要盘点表即可；二是审计人员按企业提供的存货台账编制抽盘表，监盘前请企业打印出来。抽盘表做法与固定资产类似，将存货监盘日台账的数据粘贴到模板中，按余额进行排序，筛选出一定比例的存货进行抽盘后再根据监盘日的存货收发存明细表编制。

底稿模板中的存货监盘表设置对新人朋友来说较为复杂，我们可以适当修改存货审计涉及的数量和单价。监盘是针对存货数量的实质性程序，计价测试需要单独做，所以我们可以用简表来进行监盘，监盘结束后编制存货抽查情况表，见表 2-25。

表 2-25　存货抽查情况表

金额单位：元

类别	编码	品名	单位	监盘日账面余额			抽盘结果					
				数量	单价	金额	实盘数量	账实相符（√）	盘盈	盘亏	出借	备注
辅材	001	EVA 发泡板材	条	32 100	1.56[①]	50 000						
辅材	002	EVA 发泡板材	条	44 600	1.35[②]	60 000						
合计						110 000						

盘点人（签名）：　　　　　　日期：

监盘人（签名）：　　　　　　日期：

财务主管（签名）：　　　　　日期：

（3）监盘现场操作流程。第（1）与第（2）点同固定资产监盘，此处略去。

---

①1.56＝50 000÷32 100
②1.35＝60 000÷44 600

①监盘拍照及开箱检验：要挑选账面价值较大的存货拍照，要拍整体的照片（一排或几排货架或生产线，能看出来车间或仓库大概样貌的照片），也要拍具体产品的照片（型号、物料卡片，能看出来监盘的具体产品）。监盘时要看清产品上的标识，是否与监盘表一致。同样不需要过多拍照。对于毁损、陈旧、过时、残次、呆滞、报废的存货重点关注，再选一些企业生产的主要产品进行拍照即可。

②监盘记录要求：与固定资产不同，存货的类型和数量都比较多，存货监盘的数量要写数字，不能直接画"√"。若监盘的存货放置在不同地方，记录数量时必须是"1＋3＋5＝9"这种形式，不能直接写数量9，要体现严格监盘的过程。

若发现毁损、陈旧、过时、残次、呆滞、报废的存货，要向企业仓库保管人员询问存货是否还能使用，以及放置时间，并做好记录。先用铅笔记录实际情况，或者在草稿纸上记录实际情况，不能直接用签字笔填写，需项目组内部商定后再用签字笔重新改写。因为盘点表原件只有一份，如果涂抹得乱七八糟就会显得太不够专业了。

③监盘存在差异怎么办？我们在监盘的时候发现实际数量与监盘表数量不一致，除了盘盈或者盘亏外，还有两种情况：一是出库单已经填写，但尚未领料，此时我们请库管员提供出库单据，核对是否与差异数量一致；二是监盘日当天刚入库，未录入系统，在此时间段之前做好的盘点表自然不会有这笔存货，此时我们还是请库管员提供入库单据，核对是否与差异数量一致；由于时间和效率的关系，我们在发现差异时不会立刻要求企业人员提供单据，所以要记清楚哪些产品需要出入库单据。在盘点结束的时候请库管员及时提供单据拍照留存。确定有出入库单据的可以直接在监盘表的差异列填数，如果情况不确定，先用铅笔填写，项目组内部讨论完再修改。

④监盘结束后监盘人、盘点人、财务人员要在监盘表上共同签署姓名和日期。需要注意的是，重大项目须在监盘表的每一页都签字，签字要求与负责人确认好。

（4）编制监盘小结和"存货——辅助材料"监盘倒轧表。

①监盘小结参考模板，根据实际情况修改模板信息。

② "存货——辅助材料"监盘倒轧表的编制和库存现金监盘原理一致，不过"存货——辅助材料"监盘倒轧表看起来稍微复杂些，示例见表2-26。

表 2-26　"存货—辅助材料"监盘倒轧表

金额单位：元

仓库名称	存货名称	规格型号	2024年12月1日账面数量	是否抽盘	抽盘数量	10月1日至12月1日入库数量	10月1日至11月30日出库数量	9月30日推导数量	9月30日账面数量	9月30日账面金额	差异数量	差异原因	是否可以确认
辅材库	EVA发泡板材	35.5*10*1	32 100	是	32 100	40 300	8 900	700	700	340.85	—	—	是
辅材库	EVA发泡板材	42*10*1	44 600	是	44 600	35 300	1 100	10 400	10 400	6 087.37	—	—	是

假设我们审计项目的财务报表截止日期是2024年9月30日，实际监盘日是2024年12月1日，那么间隔日期就是2024年10月1日至2022年11月30日，那我们就要获取间隔期间存货变动情况，请企业提供间隔期内的存货收发存明细表。根据提供的资料，我们将2024年12月1日的存货监盘数量倒推至2024年9月30日，若无差异则可以确认无误，存在差异则查明原因并备注。

（5）纸质资料顺序。监盘计划→监盘小结→盘点表→倒轧表→编好索引的盘点照片。

（6）利用专家工作。

《中国注册会计师审计准则第1421号——利用专家的工作》第四条中定义的专家，即注册会计师的专家，是指在会计或审计以外的某一领域具有专长的个人或组织，并且其工作被注册会计师利用，以协助注册会计师获取充分、适当的审计证据。

因为存货不同于固定资产容易辨认，不同的企业有不同的存货，计算方法也不同，如化工企业往往有储煤仓库，被审计单位可能在特定日期聘请专家来验证存货质量、状况或价值，审计人员需要一同去现场，尽管审计人员并不能实质上给专家提供帮助，但需要对这一过程进行记录，后期专家会出具专业的报告，其中会说明其测量方法、结论，审计人员对其测量方法进行了解并与账面进行核对这一过程即是利用专家工作。

注：可扫一扫二维码，获取文件"存货监盘计划、存货-备品备件库监盘小结"。

文本
存货监盘计划

文本
存货-备品备件库监盘小结

2.2.6 走访

走访是 IPO 审计必做的程序之一，走访的范围比较广。因发行人的客户和供应商往往遍布全国各地，需要大量的人力和时间参与走访，所以新人朋友往往是走访的主力军，但走访相比在枯燥乏味的办公室埋头苦干来说算是一种福利，而且基本不会加班，不过时间会比较紧张。

走访程序分三个方面：一是走访谁；二是走访目的；三是走访的程序。

1. 走访谁

相关中介机构应对发行人主要客户和供应商进行核查：事务所、保荐机构应对发行人主要客户和供应商（例如，前十名客户或供应商）情况进行核查，并根据重要性原则进行实地走访或核查，上述核查情况应记录在工作底稿中。

核查的标准一般是发行人账面销售收入和采购金额前 70%的客户和供应商。

2. 走访目的

在这里主要简单了解一下走访目的，通过独立访谈来印证发行人的账面销售和采购数据的真实性。

销售方面：了解客户的基本情况和经营规模、与发行人的合作历史、合作模式、交易流程、交易金额、退换货情况、实现最终销售情况、存货情况、是否存在关联关系等信息。

采购方面：了解供应商的加工能力、生产能力，供应商的技术含量，供应商的质量，供应商经营情况与其向发行人的销售规模是否相匹配。

3. 走访的程序

（1）准备阶段。①行程安排：走访具体行程的安排，需要参与访谈的中介机构、发行人相关部门和访谈对象共同来商讨，然后确定访谈计划安排，示例见表 2-27。

表 2-27　走访行程安排示例

主体	组别	走访开始时间	类别	走访单位	省	市	企业对接人员	联系方式	券商	律师	会计师	备注
审计工厂股份有限公司本部	采购A组	2024年8月5日	采购	A国际贸易有限公司	北京	北京市	张三	12131241*				
审计工厂股份有限公司本部	采购B组	2024年8月2日	采购	B化工有限公司	上海	上海市	王四	12131242*				
审计工厂股份有限公司本部	销售A组	2024年8月5日	销售	C能源有限责任公司	陕西省	神木市	赵五	12131243*				
审计工厂股份有限公司B子公司	销售B组	2024年8月5日	销售	F商贸有限公司	广东省	深圳市	王二	12131246*				

②准备资料：准备好各类型访谈问卷复印件，一个访问对象准备两份提纲复印件，多打的一份是备用，以免出错，供应商访谈问卷部分示例如图 2-8 所示。

审计工厂股份有限公司

访谈问卷及记录（供应商）

编号：

受访公司名称：		
受访人	姓名：	
	身份：	
	联系方式：	
访谈人员	××证券有限责任公司：	
	××会计师事务所（特殊普通合伙）：	
	××律师事务所：	
访谈地点：		
访谈时间：　　年　　月　　日		

背景：审计工厂股份有限公司基于股票发行融资事宜聘请了××证券有限责任公司、××会计师事务所（特殊普通合伙）、××律师事务所等独立中介机构进行核查。请确保您提供的信息真实、准确和完整，相关回答均是您本人的真实意思表示，感谢您的协助。如无特别说明，该访谈记录所述业务发生期间、所指报告期均为××年××月××日至××年××月××日。

图 2-8　访谈问卷及记录表示例

需要注意的是：要提前填好访谈对象公司基本情况信息，节省现场时间，以免忙乱。

（2）了解访谈对象和访谈问卷模板：可以通过查询网站了解访谈对象业务模式与发行人的关系，完整看一遍问卷的结构和所问的问题，做到心中有数。

（3）正式访谈。发行人在协助中介机构访谈前已经沟通好程序，新人朋友并不需要紧张，到现场按程序执行即可。

①拍照要求：在访谈对象公司显著标志处，请人用水印相机给证券公司工作人员、会计师、律师、访谈对象合照，水印相机显示时间、地理位置等；查看对方的厂区、生产线，随机拍几张留存。

②获取资料：请访谈对象提供公司营业执照复印件、章程复印件；访谈对象的名片或工牌复印件，以及身份证复印件；提供的资料均需要加盖公章。

③核查身份与访谈记录：核查访谈对象名片或工牌、身份证等；访谈过程中同步记录，并开启录音。访谈后与律师、证券公司工作人员核对是否遗漏问题及是否填写错误。

④访谈结束后及时签名盖章。请访谈对象在每页下方签字盖章，并加盖骑缝章，保留好访谈原件，不能用复印件代替。如访谈对象需要履行盖章程序短时间无法办到，则扫描后留存，并请其将盖章后的原件寄回事务所里，审计人员在收到回件时与扫描件进行核对，以免原始数据被篡改。

（4）访谈结束后。按归档要求，及时整理电子版、纸质版走访底稿；如访谈时有异常情况及时进行汇报。走访归档记录示例如图2-9所示。

审计工厂股份有限公司项目走访记录归档

访谈对象名称：

走访地址：

走访时间：　　　年　　　月　　　日

1. 正门合影/与访谈对象的合影	
2. 访谈对象名片或身份证复印件	3. 行程单据

图2-9　走访记录归档示例

4. 视频访谈

如遇特殊情形，部分访谈仅能采用线上视频方式时，可参考以下流程：

（1）访谈地点尽量在对方公司中进行，线上视频访谈要开启录屏。访谈内容与实地访谈方式一致，结束后截取几张进行归档，电子版录屏要保存好，确保核查工作可回溯。

（2）根据视频访谈的内容，做好电子版访谈问卷的记录，然后邮寄给访谈对象请其签字盖章，并请其将访谈工作底稿所需的营业执照、公司章程、身份证明文件，以及董事、监事、高管名单等一并随盖章版访谈问卷寄回。在邮寄前先扫描后留存，收到回件时与扫描件进行核对，以免原始数据被篡改。

文本

审计工厂股份有限公司访谈
问卷及记录（供应商）

注：可扫一扫二维码，获取文件"审计工厂股份有限公司访谈问卷及记录（供应商）"。

2.2.7 审计常用的 Excel 功能

审计中我们最常接触的就是各种表格。Excel 是办公必备软件，因此，熟练使用 Excel 函数及快捷键能提高我们的工作效率。很多新人朋友在大学没有好好学习计算机课程，就比如我，直到工作了才后悔莫及，但也不要因此焦虑，选择实际工作中常用的函数及快捷键，有针对性地学习，这是最高效的方法。

在公众号初期录制了审计常用 Excel 实操示例，视频穿插审计工作中常用的 Excel 函数及快捷键操作方法，每一步都有字幕提示，在实务中将这些函数及快捷键进行各种组合，就能快速完成工作。

涉及的 Excel 函数及快捷键，见表 2-28。

表 2-28　涉及 Excel 函数及快捷键

键盘选取	目的
ctrl＋shift＋1	快速进入自动筛选状态
ctrl＋shift＋↓	可以瞬间选取到最后一行
ctrl＋c	复制
ctrl＋v	粘贴

键盘选取	目的
数据透视表	能够快速汇总、分析、浏览和显示数据对原始数据进行多维度展现
ctrl＋shift＋→	可以瞬间选取到最右行
＝：	链接其他表格中数据
删除重复项，保留唯一值	—
SUMIF 函数	对报表范围中符合指定条件的值求和
数据分列	快速对指定区域数据分列
VLOOKUP 函数	给定一个查找的目标，从指定的查找区域中查找返回想要查找到的值
MID 函数	可以从字段中提取指定的字符数
连接符 "&"	可以将两个单元格内容连接起来
查找和替换	—
不同表格相同位置的求和	—

注：可扫一扫二维码，获取文件"审计常用基础 Excel 实操示例"。

视频

审计常用基础 Excel 实操示例

第 3 章　整装待发——内部控制与实质性程序思路引导

　　学会编制底稿是新人朋友的基本功，但笔者没有办法在这里对所有科目的底稿编制逐个讲解，而是引导大家找出底稿的共性，培养工作底稿编制的思维，在分享内部控制与实质性程序思路之前，笔者觉得有必要先给新人朋友介绍一下常规审计工作流程，以及不同类型审计的主观感受。

3.1　常规审计工作流程

我们在前面初步介绍了"审计工艺流程"、初入职场所面临的基础工作，但初入审计职场的朋友并不清楚审计整体内容，我们以年审为例，给新人朋友介绍常规审计工作流程，也可以作为现场工作的提示内容。

3.1.1　现场工作提示

每到 12 月 31 日，事务所内的伙伴往往会调侃互祝对方"资产负债表日快乐"，大家就会苦笑，因为对于审计人来说，每年都要过"年关"，何为年关？年审就是审计人的年关，根据《中华人民共和国公司法》第二百零八条规定："公司应当在每一会计年度终了时编制财务会计报告，并依法经会计师事务所审计。……"所以事务所在年底和年后主要业务是进行年度审计工作，派出各个项目组对被审计单位全年的会计凭证、账目、报表等会计资料及其反映的全部经济活动进行审计，这个时间一般为当年 11 月到次年 4 月底。因为大量公司集中在这个时间段审计，为了保证整体进度及工作质量，事务所会安排项目组对被审计单位提前开始进行预审，预审的时间一般为当年 11 月，有大型集团业务的审计部门可能 10 月就开始忙碌起来了。这里分几个场景介绍现场审计工作：

一是进场导账，进场是指审计项目组进入被审计单位审计现场，正式开始审计工作。导账即通过导账工具（如鼎信诺、新纪元等软件），将已结账的财务数据从被审计单位系统中导出，方便审计人员看账。如无导账工具，向被审计单位要三张表，即序时账、科目余额表、财务报表。但无论是否导账，预审时都是必须要有财务报表。

导账工具导出的账页一般展示的界面是科目余额表，相较于单独请企业导出 Excel 版的序时账、科目余额表，导账工具能实现这两张表的联动，如单击银行存款科目，既可以展示银行存款的各开户银行名称、账号、余额，又可以直接查看各账户对应的序时账记录，方便整理数据，各科目之间的联系也更加清晰。

二是负责人分工，预审时负责人会下发工作安排表格，负责人可能按报表项目分工（按报表项目分不会那么细致，一般都会有遗漏），如货币资金、存货；也可能按报表大类分工，如资产类底稿、负债类底稿；或是按循环分工，如货币资金循环、采购与付款循环。根据每个人的实际工作量，再额外分配函证、监盘、打印等工作，表格中会列明各期间工作进度完成要求，年审底稿分工简表见表 3-1。

表 3-1　年审底稿分工简表

	子公司	资产类底稿	负债类底稿	权益类底稿	损益类底稿	电子版底稿截止时间	打印装订截止时间
ABC集团	A 有限责任公司	A	B	C	D	××年×月×日	××年×月×日
	B 有限责任公司	B	C	D	A		
	C 有限责任公司	C	D	A	B		

三是根据分工列示各自所需的审计资料。导账或获取相应报表后，新人朋友无经验，负责人可能会自己填列所需的审计资料。各科目需要的资料可参考被审计单位提供资料清单，主要有两类资料：一类是会计凭证，对已结账的财务数据抽取会计凭证，抽取会计凭证详细操作已在前面章节讲过。抽取会计凭证列清单时需要有金额和摘要列，方便对照会计凭证，可先在底稿中整理好后复制出来，避免重复工作。需要注意的是，要与其他人统一格式，因为最终要汇总发给被审计单位或者自行去拍摄会计凭证，如负责人有模板，按模板要求填列即可。另一类是会计凭证后可能没有的资料，如银行对账单、纳税申报表、企业信用报告等，因为是预审，如纳税申报表只有 1~10 月，资料需求可直接写 1~12 月纳税申报表，备注暂不能提供的部分在正审后提供，其他同此。

注：可扫一扫二维码获取文件"审计资料清单"。

文本

审计资料清单

四是对资料清单汇总，负责人审核修改和补充后，发给被审计单位，等待其提供资料。

最终提交给被审计单位的资料清单参考如下：

2024 年审计预审资料清单

×××公司：

为了更好地配合本次审计工作的开展，我们将需要由贵公司提供的资料清单列示如下，对于不适用于贵公司情况的，予以说明后可不予提供。所提供资料的真实性、准确性、完整性由贵公司负责，我们对贵公司提供的资料承担保密义务。在审计过程中，我们根据现场发现的问题可能会提出进一步的资料清单。

本次资料清单需提供的资料期间为 2024 年 1~10 月，为保证能够如期完成审计工作任务，请贵公司在×年×月×日前准备完毕以下资料。如果贵公司对此清单有不清楚之处，可随时与我们联系。

联系人：　　　　　　电话：　　　　　　邮箱：

一、公司综合资料

1. 最新的公司章程

2. 公司内部管理制度

……

二、2024 年 1 至 10 月财务核算资料

1. 货币资金

（1）请提供 2024 年 1 至 10 月所有银行账户对账单（需要盖有银行印章）及各月末银行余额调节表。

（2）提供 2024 年 1 至 10 月开立、注销账户相关银行资料复印件。

……

××会计师事务所审计项目组

2024 年×月×日

在审计资料尚未提供之前，新人朋友可能会觉得无事可做了。在这里简

单介绍一下，年审也分连续审计、首次审计两种。如果是连续审计，负责人可能也没有变动，而且有上年的底稿可以作为参考，重大事项、审计调整、审计说明等应有尽有，因此连续审计下压力更小。如果是首次审计，没有上年的相关资料可以参考，负责人要对企业进行整体了解和梳理，也要和客户重新建立关系，新人朋友做底稿也没有可以参考的上年底稿，想要模仿都没办法。但无论是连续审计还是首次审计，对于新人朋友而言可能差别并不是那么大，因为初次接触审计工作，即使负责人详细讲解各个程序的做法，也无法马上消化，实际工作与从书本中得到的信息不同，知与行合一的过程，只能在工作过程中不断摸索。在负责人的反馈中逐渐找到感觉，不必因此对自己产生怀疑，这是任何工作都要经历的一个阶段。

我们要思考在审计资料尚未提供之前可以做什么：一方面可以提前了解被审计单位信息，一般企业都可以通过企查查、爱企查、国家企业信用信息公示系统等查询，初步了解经营范围、行业情况、经营风险等；另一方面了解及初步编制底稿。连续审计则看上年底稿，替换底稿模板中审计期间、编制人、复核人等信息，对照账面数据核对底稿中各科目期初余额，无误则在底稿中填好期初余额。查看上年底稿作出的审计调整及其说明，待获取资料后关注本年是否存在同样情况需要调整。首次审计则在各自负责的底稿模板中提前填上审计期间、编制人、复核人等信息，根据企业提供的财务报表、科目余额表、序时账填写期初余额、本期增加和减少额、期末余额的未审数据，也就是传说中的"抄数"，为什么要抄数？在后面会给新人朋友解释。

审计资料提供之后，负责人会将资料上传至群里或者用 U 盘拷贝给组员，我们拿到资料后不是立即开展工作，而是将获取的资料与此前的资料清单核对。标注上哪些未提供，再次汇总到负责人那里。需要注意的是，并不是所有企业都会逐条按要求提供资料，因为工作内容的不同，我们列出的资料可能与被审计单位工作人员理解的存在偏差；或是没有对应的资料，可能会存在漏提审计资料的情况。对我们来说，重要资料必须检查后整理成工作底稿的一部分，所以核对和更新资料也是一项重要的工作。

将获取的资料与此前的资料清单核对后，意味着我们可以正式开展审计工作，新人朋友主要的工作是编制审计工作底稿，工作底稿是注册会计师及其助理人员在审计工作全部过程中编写和取得的各种资料的总称。它是注册会计师形成和出具审计报告的重要依据，是证明注册会计师及其助理按照要求完成审计工作程序、履行工作职责的证据，任何能反映我们审计中思考的思路和形成审计证据的资料都可以称之为工作底稿，也就是"审计思路文字描述＋审计证据＝工作底稿"，审计工作底稿对事务所和审计师来说至关重要，它体现的是审计师执行审计程序的思路，尽职尽责完成工作的证明，也体现事务所对审计质量的把控，对承接项目的风险控制，我们整个审计职业生涯的大部分时间都在和底稿打交道，新人朋友如果是在年后入职，看到的除了忙碌的审计人员，大概率还会有相当多的底稿箱和零散的底稿。

审计底稿主要包括初步业务活动底稿、风险评估工作底稿、了解内部控制及控制测试工作底稿、实质性测试工作底稿、舞弊风险评估与应对工作底稿、业务完成阶段工作底稿等。我们执行审计业务时，重点在编制了解内部控制及控制测试工作底稿和实质性测试工作底稿，这也是我们要讲的两个重要部分。控制测试与实质性测试的区别体现在：控制测试的内容为内部控制，是定性评价；实质性程序的内容为账户金额，是定量评价。控制测试的目的为评价内部控制有效性；实质性程序的目的是评价账户金额正确性，为发表审计意见提供依据。控制测试与实质性测试的联系体现在：控制测试为实质性程序打基础，控制测试的结果为确定实质性程序的性质、时间和范围提供依据；实质性程序是在控制测试的基础上进行的，实质性程序的程度取决于控制测试的结果。

简单来说，控制测试检查企业与财务数据相关的内部控制制度是否有效，实质性程序检查企业的财务数据是否正确。如果与财务数据相关的内部控制有效，出错的可能性较小，我们就可以少执行一些实质性程序。如果与财务数据相关的内部控制无效，出错的可能性较大，我们就要谨慎对待，在实质性程序中加大检查力度。

为了加深新人朋友的理解，在后面实质性程序讲解的科目审计思路中穿插了一些舞弊造假案例，企业舞弊造假的根本原因是内部控制制度失效，管理层凌驾于控制之上。很多企业在未成为公众公司前，并不注重财务和内部控制制度的建设，在准备上市期间才开始逐步规范。在 IPO 审计中，新人朋友会进一步感受到这个问题。

3.1.2 关于国有企业、IPO 项目、上市公司审计的体验

1. 国有企业审计

参与过国有企业审计的新人朋友应该都知道久其软件，国有企业使用久

其报表作为报送工具上报国务院国有资产监督管理委员会（以下简称国资委），企业会给审计师导出使用久其软件编制的报表及附注，可以整理做成底稿。但需要注意的是，久其软件不能直接信赖，因为久其软件各表间基础数据是被审计单位财务人员填报，所以财务报表和附注并不一定准确，很多国有企业会请事务所帮忙核对财务报表。同样地，资产负债表、利润表变动分析写得也不一定对。新人朋友不要直接用久其软件的分析作为底稿的分析程序，还是要查看序时账、检查会计凭证，并结合业务的实际情况核实。

对国有企业审计时，除了因会计政策变更导致的变动，期初数一般不会动，能不调的就不调。

审计国有企业需要出具的专项报告比较多，连管理建议书都要写。好处是对《企业会计准则》更新得比较及时，国有企业自然要作表率。我们可以第一时间看到新准则的实务应用，但国有企业很多财务人员可能不太理解新准则，要等着审计复核后给出调整意见，或者直接咨询审计师，对审计师也算是一种挑战。

国有企业为了控制成本，业务约定书里一般不包括审计师的吃住费用，国有企业集团本部和二级单位招待中规中矩，基本都有自己的食堂，但这部分成本可能要事务所承担。审计撤场后一起结算。

2. IPO 项目审计

IPO 项目审计，企业一般会找知名的一线城市事务所：一方面为了获取专业的服务；另一方面是增强外部对审计报告的信心。对事务所来说，无论 IPO 项目是否能顺利过会，前期的收费相较于年审还是比较可观的，当然年审业务也是由 IPO 项目组来做。

IPO 项目对于新人朋友来说比较煎熬，大型的 IPO 项目不同于常规的分工安排，会分成多个组来执行工作，一般有写报告组、底稿组、发函证组、核查银行流水组、实地走访组，盘点存货、固定资产组等，另外，也会根据实际情况安排人员。新人朋友一般会做些除报告和底稿以外的工作，项目经理做底稿也不是什么新鲜事，不少新人朋友或实习生想在 IPO 项目历练，但一两周就会跑路，从此 IPO 是路人。

大型 IPO 审计项目前期一般会有 20 多人，后期人会越来越少，分配到各个成员的工作又会增加，原因当然是人员离职或者调到其他项目，能干活的不多。一般来说，主力是现场负责人和几个高级审计员，合伙人级别的负责人在场主要是为了表示重视，落实具体工作全靠现场负责人。

什么情况下从事 IPO 项目审计最合适呢，建议有三四年审计经验且获得注册会计师证书的人，但还没接触过 IPO 的朋友可以体验一下。

3. 上市公司审计

上市公司财务人员的水平比较高，不少是从事务所跳槽过去的。审计师如果不了解行业惯例或对《企业会计准则》没有深入了解，不要轻易对可能会有争议的会计差错事项进行调整。没把握的事不要做，可能会被投诉。

上市公司内部控制比较规范，资料齐全。对于上市公司的审计，问题一般不大。但被证监会调查的企业要格外小心。尽职尽责审计大多也不会出什么问题，对于新人朋友来说比较友好，可以全面接触正规的审计流程。

3.2 内部控制、穿行控制及控制测试

本节主要介绍内部控制、穿行控制与控制测试。

3.2.1 内部控制

我们在审计过程中经常会听到"内部控制"四个字，了解被审计单位的内部控制和控制测试也是审计的重要工作。我们来换一个角度去理解控制，字典中解释为"掌握住对象不使任意活动或超出范围；或使其按控制者的意愿活动"。我们常常听到"公序良俗"："公序，指公共秩序，是指国家社会的存在及其发展所必需的一般秩序；良俗，指善良风俗，是指国家社会的存在及其发展所必需的一般道德。公序良俗指民事主体的行为应当遵守公共秩序，符合善良风俗，不得违反国家的公共秩序和社会的一般道德。"对我们来说，公序良俗就是规则，是对我们个体行为的控制，偏离了控制，就会产生不好的后果。企业也是如此，企业从本质上就是人、财、物的结合体，为了良性运作和长远发展，企业要对人、财、物涉及的各个流程设计一定的规则，避免发生不可控的风险。因此，了解被审计单位的内部控制就是了解这些企业制定的避免风险的规则，进行控制测试，则是审计师亲自检验这些规则是否流于形式，是否有效。

需要注意的是，审计师并非全能。审计的目标是对财务报表是否存在重

大错报发表审计意见，所以我们需要了解和评价的内部控制只是与财务报表审计相关的内部控制，并非被审计单位所有的内部控制。如被审计单位还会有防范火灾的内部控制，审计师当然不需要检查消防栓、灭火器、消防通道等，因为这类控制与财务报告无关，但如果时间允许，被审计单位也不厌烦的话，也是可以了解一下，丰富阅历。

了解被审计单位的内部控制主要有两个步骤：第一个步骤是评价控制的设计，还是用与财务报告无关的例子来帮助大家理解。假如公司有这样一条规定："如果资产失窃，则拨打120"，我们来评价一下该控制的设计。失窃时，拨打120是没有用处的，而且对方很可能会推荐拨打心理门诊的电话，这是一个无效的控制设计。所以了解被审计单位的内部控制，首先要评价控制的设计是不是能够有效防止或发现并纠正重大错报，如果设计不当，了解也无任何意义。如果设计合理，我们就要进行下一个步骤，控制是否在执行。比如企业规定，外来访客进入公司必须要登记，且需要有内部人员接待并签字确认。审计师作为访客进入企业经历了这样的流程，那这个控制就是在执行的，但这并不能证明该控制在其他时点也有效运行，万一我们进去刚好碰到严格执行制度的保安人员，其他时间是消极怠工的保安人员执勤，或者是保安人员对自己的熟人、但并非公司员工的外部人员予以放行，所以了解被审计单位的内部控制，仅停留在评价控制的设计及控制是否在执行阶段，并不足以测试控制运行的有效性。

3.2.2　穿行测试

评价控制的设计和了解控制是否在执行，类似于我们为了取得好成绩，制订一个学习计划，虽然计划很完美，但更重要的是按计划执行。企业也是如此，可能有的企业的内部控制制度很健全，但实际是直接照搬其他公司的制度，所以不但要看企业是否有内部控制制度，重点还要看实际执行情况，而穿行测试是一个较好的检验方法。

穿行测试是指追踪交易在财务报告信息系统中的处理过程，是审计师了解被审计单位业务流程及其相关控制时经常使用的审计程序，在正常运行条件下，将初始数据输入内部控制流程，穿越全流程和所有关键环节，将运行结果与设计要求对比，以发现内部控制流程缺陷的方法。

其操作步骤比较简单，将被审计单位规范某项经济业务行为的制度按业务流程的方式描述出来，然后抽取某几笔业务样本，要求被审计单位提供所有所抽取业务样本的运行记录。按照流程环节，描述样本业务的实际运行情况，对照流程环节与要求，比较并记录没有做到位的地方。

"穿行"这两个字也很形象，意为从某种通道、缝隙中通过，审计中的穿行就是业务穿过内部控制制度所设计的流程。比如一笔采购业务，是否有采购申请单和负责人审批；采购的货物是否办理验收和入库手续，向供应商付款是否有付款申请单及对应负责人审批，我们可以获取这笔采购业务在线上系统及线下的流程痕迹，对于内部控制健全的企业，这些过程都可以在会计凭证中体现。

穿行测试比较简单，但对于新人朋友来说，理解和操作可能会比较难，因为初入职场，接触的项目较少，对很多程序关键点不清楚。为了帮助新人朋友对穿行测试和控制测试形成整体的认识，了解交易流程在信息技术或人工系统中生成、记录、处理和在财务报表中报告的程序，以下分为信息技术系统、不相容职责分离、重要业务流程、穿行测试底稿编制、简单了解 IT 审计五个部分来讲解。

1. 信息技术系统

提到信息技术系统，就需要了解 ERP 系统。ERP 系统一般是指企业资源管理系统，是用各种技术来更好地使用和管理企业资源。凡是涉及信息采集、分析、加工、共享的产业，都可以应用 ERP 系统。ERP 的核心思想是实现对整个供应链的有效管理，能够帮助企业更好地处理业务流程，处理存货等实物的数据性资料，降低管理成本，提高企业各环节运转效率，审计中我们导账时常接触的如 SAP、用友、金蝶都是 ERP 软件。除财务管理模块外，还包含销售管理、采购管理、售后服务管理、库存管理、生产管理和人力资源管理等模块。被审计单位选择企业软件供应商搭建 ERP 系统，通常由被审计单位的业务部门根据实际工作需求提出具体功能需求，并由信息部门对需求进行评估，评估通过后由企业软件供应商的项目组负责设计。ERP 系统搭建完成，企业软件供应商的项目组在测试环境对新系统进行 IT 测试，测试通过后交由被审计单位的业务部门进行用户测试，业务部门确保系统设计满足其所需全部需求，ERP 系统正式上线。

除了信息技术系统为企业经营管理带来的便利，我们也需要思考信息技术系统与内部控制的关系，企业是人、财、物的组合体，但对财和物的运作由人来完成，人与机器的不同之处在于人有思想，而思想可能会使人偏离企业规则所设定好的运行轨道，如公司的管理层与股东之间的代理问题，个别管理层可能只为个人利益而不勤勉尽责，股东可能为此设置监督或激励措施，来避免这种情况的发生。同样，公司有业务部门和职能部门，各部门下又设置不同的岗位，如果没有一个合适的信息系统来帮助企业管理，可能会导致企业运行效率低下，企业资源得不到良好的运用，甚至于导致管理失控，而ERP软件能够对企业的整个资源进行有效的整合，不同部门在系统中使用不同的模块，不同的岗位、级别人员有各自的权限，根据不同的职责进行生成、记录、处理业务数据或流程，从而达到不同部门间的协同工作，所以信息技术系统对企业内部控制的重要性不言而喻。

大多数被审计单位出于编制财务报告和实现经营目标的需要使用信息技术，但人工因素始终存在，小型且业务简单的企业可能以人工控制为主，大型企业可能是自动化控制为主，人工控制为辅，我们在工作中也可能会发现某些重要环节的审批，既要线上审批通过，也要线下签字确认，所以我们也要关注被审计单位内部控制的人工和自动化特征及其影响，对于自动化控制为主的大型企业，还需要对ERP系统进行IT审计，这部分会在后面进行简单介绍。

需要注意的是，很多企业根据实际经营的需要，可能选择多个信息技术系统，当账务处理和业务管理不是同一个系统时，就需要分别进行了解并测试。下面的案例来自于中国证监会行政处罚决定书（广东正中珠江会计师事务所、杨某某、张某某、刘某、苏某某）（〔2021〕11号）节选：

> ……
>
> 二、2016年和2017年年报审计期间，正中珠江未对康美药业的业务管理系统实施相应审计程序，未获取充分适当的审计证据。
>
> 捷科SCM 3.0新架构供应链系统（以下简称捷科系统）为康美药业的业务管理信息系统，金蝶EAS系统是康美药业进行账务处理的信息系统。正中珠江相关审计人员明知康美药业捷科系统的存在，未关注捷科系统与金蝶EAS系统是否存在差异，未分析差异形成的原因及造成的影响，未实施必要的审计程序。具体包括：一是在财务报表层面了解信息技术的运用时，未涵盖业务管理系统。根据审计底稿的记载，康美药业的销售业务流程是基于捷科系统开展，从捷科系统发起销售订单，并经

过一系列流程，最终通过系统配送货物。在知悉康美药业存在捷科系统的情况下，正中珠江仅了解了金蝶 EAS 系统，未涵盖捷科系统。二是正中珠江了解金蝶 EAS 系统时，未执行审计程序了解金蝶 EAS 系统与捷科系统之间数据的勾稽关系。金蝶 EAS 系统与捷科系统的销售数据存在明显差异，正中珠江却未执行审计程序了解捷科系统的数据如何结转至金蝶 EAS 系统。三是正中珠江实施风险应对措施时，未从业务管理系统获取审计证据。正中珠江在内控测试、实质性程序中计划获取销售出库单等业务单据，但仅从金蝶 EAS 系统获取审计证据，没有追溯至捷科系统，也没有说明未追溯至捷科系统的理由，获取的审计证据不具有充分性和适当性。正中珠江的行为不符合《中国注册会计师审计准则第 1211 号——通过了解被审计单位及其环境识别和评估重大错报风险》第 21 条和《中国注册会计师审计准则第 1301 号——审计证据》第 10 条的规定。

......

（资料来源：证监会网站）

2. 不相容职责分离

我们在了解业务流程及控制的时候，要关注不相容职责是否分离。不相容职责分离是企业业务部门及业务操作人员之间责任和权限的相互分离机制。如果企业某些相互关联的职责集中于一个人身上，就会增加发生差错和舞弊的可能性，或者增加了发生差错或舞弊以后进行掩饰的可能性。试想，如果资金支付申请人和审批人是同一个人，那么公司的账户和员工自己的私人账户有什么区别。如果资产保管人和资产入账的记录人是同一人，那资产被挪用也就无人知晓了。所以不相容职责一般包括：业务经办与授权批准、业务经办与会计记录、会计记录与财产保管、业务经办与稽核检查、授权批准与监督检查等，如果不能做到完全分离，也必须通过其他适当的控制程序来弥补。

内部控制并不是要防范所有业务流程中的风险，有些低风险的事项是企业可承受的。因为小企业的人员较少、管理难度不大、业务简单，业务操作流程一目了然，增加人手分离业务职责会增加企业的用工成本，可以通过对具体人员的管理来解决职责未分离的风险。我们可以通过询问管理层如何防范风险后进行综合评判。有些企业在管理模式上采用的是关键岗位的家族化管理，对于职责未分离岗位的人员是充分信任的，如近亲的家族人员担任会计兼出纳，未对不相容职责进行严格的分离，但需要注意的是，出纳同时兼职会计，不仅是内部控制存在问题，可能会导致公司遭受严重的经济损失，而且还违反法律法规。根据《中华人民共和国会计法》第二十五条规定："各单位应当建立、健全本单位内部会计监督制度，并将其纳入本单位内部控制制度。单位内部会计监督制度应当符合下列要求：（一）记账人员与经济业务事项和会计事项的审批人员、经办人员、财物保管人员的职责权限应当明确，并相互分离、相互制约；……"

3. 重要业务流程

我们需要确定对哪些业务流程进行穿行测试，但并不需要对所有的业务流程进行穿行测试，而是选择与财务报表相关的重要业务流程。企业一般有采购与付款、生产与仓储、研究与开发、工薪与人事、销售与收款、筹资与投资等业务流程，重要的业务主要是看与企业生产经营的相关性较高的流程，也可以通过查看企业的科目余额表找出使用频率较高的会计科目，如对于制造业，采购与付款、生产与仓储、销售与收款是重要的业务流程。相应的，银行存款、存货、预付账款、应付账款、应收账款等是使用频率较高的科目，各个业务循环及循环内包含的报表项目参考示例见表 3-2。因篇幅有限，只展示部分较为常见的报表项目。

表 3-2　常见的报表项目

业务循环	报表项目
货币资金	货币资金、其他应收（应付）款、管理费用等
采购与付款	预付款项、应付票据、应付账款等
工薪与人事	应付职工薪酬
生产与仓储	存货、营业成本
销售与收款	应收票据、应收账款、营业收入、销售费用等
筹资与投资	短期借款、长期借款、应付债券、长期股权投资等
固定资产及其他长期资产	固定资产、在建工程、使用权资产、无形资产等

判断重要业务流程后，我们需要知道各业务流程涉及的关键节点、控制

目标，业务流程由谁发起、审批、执行等，所以我们要了解相关业务流程涉及的部门、人员、岗位职责，还要了解各岗位在 ERP 系统中对重要业务流程的操作，以及线下同时需要执行的程序：一方面我们可以先获取被审计单位的内部控制手册，将企业用来规范某项业务的制度按业务流程的方式描述出来，梳理涉及业务流程的人员；另一方面，询问业务流程涉及的相关人员，关注其回答是否与内控制度的规定有出入，内控制度上可能并未详细说明如何在 ERP 系统上进行操作的流程，此时需要通过询问来进一步完善对业务流程的描述。

4. 穿行测试底稿编制

下面以采购与付款业务流程为例，穿行测试底稿编制参考来自某事务所底稿模板。

（1）采购与付款业务涉及的主要人员。通过详细组织架构图或带有职务的工资表等填写后请被审计单位确认，见表 3-3。

表 3-3　采购与付款业务涉及主要人员

职　务	姓　名
生产调度专员	A
采购专员	B
采购经理	C
财务总监	D
财务经理	E
出纳	F
总经理	G

（2）有关职责分工的政策和程序。根据被审计单位的内部控制管理手册填写。

> 被审计单位建立了对下列职责予以分工的政策和程序：
> • 供应商选择与审批；
> • 供应商信息维护与复核；
> • 请购与审批；

- 录入与复核采购信息；
- 采购与验收；
- 付款申请、审批与执行；

根据相关员工的岗位职责说明，IT部门已经在X系统授予了其相应的系统访问权限。财务经理每季度复核系统生成的访问权限报告，确认设置是否适当。

（3）业务流程介绍。根据被审计单位的内部控制管理手册和询问业务涉及的主要人员填写。

采购审批与处理如下。

◎生产部门根据需要填写请购单（一式三联），请购单包括物资名称、规格型号、单位、数量等信息。金额在人民币×××元的请购单由生产经理×××负责审批；金额在人民币×××元至人民币×××元的请购单由总经理×××负责审批；金额超过人民币×××元的请购单须经董事会审批。

◎采购部门收到经恰当审批的请购单后，根据采购数量、规格等安排招标或询价以确定供应商。对新增的供应商，采购员对供应商资质信誉进行评估后，编制预先连续编号的供应商信息更改申请表，提交采购经理、质检经理和总经理审批。根据审批后的供应商信息更改申请表，采购信息管理员更新X系统中的供应商档案（包括供应商地址、相关资质、银行账户等信息）。

◎采购员根据公司固定的采购合同模板拟采购合同，提交采购经理审核，审核内容包括供应商是否经审批、合同是否采用公司模板签订、合同信息与请购单是否一致等。采购经理审核后将采购合同交由总经理签署并加盖公章。如果供应商要求对公司固定的采购合同模板作出修改，须经法律部负责人同意。

◎采购合同均预先连续编号。

◎根据已签订的采购合同，采购信息管理员将有关信息（包括供应商，采购品种、数量、价格等）输入X系统，经采购经理审核录入信息无误后，在系统中批准，系统将自动生成连续编号的采购订单（此时系统显示为"待处理"状态）。采购员根据系统显示"待处理"采购订单信息，负责与供应商确认发货、收货等事宜。

◎每周，采购经理从系统中导出包含本周所有采购订单的采购信息报告，复核并确认录入系统的采购合同和生成的采购订单是否存在跳号/重号的情况。如采购合同已经全部恰当录入系统，采购经理×××即在采购信息报告上签字作为复核的证据。

◎每月末，采购信息管理员从系统中导出尚处于"待处理"状态的采购订单信息汇总报告，提交采购经理复核，如发现超出正常供货周期的待处理订单，采购经理将进行进一步调查，以确定供应商发出的商品是否已收到并及时入账。

记录应付账款处理如下。

◎入库单预先连续编号。外购原辅料到达时，采购员根据合同现场确认获取名称、规格、数量等是否与采购指令、合同相符。仓库管理员根据采购指令与采购员共同复核、验收货物名称、规格、数量，将货物堆放在待验区域，通知质量部抽样检验，仓库管理员和采购员在送货单上签字。

◎原材料经验收入库后，仓库信息管理员将验收单、入库单等信息录入系统，经仓库经理审核录入信息无误后在系统中进行批准，系统将采购订单状态由"待处理"更新为"已收货"，自动生成以下会计分录并过至明细账和总账：

借：存货——原材料（暂估）

　　贷：应付账款（暂估）

◎每周，仓库经理复核系统生成的入库信息报告，确认入库单录入没有跳号/重号的例外情况。

◎收到供应商开具的发票后，应付账款记账员负责将发票所载信息与采购订单、入库单等进行核对。如有差异，应付账款记账员联系仓库经理和采购经理进行进一步调查和处理。核对一致后，应付账款记账员在发票上加盖"相符"印戳，并更新系统信息，Y系统将采购订单状态由"已收货"更新为"已收票"，自动生成以下会计分录并过至明细账和总账：

借：应付账款（暂估）
　　贷：存货——原材料（暂估）
借：存货——原材料
　　贷：应付账款

付款处理如下。

◎在采购合同约定的付款日期到期前（视付款期限而定），采购员编制付款申请单，经采购经理复核后提交财务部门审批。财务部门记账员将付款申请单与系统中的采购订单、入库信息和供应商发票进行核对无误后，在系统中编制付款凭证并提交会计主管复核。

◎在完成对付款凭证及相关单证的复核后，会计主管在系统中批准付款凭证，在打印付款凭证后附的单证上加盖"核销"印戳。

◎出纳员根据经复核无误的付款凭证办理付款，及时登记现金和银行存款日记账。

对账与调节处理如下。

◎每月月末，记账员从应付账款明细账中轮流抽取一定数量的供应商（保证每个期间都包含最大的供应商）进行对账。如有对账差异，应付账款记账员联系采购经理进行进一步调查。根据对账情况，记账员编制对账报告和调整建议（如有），交至会计主管复核。

◎经会计主管复核后，应付账款记账员进行必要的会计调整。

（4）样本测试。实务中一般会优先进行实质性程序，所以一般在选取细节测试样本时，顺带选取能用于穿行测试和控制测试的样本，以此实现双重目的，也减少了审计样本的数量。对采购与付款循环的穿行测试，可以获取审计期间的请购单明细、合同台账、发票台账等抽取样本。实务中主要从计提和支付大额应付账款的会计凭证号中选择，但会计凭证后的附件未必会包含穿行测试所需要的所有证据，比如采购信息报告、供应商对账报告等，此部分需要列出清单请被审计单位单独提供。

①采购审批与处理见表3-4。

表3-4　采购审批与处理

控制目标	控制活动	实施的审计程序记录	检查的证据	测试结果	索引号
采购经过适当审批	金额在人民币××元以下的请购单由生产经理负责审批；金额在人民币××元至××元的请购单由财务总监、总经理负责审批；金额超过人民币××元的请购单需经董事会审批	◎询问需求部门相关人员对请购单的审批程序 ◎检查被审计单位对采购金额审批规定的政策文件 ◎选取一笔请购单，检查是否按照审批规定由恰当人员审批	××号请购单	已得到执行	CG-01
采购合同经过适当审批和签署	采购合同经采购部经理审核后，财务总监和总经理根据审批权限进行采购审批，最终由总经理签署并加盖公章	◎询问总经理对采购合同的审批程序 ◎选取一笔采购合同，检查是否经总经理签署	××号采购合同	已得到执行	CG-02
录入的采购订单信息准确	采购经理审核和批准信息管理员录入系统的采购合同信息（包括供应商、采购品种、数量、价格等），系统自动生成连续编号的采购订单	◎询问采购经理对采购员录入信息如何复核 ◎检查采购经理对录入信息与采购合同的核对及核准记录 ◎重新核对系统产生的采购订单与采购合同的一致性	××号采购订单	已得到执行	CG-03
采购合同均已处理	每周采购经理从系统中导出包含本周所有采购订单的采购信息报告，复核并确认录入系统的采购合同和生成的采购订单是否存在跳号/重号的情况。如采购合同已经恰当录入系统，采购经理即在采购信息报告上签字作为复核的证据	◎询问采购经理如何复核采购信息报告 ◎检查采购信息报告中的采购合同和采购订单编号是否连续，采购经理是否在采购信息报告上签字	××月第××周采购信息报告	已得到执行	CG-04

②记录应付账款见表3-5。

表3-5　记录应付账款

控制目标	控制活动	实施的审计程序记录	检查的证据	测试结果	索引号
存货验收入库，且记录准确、完整	原材料经验收入库后，仓库信息管理员将验收单、入库单等信息录入系统，经仓库经理审核录入信息无误后在系统中进行批准，系统将采购订单状态由"待处理"更新为"已收货"，自动生成记账凭证并过账至总账和明细账。原材料经验收入库后，仓库信息管理员将验收单、入库单等信息录入系统，每周仓库经理复核系统生成的入库信息报告，确认入库单录入没有跳号/重号的情况	◎询问仓库经理如何复核入库信息 ◎重新核对系统录入信息和生成分录与入库单（验收单）的一致性	◎××号验收单和××号入库单 ◎系统××号分录	已得到执行	CG-05
已确认的应付账款真实发生且记录准确	收到供应商开具的发票后，应付账款记账员将发票所载信息与采购订单、入库单等信息进行核对。如有差异，应联系仓库经理和采购经理进一步调查和处理。核对一致后，在发票上加盖"相符"印戳确认，并更新系统信息，系统自动生成记账凭证	◎询问仓库经理如何复核入库信息报告 ◎检查入库信息报告显示的入库单是否连续编号，是否经仓库经理签字确认	×月×日（第×周）入库信息报告	已得到执行	CG-06

③记录付款见表3-6。

表3-6　记录付款

控制目标	控制活动	实施的审计程序记录	检查的证据	测试结果	索引号
付款经过恰当审批	在采购合同约定的付款日期到期前（视付款期限而定），采购员编制付款申请单，经采购经理复核后提交财务部门审批	◎询问应付账款记账员如何核对数据及如何处理不符的情况 ◎检查相关单证上是否加盖"相符"印戳 ◎重新核对相关单证及系统分录信息的一致性	◎×××供应商的×××号发票 ◎系统×××号分录	已得到执行	CG-07

控制目标	控制活动	实施的审计程序记录	检查的证据	测试结果	索引号
付款及时记录	应付账款记账员将付款申请单与系统中的采购订单、入库信息和供应商发票进行核对无误后，在系统中编制付款凭证并提交会计主管复核。会计主管在对付款凭证及相关单据复核后，在系统中批准付款凭证，并在打印付款凭证后附的单证上加盖"核销"印戳	◎询问采购经理如何复核付款申请单 ◎询问应付账款记账员如何核对单据及如何处理不符的情况 ◎询问会计主管如何复核付款凭证和相关单证 ◎检查会计主管是否核准付款凭证 ◎检查相关单证上是否加盖"核销"印戳	◎×××号付款申请单 ◎×××号付款凭证	已得到执行	CG-08

④记录对账与调节见表 3-7。

表 3-7　记录对账与调节

控制目标	控制活动	实施的审计程序记录	检查的证据	测试结果	索引号
定期与供应商对账以便及时发现错误	每月选取供应商进行对账，如有差异，应付账款记账员联系采购经理进行进一步的调查。经会计主管复核对账报告和调整建议后，应付账款记账员进行必要的账务处理	◎询问应付账款记账员如何复核对账报告和应付账款调节表，出现差异的原因及调查结果和处理方式 ◎检查×年×月的供应商对账报告、应付账款调节表及供应商对账单回单 ◎检查对账差异调整凭证是否经会计主管复核	◎×年×月的供应商对账报告和应付账款调节表 ◎×月×日入账的对账差异调整凭证（凭证号×××）和相关原始凭证	已得到执行	CG-09

需要注意的是，被审计单位对于某项重要业务循环并非仅有单一的业务流程和控制活动，如果被审计单位针对不同类型的循环业务分别采用不同的业务流程和控制活动，应分别予以记录。

以某家公司内控制度举例来说，该公司采购计划的制订和实施按照采购原材料的不同，分为订单采购、存量采购、补充采购、紧急采购、零星采购、战略采购等多种采购形式。经了解，日常生产活动中主要采用订单采购和存量采购两种形式。其中，订单采购指依据订单生产需要而进行的采购方式，适用于高价值、多种少量、特殊规格的物料；存量采购指公司常备一定存量以满足生产需要，适用于经常性、共用性物料及采购耗时较多的物料。我们从内控手册中或者询问相关人员了解到两种类型的业务流程。

订单采购业务流程：由生产部根据生产计划或生产（开发）任务单、物料消耗等计算物料总需求与交货日期并填入月度采购计划，递交生产总监审核；批准后交由采购部门对月度采购计划分解成针对各供应商的订购单或采购（购销）合同，经生产总监审批后执行采购。

存量采购业务流程：由生产各部门根据仓储部门提交的生产原辅料库存量确定采购计划，由生产总监批准后由采购部门执行采购。

因为被审计单位有多种采购方形式，日常主要采用两种形式，且涉及的业务控制也不同，因此要分别检查并记录。同样，销售与收款循环中，企业销售不同产品可能有不同的销售方式，筹资与投资循环中，有直接和间接方式，验收日常用的固定资产与验收生产专用的固定资产涉及的流程也不同，参考本节内容记录即可。

5. 简单了解 IT（信息技术）**审计**

传统的审计可能无法应对信息系统产生的风险，对于一些大型且自动化控制为主的企业，同时需要结合公司实际系统情况，对线上交易涉及的信息系统可靠性、业务数据准确性、业务真实性、业务数据完整性等方面进行 IT 审计，并执行恰当的系统流程审计程序。工作中会有专门的 IT 审计团队辅助财务审计团队，所以我们在此简单了解即可。IT 审计主要对信息系统一般控制和应用控制进行测试。

（1）信息系统一般控制。信息系统一般控制内容包括检查公司用户账号权限管理流程是否合理，账号授权是否恰当；通过访谈权限，管理员了解审计范围内系统的权限管理流程，获取审计期间内所有入职员工记录和审计范围内系统的用户清单，以此为基础抽查新增用户账号的样本，检查所有权限变更是否存在适当的管理层审批，从应用层面防止超权限或伪造数据的风险；获取审计期间所有离职用户名单并与系统用户账号进行比对，以确认是否存在冗余账号，从应用层面防止超越权限或伪造数据的风险；梳理审计范围内系统的应用层、数据库层和操作系统层的管理员权限授权，以确认管理员权限授权是否合理；梳理审计范围内系统应用层的账号和权限，查看 IT 人员是否具有审计范围内系统的业务操作权限。

（2）信息系统应用控制。信息系统应用控制包括检查订单签订是否合理：通过询问相关负责人员，了解系统中是否启用信用额度检查的功能，从而确保独立的经销商及其经销商信息、信用额度的匹配准确完整；检查系统是否启用了信用检查的功能。确保提交销售订单时，系统自动将订单金额与财务系统账上该经销商额度进行比较，只有订单金额小于或等于额度时，销售订单才能在系统中建立成功。

IT审计所做的工作是通过测试财务报表所依赖的信息系统（包括财务系统和业务系统）控制的有效性、数据的真实性，证明信息系统环境是否可以信赖。在企业信息化浪潮下，IT审计会逐渐成为财务审计的重要组成部分。

3.2.3 控制测试

我们已经学会穿行测试，控制测试与穿行测试的流程一致，只是多了几个部分，与了解内部控制不同，控制测试重点在于确定控制的有效性，也就是不同于在某个时点是否执行，而是要确定其长期有效运行，所以两者的目的和所需获取的审计证据的数量不同，可以把控制测试理解成穿行测试的升级版本，但并非任何情况下都需要控制测试。执行控制测试程序有两种情形：

（1）在评估认定层次重大错报风险时，预期控制运行是有效的，因为是防止或发现并纠正认定层次的重大错报的控制，所以预期控制设计合理的话当然是要进行测试，这一测试的目的主要是出于成本效益的考虑。如果相关控制在不同时点都得到了一贯执行，与该项控制有关的认定发生重大错报的可能性就不会很大，也就不需要实施很多实质性程序。

（2）仅仅实施实质性程序不足以提供认定层次充分、适当的审计证据。因为有的被审计单位的规模很大，审计师要对大量的相同类型业务的数据进行检查，这时我们可以通过控制测试来提高效率，如果控制测试的结果显示有效，我们就可以减少此类程序的检查。

需要注意的是，实务中一般并不会先进行控制测试，然后再决定实质性程序的多少，因为审计工作紧张，如果完全按书本的做法会降低效率，这也是事务所自身的问题之一。在实务中更多的是先进行实质性程序，重点选择细节测试需要的样本，然后从细节测试中选取能用于控制测试的样本，目的是尽可能地消除重复的测试程序，保证检查某一会计凭证时能够一次完成对该会计凭证的全部审计测试程序，并按最有效的顺序实施审计测试。因此，我们需要从实际出发，设计适合被审计单位具体情况的实用高效的控制测试计划。

实务中通常在期中实施控制测试，由于期中测试获取的证据只与控制截至期中测试时点的运行有关，还需要确定如何获取关于剩余期间的证据。这里提及一下期中，并不是半年的意思，而是小于完整一年的期间都可以称之为期中。如对年审来说，审计范围是 1 至 12 月这一期间。假设我们在 11 月开始预审，预先对 1 至 10 月的财务数据审计，这个期间就是期中，剩余期间就是 11 月和 12 月，因为在测试控制运行的有效性时，我们需要抽取足够数量的交易进行检查或对多个不同时点进行观察，不能仅选取某个月的样本。对很多企业来说，年底又是交易量较大的期间，所以也要在剩余期间选取一定的样本。

样本数量主要与控制运行的频率有关。假设我们对一个完整的会计年度进行控制测试，某企业每天要发生数次付款业务，那么从一年里发生所有的样本里只选几个样本检查显然不具有代表性；某企业每月盘点现金一次，如果选择对 12 个监盘表全部检查，那显然是缺少效率的，而且也不是抽样。在实务工作中，业务发生的频次越高，审计抽样的样本也就越多。

有些控制运行频率较低，不需要选取过多样本：一是内部控制制度中明确固定时间执行某项控制，比如银行存款余额调节表按月编制、对资产的监盘每月一次，预算每年编制一次；二是具有偶发性的业务，比如银行账户的开户、变更、撤销，投资购买理财产品、股权，向银行借款筹资等一年中发生次数较少的业务，测试控制运行频率较低的内部控制时，所需样本数量控制测试样本量参考见表 3-8。

表 3-8　样本数量控制测试样本量

控制运行频率和总体的规模	测试的样本数量
1 次/季度（4）	2
1 次/月度（12）	2～5
1 次/半月（24）	3～8
1 次/周（52）	5～15

有些控制运行频率较高，就需要考虑可接受的信赖过度风险和可容忍偏

差率，可接受的信赖过度风险是控制测试的抽样风险。简单来说，我们要确定合适的样本量，可接受的信赖过度风险主要是由样本较少导致的，从而使测试的结果不能反映真实的偏差。如果我们100％全查，那自然就不会有抽样风险。比如，我们从100个样本里抽取10个付款审批单检查审批流程，发现100个付款审批单里实际有50个没有审批记录，但审计人员抽取的10个付款审批单均有相关人员的审批记录，由此审计人员认为控制有效，这就是信赖过度，因为信赖过度会影响审计结论，使审计师发表不恰当的审计意见，所以可接受的信赖过度风险应确定在相对较低的水平上，可接受的信赖过度风险越低，样本规模就会越大。实务中一般将信赖过度风险确定为10％，特别重要的测试则可以将信赖过度风险确定为5％。

可容忍偏差率是审计师可以容忍控制运行出现的偏差率。比如审计师测试已记账的原材料减少会计凭证是否附有领料单，如果没有则视为有偏差。假设对100个样本进行内部控制测试，如果可容忍偏差率为5％，那么意味着我们最多可容忍5个偏差；如果偏差超过5个，那么可以认为内部控制有效性不高。如果低于5个，则会认为内部控制较好，总体可接受。

预计总体偏差率主要是预计实际的偏差率，需要根据对相关控制的了解或对总体中少量项目的检查来评估预期偏差率。如果是连续审计，在内部控制和执行内部控制人员没有重大变化时，可以考虑用上年的测试结果。实务中确定预计总体偏差率是在抽样总体中选取一个较小的初始样本，以初始样本的偏差率作为预计总体偏差率的估计值。审计师一般会把预计总体偏差率设定为0.5％，主要用来确定样本规模。偏差率通过计算可以得出，不必在这一步苦恼如何估计，可以根据实际情况设定，但不应超过可容忍偏差率，比如100个样本，可容忍偏差率为5％，我们最多可容忍5个偏差。如果预计总体偏差率设定为10％，预计实际的偏差是10个，那显然是不合理的。有人就会说那我们直接修改可容忍偏差率，改成11％就不会超过了。但可容忍偏差率也不能设定得太高，如果预期总体偏差率高得无法接受，意味着控制有效性很低。我们仍然要实施更多的实质性程序，测试毫无意义的时候就不会实施控制测试。如果明知有问题，人为将存在偏差的样本换成无偏差的样本，那就使控制测试流于形式。如果因此而减少实质性程序，就会导致出现审计风险，这是得不偿失的。

在实务中，我们一般认为偏差率为3％～7％时，控制有效性的估计水平较高，建议可容忍偏差率的设定不宜超过 10％，计划评估的控制有效性为低或者最低，其实都没有必要浪费时间进行控制测试，多做一些实质性程序即可，可容忍偏差率与计划评估的控制有效性之间的关系见表 3-9。

表 3-9　可容忍偏差率与计划评估的控制有效性关系

计划评估的控制有效性	可容忍偏差率（近似值，％）
高	3～7
中	6～12
低	11～20
最低	不进行控制测试

控制测试中确定的可接受信赖过度风险为 10％时所使用的样本量可参考表 3-10。

表 3-10　信赖过度风险为 10％时控制测试统计抽样样本规模
（控制测试统计抽样样本规模——信赖过度风险 10％）

预计总体偏差率（％）	可容忍偏差率										
	2％	3％	4％	5％	6％	7％	8％	9％	10％	15％	20％
0	114 (0)	76 (0)	57 (0)	45 (0)	38 (0)	32 (0)	28 (0)	25 (0)	22 (0)	15 (0)	11 (0)
0.25	194 (1)	129 (1)	96 (1)	77 (1)	64 (1)	55 (1)	48 (1)	42 (1)	38 (1)	25 (1)	18 (1)
0.5	194 (1)	129 (1)	96 (1)	77 (1)	64 (1)	55 (1)	48 (1)	42 (1)	38 (1)	25 (1)	18 (1)
0.75	265 (2)	129 (1)	96 (1)	77 (1)	64 (1)	55 (1)	48 (1)	42 (1)	38 (1)	25 (1)	18 (1)
1	—	176 (2)	96 (1)	77 (1)	64 (1)	55 (1)	48 (1)	42 (1)	38 (1)	25 (1)	18 (1)
1.25	—	221 (3)	132 (2)	77 (1)	64 (1)	55 (1)	48 (1)	42 (1)	38 (1)	25 (1)	18 (1)
1.5	—	—	132 (2)	105 (2)	64 (1)	55 (1)	48 (1)	42 (1)	38 (1)	25 (1)	18 (1)
1.75	—	—	166 (3)	105 (2)	88 (2)	55 (1)	48 (1)	42 (1)	38 (1)	25 (1)	18 (1)
2	—	—	198 (4)	132 (3)	88 (2)	75 (2)	48 (1)	42 (1)	38 (1)	25 (1)	18 (1)
2.25	—	—	—	132 (3)	88 (2)	75 (2)	65 (2)	42 (1)	38 (1)	25 (1)	18 (1)
2.5	—	—	—	158 (4)	110 (3)	75 (2)	65 (2)	58 (2)	38 (1)	25 (1)	18 (1)
2.75	—	—	—	209 (6)	132 (4)	94 (3)	65 (2)	58 (2)	52 (2)	25 (1)	18 (1)
3	—	—	—	—	132 (4)	94 (3)	65 (2)	58 (2)	52 (2)	25 (1)	18 (1)
3.25	—	—	—	—	153 (5)	113 (4)	82 (3)	58 (2)	52 (2)	25 (1)	18 (1)
3.5	—	—	—	—	194 (7)	113 (4)	82 (3)	73 (3)	52 (2)	25 (1)	18 (1)

预计总体偏差率（％）	可容忍偏差率										
	2％	3％	4％	5％	6％	7％	8％	9％	10％	15％	20％
3.75	—	—	—	—	—	131 (5)	98 (4)	73 (3)	52 (2)	25 (1)	18 (1)
4	—	—	—	—	—	149 (6)	98 (4)	73 (3)	65 (3)	25 (1)	18 (1)
5	—	—	—	—	—	—	160 (8)	115 (6)	78 (4)	34 (2)	18 (1)
6	—	—	—	—	—	—	—	82 (11)	116 (7)	43 (3)	25 (2)
7	—	—	—	—	—	—	—	—	199 (14)	52 (4)	25 (2)

注：①括号内是可接受的偏差数。②—表示样本规模太大，因而在大多数情况下不符合成本效益原则。③本表假设总体足够大。

假设审计师确定的可接受信赖过度风险为 10％，可容忍偏差率为 5％，预计总体偏差率为 0.5％，通过查询表 3-10 可确定样本规模为 77 个。

将样本中发现的偏差数量除以样本规模，就可以计算出样本偏差率。样本偏差率就是对总体偏差率的最佳估计，所以在控制测试中不需要另外推断总体偏差率。表 3-10 只是帮助我们确定样本量，在控制测试中评价样本结果时，因为样本可能选取得不够，我们还应该考虑抽样风险。如果样本偏差率低于可容忍偏差率，还要预估实际的总体偏差率仍有可能高于可容忍偏差率的风险，这时就需要使用统计公式评价样本结果：总体偏差率上限（信赖过度风险水平下可能发生的偏差率上限）＝风险系数÷样本量，控制测试中常用的风险系数见表 3-11。

表 3-11　控制测试中常用的风险系数

样本中发现偏差的数量	信赖过度风险系数	
	5％	10％
0	3.0	2.3
1	4.8	3.9
2	6.3	5.3
3	7.8	6.7
4	9.2	8.0
5	10.5	9.3
6	11.9	10.6

样本中发现偏差的数量	信赖过度风险系数	
	5%	10%
7	13.2	11.8
8	14.5	13.0
9	15.7	14.2
10	17.0	15.4

假设审计师确定的可接受信赖过度风险为 10%，可容忍偏差率为 6%，预计总体偏差率为 0.5%。通过查表确定样本规模 64 个，检查后发现样本中存在两个偏差，偏差率＝2（偏差数量）÷64（样本规模）＝3.13%，此时估计的总体偏差率 3.13% 小于可容忍偏差率为 6%，这样来看似乎可以接受，但考虑抽样风险就要计算总体偏差率上限。

总体偏差率上限＝5.3（风险系数）÷64（样本量）＝8.28%，此时总体偏差率上限 8.28% 大于可容忍偏差率为 6%，意味着样本结果不支持计划评估的控制有效性，此时应当修正重大错报风险评估水平，并增加实质性程序的数量。

如果样本不存在偏差，那么总体偏差率上限＝2.3（风险系数）÷64（样本量）＝3.59%，此时总体偏差率上限 3.59% 小于可容忍偏差率为 6%，意味着样本结果支持计划评估的控制有效性，可以得出结论：总体实际偏差率超过 3.59% 的风险为 10%，即有 90% 的把握保证总体实际偏差率不超过 3.59%，由于注册会计师确定的可容忍偏差率为 6%，因此可以得出结论，总体的实际偏差率超过可容忍偏差率的风险很小，总体可以接受。

在进行控制测试时，抽样可能选到无效或者不适用的样本。在确定合理情况后可以随机选择新样本替换原样本；对某项目进行测试后，如果发现偏差可以扩大样本规模，如初始样本规模为 25 个，发现 1 个偏差，可以再选取 25 个进行测试。如果未发现偏差则可以认为样本结果支持计划评估控制的有效性；如果发现多个偏差，新增的样本就需要多于初始样本规模，也可以认为控制没有有效运行，从而不再信赖内部控制，增加该项目的实质性程序。

以上的内容并不全面，但足够帮助新人朋友了解控制的过程。实务中的控制测试其实更多流于形式，因为控制偏差虽然增加了金额错报的风险，但并不一定导致财务报表中的金额错报。对于重要的科目，即使没有控制测试，审计师也会投入大量的时间去检查，进行足够多的实质性程序，顺带发现内部控制存在的问题。当然上述内容仅针对一般的企业，对于拟 IPO 和已上市企业，健全的内部控制制度是必不可少的，该执行的审计程序必须执行到位，审计师要做好资本市场的看门人。

以下这个控制测试帮助新人朋友理解，摘自证监会"关于重庆××电子股份有限公司首次公开发行股票并在创业板上市发行注册环节反馈意见落实函的回复"（节选）。

……公司针对主要境外客户美国百力通及 GENERAC 的销售内部控制流程如下：

销售部门接收并确认客户订单信息，由销售员复核订单信息（单价、产品型号、金额等）→销售内勤下达 ERP 销售订单→计划管理部根据销售订单安排生产，销售员定期在 ERP 系统里查看生产订单，确认跟踪生产订单是否满足客户需求→根据客户订单计算此次出口发货信息，交销售主管复核审批，确认无误后完成发货订舱→联系货代车辆→通知物资部备货，备货后销售员现场确认货物信息（型号、数量）→开具发货单装车发货→销售员根据订单、出口信息等制作出口报关单据，交销售主管复核，将报关资料交给报关行→销售员定期在"中国国际贸易单一窗口网站"下载和打印出口报关单，并复核出口报关单信息是否正确→根据"出口报关单"内容打印：销售合同、销售发票、装箱单、客户提单等资料，对应整理后及时交财务部复核单据，财务部门复核后及时进行账务处理和出口申报。

申报会计师对应执行的控制测试程序如下：

1）确定样本总体规模

客户下单时，一笔订单可能包括几种产品型号。公司为了生产经营的便利，在录入订单时，将订单对应的产品型号作为最小单元格录入系统，将订单列表中的每一行作为一个小订单。报告期内，公司对美国百力通公司及 GENERAC 公司的销售订单总体数量分别为 603 个、396 个、924 个和 467 个。将报告期各期美国百力通公司及 GENERAC 公司销售订单数量作为样本总体，将每一个订单作为一个抽样单元。

2）确定抽样方法

采用系统选样法抽取样本。即：用总体中抽样单元的总数量除以样本规模，得到样本间隔，然后在第一个间隔中确定一个随机起点，从这个随机起点开始，按照选样间隔，从总体中顺序选取样本。

3）确定样本规模

影响样本规模的因素包括可接受的信赖过度风险、可容忍偏差率、预计总体偏差率及总体规模。在预期公司内控运行有效性较高的情况下，确定的可容忍偏差率为10％，可接受信赖过度风险为10％，预期总体偏差率为0.5％。在该标准下根据《中国注册会计师审计准则1314号——审计抽样和其他选取测试项目的方法》表1314-8"控制测试统计抽样样本规模表应选取各年度样本规模为38个，实际选取38个。

4）样本执行程序

申报会计师对样本进行编号，用总体中抽样单元的总数量除以样本规模，得到样本间隔，然后在第一个间隔中确定第二个为随机起点，从这个随机起点开始，按照选样间隔，从总体中顺序选取样本。对各样本收入的订单确认、ERP订单记录内容、产品出货单数量、收入确认相关单据（如提单、发票、报关单）、账务记账凭证、回款记录等进行测试。若ERP订单记录内容、产品出货单数量、收入确认相关单据、财务记账凭证、回款记录不一致，视为偏差。

报告期各期完成38个有效样本，针对有效样本，测试结果未发现偏差。上述报告期各期38个有效样本的金额比例情况如下：

单位：数量 个 金额：人民币万元

项目	2021年度		2020年度		2019年度		2018年度	
	数量	金额	数量	金额	数量	金额	数量	金额
样本数	38	523.85	38	303.16	38	184.50	38	435.21
总样本量	603	10 309.22	396	5 271.49	924	5 604.30	467	5 558.71
占比	6.30％	5.08％	9.60％	5.75％	4.11％	3.29％	8.14％	7.83％

由于38笔有效样本按照系统抽样法选取，未按照销售金额大小选取，因此38笔有效样本的金额占总样本量金额比例较低。控制测试的结论：未发现偏差，控制运行有效。

……

上述做法，在本书前面的内容都已经提及，相较于实质性程序来说，控制测试比较简单，新人朋友不必担心。

3.3 实质性底稿编制程序

实质性底稿编制程序是审计工作中占比最大的部分，也是内外部监管重点检查的部分，企业有无数个，审计师要根据项目的不同情况编制不同程序的底稿。本节主要谈谈通用思路和常见的编制注意事项，新人朋友在实践中会逐渐找到感觉。

3.3.1 为什么要"抄数"

在这里先来解答为什么要"抄数"？对很多新人朋友来说，首次接触审计工作可能毫无头绪，在时间紧任务又多的情况下，仅是能顺利填上底稿模板的数据就已经谢天谢地了，慢慢可能就会觉得审计师可能是"抄数师"，每天的工作就是复制、粘贴，从企业账面将数据搬运到底稿模板，为什么会有这样的感觉，请看下面的例子：

假如试卷的题目是 $10+20=$？学生提交上的答卷是 $10+20=29$，那老师肯定会打"×"。在讲作业的时候学生会把错题改过来，$10+20=30$。审计其实也是类似于此，不过是要在底稿中体现改题的过程和依据，如图 3-1 所示。

题目	未审数	调增	调减	审定数
10+20=	29	1		30

原始数据　　　　　　修改过程　　　　　审计后数据

图 3-1 抄数的意义

同样的，我们要把原始数据先列示在一旁，必然要在底稿中填制未经审计的数据，等执行审计后，如需要修改原始数据，则在底稿中记录修改的过程。如果不需要修改，那就在底稿中说明我们所执行的程序，没有发现存在调整的情况，所以未审数的确需要机械地复制、粘贴，这个过程也会比较枯燥，尤其对于存在多家子公司的大型集团，仅将未审数据整理到底稿中就要耗费大量时间，但得到的好处就是我们会对相关科目的逻辑关系越来越清楚，当然有可以自动把未审数据生成底稿的软件。但对于初学者来说，不利于审计思维的养成，而且软件生成的数据很容易出错。

底稿模板并不是单纯用来方便我们工作留痕的，更重要的意义是，现有的底稿模板能作为审计工具，引导审计思路，帮助我们发现问题。正确认识审计底稿模板，是培养审计工作思维的第一步。

"先有鸡还是先有蛋"，这一谜题至今还没有肯定的答案，但是对于底稿模板与审计思路的关系，答案一定是先有审计思路，后有底稿模板。比如说我们拿到财务报表，第一个看到的项目是货币资金。假如我们审计的目标是证明其存在、完整性，那我们就要思考它的构成，货币资金项目包含库存现金、银行存款、其他货币资金三个科目，比如财务报表的货币资金显示有600元，我们就要打开科目余额表，来看货币资金项目下都包含什么科目。假设库存现金有100元，银行存款有200元，其他货币资金有300元。

实质性程序的目的就是验证财务数据的真实性，所以我们需要对报表项目下的各科目余额逐个进行核查。为证明各个科目的存在、完整性，我们要设计相应的程序。比如，对于库存现金监盘，我们请出纳员打开保险柜进行清点，眼见为实；对于银行存款，我们要搞清楚企业账面到底有多少个账户，是否有没有登记的账户，那就需要获取开户清单，看看到底开了多少个账户，再和账面核对。要想知道各个账户的余额是多少，那就需要获取银行对账单；想知道有没有未达账项，就需要获取科目余额调节表。为了再保险一些，我们独立向银行函证确认，最后各个账户的余额合计与账面核对一致。假如说其他货币资金是银行承兑汇票的保证金，那我们就获取承兑协议，看有没有这回事，在发函的时候除了函证保证金，也顺便函证由该银行承兑的汇票。这三个科目余额合计，就是货币资金项目的余额，以上的程序都执行完毕，没有发现异常情况，我们就可以确认被审计单位的货币资金的存在和完整，当然这只是简单的例子，我们在实际执行审计项目时还是要多方面考虑，不能轻易下结论。

根据上面的例子，我们把审计思路文字描述与执行程序所获取的审计证据有条理地整理出来，就是货币资金项目的工作底稿，任何人问我们如何证明被审计单位账面的货币资金是真实的，我们都可以充满底气地向其展示工作底稿。当然，这是玩笑，审计工作底稿所有权归属于会计师事务所，除了监管机构和注册会计师协会检查，我们不对外提供工作底稿。新人朋友也要注意，不要把工作底稿发给项目组以外的人，以免被事务所和客户追究责任。

3.3.2　如何做好审计记录

工作底稿在归档前要经过多轮检查，如项目组内部复核、部门一级审核、事务所内二级复核，重大项目还有三级及更多级次的复核，归档后也可能被监管机构抽查。随着时间的推移，我们可能会遗忘掉一些细节，或者当初负责该部分底稿的同事已经离职，导致自身或接手的同事无从下手，实务中很多底稿都是按模板复制粘贴数据，简单粗暴地把所有结论都写成未见异常，可以确认。这样是无法体现审计所执行的程序，底稿之间也缺乏明确的对应关系，很容易让人怀疑底稿的可靠性。写好审计记录，除了方便后期检查，也是用来培养审计思维的切入点，如果只思考但不进行记录，可能会导致没有发现应该发现的问题，也不便于内部复核，如果为了顺利出具审计报告，避免质控提出问题，而刻意忽略一些明显的事项，可能导致很多不必要的风险。

审计记录目的在于描述审计过程及其结果，每一份底稿都会有一张实质性程序表，包含该科目的审计目标，审计目标与审计程序对应关系。比如，对于固定资产科目，我们的目标是检查所有记录的固定资产是否在资产负债表日存在并且由被审计单位拥有或控制，与之对应的财务报表认定是存在性，那么我们就要开始计划实施审计程序，如检查固定资产的所有权，获取不同的证据以确定其是否归被审计单位所有，如检查采购发票、采购合同，交通工具类可以检查机动车登记证书、驾驶证等，房屋建筑物可以检查不动产权证书等书面文件；实地检查重要固定资产确定其是否存在，关注是否存在已报废但仍未核销的固定资产。我们来看表 3-12、表 3-13 和图 3-2。

表 3-12　审计目标与认定对应关系表

审计目标	财务报表认定
资产负债表中记录的固定资产是存在的	存在
资产负债表中记录的固定资产由被审计单位拥有或控制	权利和义务
所有应当记录的固定资产均已记录，所有应当包括在财务报表中的相关披露均已包括	完整性
固定资产以恰当的金额包括在账务报表中，与之相关的计价或分摊调整已恰当记录，相关披露已得到恰当计量和描述	准确性、计价和分摊
固定资产已记录于恰当的账户	分类
固定资产已被恰当地汇总或分解且表述清楚，相关披露在适用的财务报告编制基础下是相关的、可理解的	列报

表 3-13　审计目标与审计程序对应关系表

计划实施的实质性程序	索引号	财务报表的认定					
		存在	权利和义务	完整性	准确性、计价和分摊	分类	列报
实地检查重要固定资产，确定其是否存在，关注是否存在已报废但仍未核销的固定资产 审计前参与固定资产现场监盘或审计中可作适当抽盘，并取得盘点明细表，并作复核，与账面数核对相符	GDZC-1	√					

固定资产抽盘记录

索引号：GDZC-1

一、固定资产抽盘过程记录

二、固定资产抽盘结果

序号	名称	规格型号	计量单位	账面结存		抽盘日至报表日变动				调整后抽盘日账面余额		抽盘结果		
						增加		减少						
				数量	金额	数量	金额	数量	金额	数量	金额	数量	金额	盈亏
合计														

抽盘时间：　　　　　　　抽盘人：　　　　　　　陪同人：

占固定资产总额的比例：　　　　占新增固定资产的比例：

审计说明

图 3-2　实质性程序底稿示例

表 3-12 至表 3-13 和图 3-2 分别体现了审计目标是什么、如何执行审计程序、执行程序的记录,也许因为实质性程序表往往在底稿的最前面,而且字数比较多,也不需要填入数据,内部复核时也没有重视这张表的索引关系。所以实务中编制底稿时很容易忽略实质性程序表,建议新人朋友在没有思路时可以看一看实质性程序表。这张表主要根据《审计准则》的内容来设计,但因为部分程序可能在实务中涉及较少或不涉及,直接套用也并不合适。最好在填好的底稿下描述审计过程,需要索引至其他底稿的注明索引,然后将实质性程序表当作提示性内容,也可用于检查执行的程序是否有遗漏,新人朋友不必担心写不好,有问题会由复核的人指正,进一步完善和修改即可。但需要注意的是,审计记录不是事无巨细地将审计中所有的经过像日记那样写出来,要尽可能地简明和突出重点,可以在每一个科目的明细表下简要介绍情况,描述审计步骤、发现的异常情况、进一步审计程序及对应的索引、表间的勾稽关系、与其他底稿间的联系及索引,没有完全标准的底稿,只有最适合所审项目的底稿,所以要根据实际情况编制底稿。

案例 以某公司管理费用底稿为例供新人朋友参考,示例见表 3-14 至表 3-20。

表 3-14 管理费用分月发生额汇总表

金额单位:元

被审计单位提供								
序号	项目	1月	2月	3月	4月	5月	累计	项目比重
1	职工薪酬	165 316.04	66 394.84	66 345.27	66 196.95	63 397.36	427 650.46	57.19%
2	咨询服务费	—	—	—	—	253 254	253 254	33.87%
3	差旅费	4 722.54	4 149.22	35 009.20	4 572.88	3 044.74	51 498.58	6.89%
4	折旧费	2 735.66	2 735.66	2 735.66	2 735.67	3 765.45	14 708.10	1.97%
5	办公费	—	200	—	—	280	480	0.06%
6	其他	—	—	—	170.30	—	170.30	0.02%
合计		172 774.24	73 479.72	104 090.13	73 675.80	323 741.55	747 761.44	100%
月发生额比重		23.11%	9.83%	13.92%	9.85%	43.29%	100%	—

表 3-15（a）　　管理费用审定表

索引：GLFY-1

金额单位：元

项目名称	本期未审数	账项调整		本期审定数	上期审定数
		借方金额	贷方金额		
职工薪酬	427 650.46	−100 000	—	327 650.46	329 171.42
咨询服务费	253 254	−253 254	—	—	—
差旅费	51 498.58	—	—	51 498.58	20 746.10
折旧费	14 708.10	—	—	14 708.10	13 678.30
办公费	480	—	—	480	954
其他	170.30	—	—	170.30	100
合计	747 761.44	−353 254		394 507.44	364 649.82

审计过程中识别出的错报事项，见表 3-15（b）。

表 3-15（b）　　审计过程中识别出的错报事项

金额单位：元

错报原因说明	调整分录		调整金额	
	报表项目	明细科目	借方金额	贷方金额
费用跨期调整——奖金费用跨期	年初未分配利润	—	100 000	—
	管理费用	职工薪酬	−100 000	—
冲回一次性计提的费用—提供咨询服务时间为 6 月～12 月，应按受益期间分期摊销	预付账款	—	253 254	—
	管理费用	咨询服务费	−253 254	—
审计结论				
经审计调整后，发生额可以确认				

表 3-16　管理费用分月发生额汇总表

索引：GLFY-2

金额单位：元

被审计单位提供								
序号	项目	1 月	2 月	3 月	4 月	5 月	累计	项目比重
1	职工薪酬	165 316.04	66 394.84	66 345.27	66 196.95	63 397.36	427 650.46	57.19%
2	咨询服务费	—	—	—	—	253 254	253 254	33.87%
3	差旅费	4 722.54	4 149.22	35 009.20	4 572.88	3 044.74	51 498.58	6.89%
4	折旧费	2 735.66	2 735.66	2 735.66	2 735.67	3 765.45	14 708.10	1.97%
5	办公费	—	200	—	—	280	480	0.06%

被审计单位提供							
序号	项目	1 月	2 月	3 月	4 月	5 月	累计	项目比重
6	其他	—	—	—	170.30	—	170.30	0.02%
	合计	172 774.24	73 479.72	104 090.13	73 675.80	323 741.55	747 761.44	100%
	月发生额比重	23.11%	9.83%	13.92%	9.85%	43.29%	100%	—

审计记录：

1. 审计人员已对管理费用明细合计与总账、报表数进行核对，金额一致，被审计单位管理费用发生额占比较大项目为职工薪酬，项目比重 57.19%，其次为咨询服务费，占比 33.87%

2. 应付职工薪酬计提数已与成本费用核对一致，核对记录请见应付职工薪酬底稿；通过对比分析，1 月职工薪酬较其他月份大。通过查验会计凭证，发现存在费用跨期的问题，本年 1 月计提了上年奖金费用 10 万元，已冲减管理费用并调整至年初未分配利润，调整会计分录请见审定表，查验会计凭证请见会计凭证测试底稿——索引 GLFY-5-2

3. 审计人员已对咨询服务费的合同进行查验，经检查，合同约定提供咨询服务的时间为 6 月～12 月，已冲减管理费用并调整至预付账款，请见合同查验底稿——索引 GLFY-4，调整分录请见审定表——索引 GLFY-1

4.3 月差旅费发生额较其他月份大，通过询问管理层，原因为被审计单位为项目竞标，安排部分员工到异地进行封闭式培训，发生的费用为此期间的交通费、住宿费、餐费等，审计人员已对会计凭证进行查验，出差审批单、报销申请、发票附件等齐全，变动合理，未见异常，查验底稿请见会计凭证测试底稿——索引 GLFY-5-1

5.5 月折旧费用的发生额较其他月增长。经核查，被审计单位 4 月购买新资产，5 月进行摊销，变动合理，未见异常，查验底稿请见固定资产底稿-固定资产增加检查底稿

6. 本期月度间变动分析请见上述内容，同期比较分析请见同期比较底稿——索引 GLFY-3

7. 审计人员已从资产负债表日前后发生的会计凭证选取项目进行截止性测试，未发现跨期费用，相关查验请见截止性测试底稿——索引 GLFY-6

表 3-17　管理费用本期与上年同期比较表

索引：GLFY-3

金额单位：元

序号	项目	本期未审发生额		上年同期审定额		增减额	增减比例	变动分析
		金额	比重	金额	比重			
1	职工薪酬	427 650.46	57.19%	329 171.42	90.27%	98 479.04	29.92%	费用跨期，1 月职工薪酬包含上年奖金，已进行审计调整

序号	项目	本期未审发生额		上年同期审定额		增减额	增减比例	变动分析
		金额	比重	金额	比重			
2	咨询服务费	253 254	33.87%	0	0%	253 254	0%	本年发生财务咨询服务费用,请见合同查验底稿
3	差旅费	51 498.58	6.89%	20 746.10	5.69%	30 752.48	148.23%	原因是被审计单位为项目竞标,安排部分员工到异地进行封闭式培训,发生的费用为此期间的交通费、住宿费、餐费等
4	折旧费	14 708.10	1.97%	13 678.30	3.75%	1 029.80	7.53%	被审计单位购买新资产,折旧费用较同期增加
5	办公费	480	0.06%	954	0.26%	−474	−49.69%	正常办公费用,增减比例变化大但金额变动较小
6	其他	170.30	0.02%	100	0.03%	70.30	70.30%	其他费用,增减比例变化大但金额变动较小
	合计	747 761.44	100%	364 649.82	100%	383 111.62	105.06%	

表 3-18(a)　管理费用合同检查

索引:GLFY-4

金额单位:元

项　目	对方单位	合同/协议内容	协议金额(不含税)	合同(协议)开始日期	合同(协议)结束日期	合同总月份	本期应计月份
咨询服务费	A咨询有限公司	财务咨询服务	253 254	2023年6月1日	2023年12月31日	7	0

表 3-18(b)　管理费用合同检查

金额单位:元

项　目	对方单位	本期应计损益	本期已计损益	差异	合同及会计凭证索引	备注
咨询服务费	A咨询有限公司	0	253 254	−253 254	GLFY-4-1	

表 3-18（c） 管理费用账务处理

日 期	会计凭证编号	会计分录		借方金额	贷方金额	附件	审计结论
		科目名称	二级科目				
2023 年 5 月 27 日	05-92	管理费用	咨询服务费	253 254		合同、银行回单、资金使用审批表	合同约定提供咨询服务的期间为 6 月～12 月，被审计单位在付款时一次性计入费用，应进行审计调整
		应交税费	应交增值税	15 195.24			
		银行存款	××银行		268 449.24		

审计结论：

合同约定提供咨询服务的时间为 6 月～12 月，应按受益期间分期摊销，已冲减管理费用并调整至预付账款，调整分录见审定表——索引 GLFY-1

表 3-19（a） "管理费用—差旅费"本期发生额会计凭证测试

索引：GLFY-5

金额单位：元

日期	凭证编号	业务内容	会计分录				附件	索引号	审计结论
			科目名称	二级科目	借方金额	贷方金额			
2023 年 3 月 15 日	03-92	××报销成都、西安差旅费	管理费用	差旅费	21 773.41		报销单据、银行回单、资金使用审批表	GLFY-5-1	未见异常
			应交税费	应交增值税	187.45				
			应交税费	应交增值税	70.64				
			银行存款	××银行		22 031.50			

核对说明：

经查验，原始凭证内容完整，账证的内容相符，资金使用经过授权批准，相关账务处理正确，未发现异常情况，可以确认

表 3-19（b） "管理费用—职工薪酬"本期发生额凭证测试

金额单位：元

日期	凭证编号	业务内容	会计分录				附件	索引号	审计结论
			科目名称	二级科目	借方金额	贷方金额			
2023 年 1 月 3 日	01-15	计提 2022 年年终奖	管理费用	银行存款	100 000	—	奖金明细表	GLFY-5-2	费用跨期，进行审计调整
			应付职工薪酬	—	—	100 000			

核对说明：

经查验，账务处理有误，奖金费用跨期，应冲销跨期费用，同时调整期初损益科目金额，审计调整分录请见审定表—索引 GLFY-1

表 3-20　管理费用截止性测试

索引：GLFY-6

金额单位：元

日期	凭证编号	业务内容	会计分录			业务应归属期限		是否跨期	
			科目名称	借方金额	贷方金额	本期（√）	下期（√）	否（√）	是（√）
2023年5月30日	05-151	购买办公用A4打印纸	管理费用	200	—	√		√	
			银行存款	—	200				
2023年6月3日	06-10	报销顺丰快递费用	管理费用	36	—		√	√	
			银行存款	—	36				
审计结论：通过抽查资产负债表日前后的收支业务，未发现跨期问题。									

注：截止测试一般选择资产负债表日大额收支会计凭证，表 3-20 只是示例。

　　损益类科目的未审金额为累计的发生额，所以需要展开列示各月发生的费用。编写审计记录时，主要介绍累计发生额变动较大的项目，以及关注同一项目的月度之间、各项目合计月发生比重较大的月份，如表 3-15 中 1 月占比 23.11%，主要是职工薪酬金额较其他月份高；3 月占比 13.92%，主要为差旅费较其他月份高；5 月占比 43.29%，主要是发生了咨询服务费。还需要关注的是，有些项目一般是不变的，如资产的折旧和摊销，若有变动，可以进一步检查资产原值是否同步变化。表 3-15 中的折旧费用在 5 月的发生额较其他月份有增长，可能是 4 月新购买了固定资产，导致 5 月的折旧金额增加。如果我们仅仅是把数据粘贴到底稿中，接触到底稿的人没有办法知道表中隐藏的信息和问题，当然质控老师会发现问题，但如果我们进行审计记录，这些明显的问题就不会被再次提出来。

　　我们可以在明细表下进行如下记录：

　　（1）审计人员已对管理费用明细合计与总账、报表数进行核对，金额一致。被审计单位管理费用发生额占比较大项目为职工薪酬，项目比重 57.19%，其次为咨询服务费，占比 33.87%。

　　（2）应付职工薪酬计提数已与成本费用核对一致，核对记录见应付职工薪酬底稿。通过对比分析，1 月职工薪酬较其他月份高，通过查验会计凭证，发现存在费用跨期的问题。本年 1 月计提了上年奖金费用 10 万元，已冲减管理费用并调整至年初未分配利润，调整分录见审定表索引 GLFY-1，查验会计凭证请见会计凭证测试底稿——索引 GLFY-5。

　　（3）审计人员已对咨询服务费的合同进行查验。经检查，合同约定提供咨询服务的时间为 6 月～12 月，已冲减管理费用并调整至预付账款，调整分录请见审定表索引 GLFY-1，合同查验底稿请见索引 GLFY-4。

（4）3 月差旅费发生额较其他月份高，通过询问管理层，原因为被审计单位为项目竞标，安排部分员工到异地进行封闭式培训，发生的费用为此期间的交通费、住宿费、餐费等，审计人员已对会计凭证进行查验，出差审批单、报销申请、发票附件等齐全，变动合理，未见异常，查验底稿请见会计凭证测试底稿 GLFY-5。

（5）5 月折旧费用的发生额较其他月份有增长，经核查，被审计单位 4 月购买新资产，5 月进行摊销，变动合理，未见异常，查验底稿见固定资产底稿——固定资产增加检查底稿。

（6）本期月度间变动分析请见上述内容，同期比较分析请见同期比较底稿索引 GLFY-3。

（7）审计人员已从资产负债表日前后发生的会计凭证选取项目进行截止性测试，未发现跨期费用。

通过这样的说明，就把一个死气沉沉的底稿变成可以和人对话的底稿，在此过程中会极大地培养审计思维，明确知道自己要做什么，也就是检查数据从哪里来，到哪里去；知道如何做得更好，也就是不断地完善证据链条，理清自身部分和其他科目相关的链条，让它变得更紧固而可靠。

所有的底稿说明都大致如此。需要注意的是，很多科目涉及审计调整，审计调整要有理有据。如果调整事项无依据，审计底稿只记录了调整分录，但是未取得任何资料或证据，会让检查者认为底稿流于形式，可靠性程度低。所以要学会准确描述问题，熟悉《企业会计准则》规定的处理方法，如对费用跨期调整的描述可以为：公司存在年终奖跨期情况，不符合《企业会计准则第 9 号——职工薪酬》第五条"企业应当在职工为其提供服务的会计期间，将实际发生的短期薪酬确认为负债，并计入当期损益……"的规定。虽然常规的底稿可能不需要这样细致，但是对尽调项目或一些需要汇报问题的项目很有帮助，涉及重要的调整和复杂问题的判断，可以引用上市公司会计处理案例佐证自己的调整依据。

虽然审计是一项专业性比较强的工作，但是要时刻记住，自己整理的数据，不仅要自己能看得懂，也要让能够接触到工作底稿的相关人员看得懂。底稿也好，资料需求清单也好，都要尽可能简化，传达的信息简明扼要，做到无论谁接手，都能看明白其中的逻辑关系。另外，不必担心不会写审计记录，担心措辞不够严谨，可以搜寻 IPO、上市公司问询案例进行学习，或是向领导要份优秀底稿来参考，很多人都是从模仿到创新、创造的。

3.3.3 编制底稿需注意的事项

编制底稿需要注意的事项，分别为使用链接、突出重点、及时调整格式、底稿装订、常见的底稿不规范问题，这些都是新人朋友最容易忽视的地方。

1. 使用链接

编制底稿的时候一定要学会链接数据，也就是将最终数据链接到数据源头。一般来说，我们会用科目余额表的数据填列底稿中的明细表，此时明细表就是数据源。比如，未审数是我们最终要展示的数据，数据就是链接到明细表里对应的合计数，其他的分析表也尽可能链接到这里。当明细表有改动的时候，其他链接明细表的数据也会同步变动，避免了重复工作，以及保证各表数据的一致性。当领导检查时，也能快速知道数据来源，会节省一定的时间。如果各个表都直接复制、粘贴数据，可能会被批评哦。

2. 突出重点

各类底稿都要习惯按金额大小降序排列，重要程度一目了然。最近一期的数据在左边，然后降序排列，如 2023 和 2022 年数据对比，2023 年在左边；如果项目中有"其他"，记得要把"其他"项目放在最下面，错误示例见表 3-21。

表 3-21 底稿编制错误示例

金额单位：元

序号	项目	本期未审发生额		上年同期审定额		增减额
		金额	比重	金额	比重	
1	工会经费	15 754.14	1.27%	13 283.85	1.33%	2 470.29
2	其他	49 372.44	3.97%	13 572.81	1.36%	35 799.63
3	差旅费	144 641.65	11.63%	114 085.78	11.41%	30 555.87
4	运输费	3 156.10	0.25%	186.98	0.02%	2 969.12
5	折旧费	8 630.39	0.69%	420.36	0.04%	8 210.03
6	职工薪酬	1 018 561.75	81.90%	855 834.81	85.57%	162 726.94
7	办公费	3 564.40	0.29%	2 783.40	0.28%	781
	合计	1 243 680.87	100%	1 000 167.99	100%	80 785.94

正确示例见表 3-22。

表 3-22　底稿编制正确示例

金额单位：元

序号	项目	本期未审发生额		上年同期审定额		增减额
		金额	比重	金额	比重	
1	职工薪酬	1 018 561.75	81.90%	855 834.81	85.57%	162 726.94
2	差旅费	144 641.65	11.63%	114 085.78	11.41%	30 555.87
3	工会经费	15 754.14	1.27%	13 283.85	1.33%	2 470.29
4	折旧费	8 630.39	0.69%	420.36	0.04%	8 210.03
5	办公费	3 564.40	0.29%	2 783.40	0.28%	781
6	运输费	3 156.10	0.25%	186.98	0.02%	2 969.12
7	其他	49 372.44	3.97%	13 572.81	1.36%	35 799.63
	合计	1 243 680.87	100%	1 000 167.99	100%	80 785.94

除了按金额大小降序突出重点显示外，一些重要的说明也要写在底稿显眼的位置，也可写在底稿标题与表头之间，并加粗显示，使审阅者能够一眼看到关键信息。

3. 及时调整格式

在上学期间，老师交代一定要保持卷面整洁，字迹工整，阅卷老师就会多给些卷面分。工作中也是一样的，我们在电脑上做底稿，也一定要学会调整格式。

一个是字体格式，很多新人朋友初做底稿只会把数填上，不知道或者不敢调整底稿的原有格式。比较常见的问题是从别的表中直接"ctrl＋c"复制，然后"ctrl＋v"粘贴，这样会把数据源的格式同时复制过来，破坏底稿中原有的格式，导致字体和整体不一致，字号大小也不同，建议粘贴时"选择粘贴"为"数值"，就可以避免这样的问题，注意要及时调整格式，而不是在最终打印时调整。因为领导可能随时检查，很可能会根据底稿格式给新人朋友打个"印象分"。我们来看一个实务中的底稿格式案例，这也是新人朋友做底稿常见的问题，示例见表 3-23。

表 3-23　底稿格式错误示例

金额单位：元

序号	查验科目	询证金额	询证函中填列的需要被询证者确认信息的核对		收信单位（被询证方）名称
			询证信息来源显示金额	询证信息来源（如明细账，银行对账单等）	
26	银行存款	＃＃＃＃	26861.21	对账单	中国工商银行股份有限公司北京
30	银行存款	＃＃＃＃	663404	对账单	宁波银行股份有限公司北京自贸
29	银行存款			对账单	中国银行股份有限公司北京交大
28	银行存款	67855	67855.37	对账单	招商银行股份有限公司北京亦庄支行
27	银行存款	26.47	26.37	对账单	中国民生银行股份有限公司北京亦庄支行
27	银行存款	4E＋05	414077.66	对账单	中国民生银行股份有限公司北京亦庄支行

可以很明显看到问题：序号没有按顺序排列，字体、字号不统一；数字未加千分位符；未调整列宽导致数据无法正常显示，也未调整行高；文本过长没有设置自动换行；空值无显示。假如你是领导，还会有继续看下去的心情吗？调整后的格式见表 3-24。

表 3-24　底稿调整格式后示例

金额单位：元

序号	查验科目	询证金额	询证函中填列的需要被询证者确认信息的核对		收信单位（被询证方）名称
			询证信息来源显示金额	询证信息来源（如明细账，银行对账单等）	
1	银行存款	26 861.21	26 861.21	对账单	中国工商银行股份有限公司北京望京支行
2	银行存款	663 404	663 404	对账单	宁波银行股份有限公司北京自贸试验区支行
3	银行存款	0	0	对账单	中国银行股份有限公司北京交大支行
4	银行存款	67 855.37	67 855.37	对账单	招商银行股份有限公司北京亦庄支行
5	银行存款	26.47	26.47	对账单	中国民生银行股份有限公司北京亦庄支行
6	银行存款	414 077.66	414 077.66	对账单	中国民生银行股份有限公司北京亦庄支行

另一个常见问题是打印格式，尽管当前很多大型事务所已经不需要打印

纸质底稿，但很多场景还是需要打印纸质资料。打印前先进行分页预览和打印预览，避免因列宽过小无法显示数字、表格过大打印出来无法看清内容、同一行的内容不在同一页上等问题。如果数据表列数较多，可以选择横向打印，页边距可以设置窄一些，调整页面的内容自行学习，这里不过多赘述。

4. 底稿装订

新人朋友不确定资料放在底稿的具体位置，导致资料错放或乱放，且不编制索引或编好索引的资料直接放在该底稿最后一页的背面。虽然这些资料同属于一个科目，但这样做会显得没有逻辑，而且非常不方便检查。质控老师以为这张检查表后可以直接翻到索引页，但后面却是另一张底稿，然后要从混在一起的资料里找这个索引页，质控老师的心情可想而知。另外，同一张表里编制了不同的索引，比如编制发函控制表，函证复印件单独用一个索引，发函快递面单也单独编制一个索引，地址查验也单独附一个索引等，虽然程序有所不同，但是属于同一个底稿后附的资料。所以要按执行程序的时间顺序排列，用一个索引即可。

同一份资料打印多次放在不同的底稿里，也是一个常见的问题。这导致我们的底稿册数变多，比较浪费纸张。比如在建工程的减少和固定资产的增加是同一笔会计凭证，因为金额比较重要，两个底稿的会计凭证检查表都有这一笔会计凭证，会计凭证附在一个科目的底稿中即可。再如放在固定资产增加检查表后，索引号为 GZZJ-1 在建工程底稿中就可以备注"查验会计凭证请见固定资产增加底稿-GZZJ-1"，解决这一问题需要加强项目组内的沟通。在拍照凭证前可以编制一张凭证汇总表，需要提前标注会计凭证附在某一个科目的底稿中。

单独成册的底稿也需要按逻辑顺序排列，与各个科目的资料放置逻辑一样，一般为：初步业务活动、风险评估、了解内控及控制测试、实质性测试、其他项目、完成阶段工作底稿。不论是按资产负债表中的报表项目顺序装订还是按相关的循环装订，一定要编好每一本底稿册数和单独的目录，方便项目组及检查者查阅，后期替换也会提高效率。

底稿不宜过厚或者过薄，要有统一的标准，否则看起来会比较杂乱。需要注意的是，送审前一般会单独打印初版审计报告方便老师查看，而不直接放入底稿中，所以第一本要预留出部分空间，装订后期终版审计报告或其他资料。

调整好打孔器的打孔位置，因在实务中审计人员各自打印自己负责的底稿然后打孔，最终汇合在一起时。若打孔位置不一致，导致无法顺利穿过底稿，即使穿过底稿也显得非常不整齐。

各个科目的明细账簿和关键资料需要贴上便利签，但需要根据实际情况，标签不要贴得太多，不便于查找。

打印出来的纸质资料上要标出与查验相关的内容，要有核查的痕迹，可以打印后用笔标出，也可以在电脑预览时选出关键内容。

资料的纸张方向要调整好，横向打印的底稿或资料，表头要朝向底稿脊背的方向。

5. 常见的底稿不规范问题

因工作底稿不规范导致被出具警示函措施的案例有很多，主要监管机构依据规定进行检查。通过查询部分违规案例，为新人朋友整理了一些常见的问题，结合上面的内容来看，避免出现这样的问题。

（1）审计底稿中审定金额与附注披露不符，审计报告中披露的重要内容未在审计底稿中见相关事项，审计底稿之间的数据不存在勾稽关系，相关底稿数据错误。在送审和归档前一定要核对底稿数据、试算平衡表数据、报告附注，三者应一致。

（2）工作底稿记载不完整、存放错序、索引编制不规范，未记录已执行的程序及相应的索引号，未标明目录索引和页码，工作底稿的归类整理混乱。

（3）底稿记录内容与公司实际情况不符；实际执行的审计程序与底稿记录不符；底稿中记录执行程序，但底稿中未见相关证明材料；底稿记录不完整，未记录审计调整原因及调整分录；审计底稿未记录核实的具体过程及原因；审计底稿未形成审计结论。

（4）审计说明表述不完整，内容表述不严谨、分析与结论逻辑一致性不足、未注明引用信息来源。

（5）缺少合理性分析，未说明变动较大的原因，未说明未执行该程序的原因。

（6）工作底稿中收录的部分文件未按照规定签字、盖章。

第 4 章　行稳致远——透过成本核算理解企业财务运作

　　"……按照国民经济统计分类，我国制造业有 31 个大类、179 个中类和 609 个小类，是全球产业门类最齐全、产业体系最完整的制造业。……"（《人民日报》2022-08-03）

　　烟草制品、纺织服装、服饰业、汽车、计算机、通信和其他电子设备等都是制造业，也是审计人最常接触的行业，因为涉及成本核算部分，制造业的账务处理相较其他行业更为复杂。

4.1　初步了解成本结转流程

对于复杂的业务流程，笔者习惯先摸清所涉及的会计分录，然后思考会计分录背后的业务流程，再逐步拆分会计分录。所以在这一章，初步了解成本结转流程（框架），然后介绍会计分录对应的业务，最后对成本核算流程进行拆解，形成对企业财务运作的认识，同时反推审计思路。

与成本相比，收入的确认要简单得多，如我们常见的收入确认会计分录如下。

借：应收账款/银行存款

　　贷：主营业务收入

　　　　应交税费

收入不会涉及太多的结转过程，常见的是先确认预收账款、合同负债，达到一定条件后再结转到营业收入，比上面会计分录再多一个结转步骤。但成本结转的会计分录则不同。我们知道卖出商品，经过客户签收后需要结转成本，编制会计分录如下。

借：主营业务成本

　　贷：库存商品

看似是一个简单的结转分录，但难点在于背后的核算流程。比如机械手表，内部却有成百上千个精密零件，通过上千道的制造工序才完工。同样地，账面上的库存商品，我们看到的只是一个数字，但在实际业务中，制造业企业要采购原材料，其次根据产品的生产工艺流程进行加工，最后形成最终产品。这一生产流程主要涉及三个要素：一是用于生产产品的原材料；二是要对采购的原材料进行加工，而加工产品就必然需要人工，就算是机械化程度很高，也是需要有人进行操作；三是直接或间接分摊到产品中的费用，比如专门用于生产产品的厂房，其折旧费用会作为制造费用，最后归集到产品的成本之中。所以，当我们审计制造业企业成本的时候，首先就是要想到这三个要素：原材料、人工成本、直接或间接费用，也就是我们常常听说的"料、工、费"（以下简称"料、工、费"）。

我们先从整体上了解成本的结转流程，以会计分录的形式展示这三个要素在成本结转流程中的具体体现。

案例1 假设我们开了一家烧烤店（先把它想象成制造业），那么三要素"料、工、费"的成本构成见表 4-1。

表 4-1 "料、工、费"的成本构成

成本构成	
料	羊肉
	调料
工	烧烤师傅工资
费	房屋折旧
	水电费

第一步：采购原材料。

借：原材料——羊肉　　　　　　　　　　　　　100

　　　　　——调料　　　　　　　　　　　　　10

　　贷：银行存款　　　　　　　　　　　　　　　　　110

第二步：计提人工费用。

借：生产成本——直接人工　　　　　　　　　　200

　　贷：应付职工薪酬——工资　　　　　　　　　　　200

第三步：计提房屋（厂房）折旧。

借：制造费用——折旧费　　　　　　　　　　　50

　　贷：累计折旧　　　　　　　　　　　　　　　　　50

第四步：计提水电费用。

借：制造费用——水电费　　　　　　　　　　　50

　　贷：银行存款　　　　　　　　　　　　　　　　　50

第五步：领用采购的原材料做肉串（原材料归集到生产成本）。

借：生产成本——直接材料　　　　　　　　　　110

贷：原材料——羊肉	100
——调料	10

第六步：将期间发生的制造费用归集到生产成本（都算到羊肉串成本上）。

借：生产成本——制造费用	100
贷：制造费用——折旧费	50
——水电费	50

第七步：羊肉串成品做好了，将生产成本打包结转到库存商品。

借：库存商品——羊肉串	410
贷：生产成本——直接材料	110
——直接人工	200
——制造费用	100

第八步：卖羊肉串，将库存商品结转到主营业务成本，这时就得到羊肉串的成本。

借：主营业务成本——羊肉串	410
贷：库存商品——羊肉串	410

结转流程四阶段总结见表 4-2。

表 4-2 结转流程四阶段总结示例

阶　　段		第一阶段	第二阶段	第三阶段	第四阶段
结转流程	原材料		生产成本	库存商品	营业成本（主营业务成本）
	职工薪酬				
	制造费用				

示例的成本结转流程共涉及八个会计分录，前四步为对"料、工、费"的计提，对应第一阶段；后四步为"料、工、费"的结转，对应第二、第三、第四阶段。一般情况下，制造业的成本结转流程与此大同小异，当然举的例子是理想的情况，但无论企业的账务多复杂，成本结转的核心都在这个框架之中，所以先理解这个流程，并且继续延伸思考，能给我们审计制造业带来更多的思路。

4.2　成本结转流程在成本倒轧表中的体现

为了加深对这一流程的理解，我们可以在本节学习如何编制"生产成本及销售成本倒轧表"，这张表详细列述企业在一个会计期间成本科目借贷方发生情况，具体包括直接材料、人工、制造费用、能源费用等的发生额和生产成本转出。

案例2 接案例1，生产成本及销售成本倒轧表模板见表4-3。

表 4-3　生产成本及销售成本倒轧表模板

金额单位：元

项目内容	数据来源	企业账面金额
原材料及包装物年初余额①	总账"原材料"和"包装物"账户年初余额	—
加：本年购入原材料及包装物净额②	"原材料"和"包装物"借方购入额扣退货折让金额	—
加：其他增加额	"原材料"和"包装物"借方其他发生额	—
减：原材料及包装物年末余额③	总账"原材料"和"包装物"账户年末余额	—
减：其他发出额	"原材料"和"包装物"贷方其他发生额	—
加：外购动力	生产成本明细账	—
直接材料成本④	生产成本明细账	—
加：直接人工成本	生产成本明细账	—
加：制造费用	生产成本明细账	—
减：辅助生产转出金额	"辅助生产"转入"管理费用""销售费用""其他业务成本""在建工程"借方金额	—
产品生产成本	生产成本明细账	—
加：在产品年初余额	"生产成本"年初余额	—
减：在产品年末余额	"生产成本"年末余额	—
产成品成本	"生产成本"转入"产成品"借方金额	—
加：产成品年初余额	"产成品"年初余额	—
加：产成品盘盈金额	"产成品"盘盈会计记录	—
加：退货收回产成品成本	用户退货会计记录	—
"产成品"年末余额	"产成品"年末余额	—
减：自制自用产品成本	"产成品"转入"生产成本"借方金额	—
减：内部领用产品成本	从"在建工程""应付职工薪酬""销售费用""管理费用""营业外支出"等科目计算借方金额	—
减：产成品折价、盘亏、废损	产成品折价、盘亏、废损会计记录	—
产品销售成本	—	—

成本倒轧表也是令很多新人朋友头痛的底稿，这张表的逻辑其实是还原"料、工、费"的流入与流出，完美地诠释了营业成本形成的过程。

延续4.1节的八个分录，在这里将它们整理成科目余额表展示，示例见表4-4。

表4-4　科目余额表示例

金额单位：元

序号	一级科目	二级科目	期初余额	借方发生额	贷方发生额	期末余额
1	原材料			110	110	—
1.1	原材料	羊肉	—	100	100	—
1.2	原材料	调料	—	10	10	—
…	…	…	…	…	…	…
2	应付职工薪酬			200	200	—
2.1	应付职工薪酬	工资		200	200	—
…	…	…	…	…	…	…
3	制造费用			100	100	—
3.1	制造费用	折旧费		50	50	—
3.2	制造费用	水电费		50	50	—
…	…	…	…	…	…	…
4	生产成本			410	410	—
4.1	生产成本	直接材料		110	110	—
4.2	生产成本	直接人工		200	200	—
4.3	生产成本	制造费用		100	100	—
…	…	…	…	…	…	…
5	库存商品	羊肉串		410	410	—
6	主营业务成本	羊肉串		410	410	—

1. 原材料归集到生产成本

回顾分录（后面有不少图示，讲解思路为：回顾4.1节会计分录→会计分录在科目余额表中的体现→会计分录对应的倒轧表填制）。

第一步，采购原材料。

借：原材料——羊肉　　　　　　　　　　　　　　　　100

　　　　──调料　　　　　　　　　　　　　　　　　10

　　贷：银行存款　　　　　　　　　　　　　　　　110

采购的原材料体现在科目余额表原材料借方发生额中，示例见表4-5。

表4-5　科目余额表示例

序号	一级科目	二级科目	期初余额	借方发生额	贷方发生额	期末余额
1	原材料			110	110	──
1.1	原材料	羊肉	──	100	100	──
1.2	原材料	调料	──	10	10	──

第五步，将把原材料归集到生产成本。

　　借：生产成本──直接材料　　　　　　　　　　110

　　贷：原材料──羊肉　　　　　　　　　　　　　100

　　　　　　──调料　　　　　　　　　　　　　　10

将原材料归集到生产成本，在科目余额表中结转示例见表4-6。

表4-6　科目余额表结转示例

金额单位：元

序号	一级科目	二级科目	期初余额	借方发生额	贷方发生额	期末余额
1	原材料			110	110	
1.1	原材料	羊肉	──	100	100	
1.2	原材料	调料	──	10	10	
...	...	...		...	...	...
2	应付职工薪酬		──	200	200	
2.1	应付职工薪酬	工资	──	200	200	
...	...	...		...	...	...
3	制造费用			100	100	
3.1	制造费用	折旧费	──	50	50	
3.2	制造费用	水电费	──	50	50	
...	...	...		...	...	...
4	生产成本			410	410	
4.1	生产成本	直接材料	──	110	110	
4.2	生产成本	直接人工	──	200	200	
4.3	生产成本	制造费用	──	100	100	

对应的生产成本及销售成本倒轧表填列示例见表4-7。

表4-7　生产成本及销售成本倒轧表填列示例

金额单位：元

项目内容	数据来源	企业账面金额
原材料及包装物年初余额①	总账"原材料"和"包装物"账户年初余额	—
加：本年购入原材料及包装物净额②	"原材料"和"包装物"借方购入额扣退货折让金额	110
加：其他增加额	"原材料"和"包装物"借方其他发生额	
减：原材料及包装物年末余额③	总账"原材料"和"包装物"账户年末余额	—
减：其他发出额	"原材料"和"包装物"贷方其他发生额	
加：外购动力	生产成本明细账	
直接材料成本④	生产成本明细账	110

"本年购入原材料及包装物净额"一栏填写本年购入的原材料，如果原材料借方发生额110元中，只有80元来自应付账款或银行存款科目，那就填写80，然后在"其他增加额"填写30，见表4-8。

表4-8　生产成本及销售成本倒轧表填列示例

金额单位：元

项目内容	数据来源	企业账面金额
原材料及包装物年初余额①	总账"原材料"和"包装物"账户年初余额	—
加：本年购入原材料及包装物净额②	"原材料"和"包装物"借方购入额扣退货折让金额	80
加：其他增加额	"原材料"和"包装物"借方其他发生额	30
减：原材料及包装物年末余额③	总账"原材料"和"包装物"账户年末余额	—
减：其他发出额	"原材料"和"包装物"贷方其他发生额	
加：外购动力	生产成本明细账	—
直接材料成本④	生产成本明细账	110

2. 期间发生的制造费用归集到生产成本

回顾分录：第二步，计提人工费用。

借：生产成本——直接人工　　　　　　　　　　200

　　贷：应付职工薪酬——工资　　　　　　　　　　200

第六步，将期间发生的制造费用结转到生产成本。

借：生产成本——制造费用   100

  贷：制造费用——折旧费   50

      ——水电费   50

第六步会计分录将期间发生的制造费用结转到生产成本，在科目余额表中结转示例见表4-9。

表4-9　科目余额表结转示例

金额单位：元

序号	一级科目	二级科目	期初余额	借方发生额	贷方发生额	期末余额
3	制造费用			100	100	
3.1	制造费用	折旧费		50	50	
3.2	制造费用	水电费		50	50	
…	…	…		…	…	
4	生产成本			410	410	
4.1	生产成本	直接材料		110	110	
4.2	生产成本	直接人工		200	200	
4.3	生产成本	制造费用		100	100	
…	…	…		…	…	
5	库存商品	羊肉串		410	410	
6	主营业务成本	羊肉串		410	410	

对应的生产成本及销售成本倒轧表填列示例见表4-10。

表4-10　生产成本及销售成本倒轧表填列示例

金额单位：元

项目内容	数据来源	企业账面金额
原材料及包装物年初余额①	总账"原材料"和"包装物"账户年初余额	—
加：本年购入原材料及包装物净额②	"原材料"和"包装物"借方购入额扣退货折让金额	110
加：其他增加额	"原材料"和"包装物"借方其他发生额	—
减：原材料及包装物年末余额③	总账"原材料"和"包装物"账户年末余额	—
减：其他发出额	"原材料"和"包装物"贷方其他发生额	—
加：外购动力	生产成本明细账	—
直接材料成本④	生产成本明细账	110
加：直接人工成本	生产成本明细账	200
加：制造费用	生产成本明细账	100

项目内容	数据来源	企业账面金额
减：辅助生产转出金额	"辅助生产"转入"管理费用""销售费用""其他业务成本""在建工程"借方金额	—
产品生产成本	生产成本明细账	410

到这里其实就填完了，当然这是极简版，理想情况下的倒轧表，我们也可以直接在表 4-10 看出，本年购入原材料及包装物净额（110）＋直接材料成本（110）＋直接人工成本（200）＋制造费用（100）＝产品生产成本（410）。接下来对科目余额表稍加改动，见表 4-11。

表 4-11　改动后的科目余额表示例

金额单位：元

序号	一级科目	二级科目	期初余额	借方发生额	贷方发生额	期末余额
1	原材料		100	110	90	120
1.1	原材料	羊肉	100	100	80	120
1.2	原材料	调料		10	10	—
2	应付职工薪酬		—	200	200	
2.1	应付职工薪酬	工资		200	200	
3	制造费用		—	100	100	
3.1	制造费用	折旧费		50	50	
3.2	制造费用	水电费		50	50	
4	生产成本			350	350	
4.1	生产成本	直接材料		50	50	
4.2	生产成本	直接人工		200	200	
4.3	生产成本	制造费用		100	100	
5	库存商品	羊肉串		350	350	
6	主营业务成本	羊肉串		350	350	

我们假设原材料减少 90 元，其中 50 元用于生产产品，40 元用于研发领用，会计分录如下。

借：生产成本　　　　　　　　　　　　　　　　　　　50

　　研发费用　　　　　　　　　　　　　　　　　　　40

　　贷：原材料　　　　　　　　　　　　　　　　　　　　　90

将原材料结转到生产成本，在科目余额表中结转示例见表 4-12。

表 4-12　科目余额表结转示例

金额单位：元

序号	一级科目	二级科目	期初余额	借方发生额	贷方发生额	期末余额
1	原材料		100	110	90	120
1.1	原材料	羊肉	100	100	80	120
1.2	原材料	调料	—	10	10	—
…	…	…	…	…	…	…
2	应付职工薪酬			200	200	
2.1	应付职工薪酬	工资		200	200	
…	…	…	…	…	…	…
3	制造费用			100	100	
3.1	制造费用	折旧费		50	50	
3.2	制造费用	水电费		50	50	
…	…	…	…	…	…	…
4	生产成本			350	350	
4.1	生产成本	直接材料		50	50	
4.2	生产成本	直接人工		200	200	
4.3	生产成本	制造费用		100	100	
…	…	…	…	…	…	…
5	库存商品	羊肉串		350	350	
6	主营业务成本	羊肉串		350	350	

我们可以看到，原材料只有 50 元流入生产成本科目，因为 40 元用于研发领用，所以对应的生产成本及销售成本倒轧表填列示例见表 4-13。

表 4-13　生产成本及销售成本倒轧表填列示例

金额单位：元

项目内容	数据来源	企业账面金额
原材料及包装物年初余额①	总账"原材料"和"包装物"账户年初余额	100
加：本年购入原材料及包装物净额②	"原材料"和"包装物"借方购入额扣退货折让金额	110
加：其他增加额	"原材料"和"包装物"借方其他发生额	—
减：原材料及包装物年末余额③	总账"原材料"和"包装物"账户年末余额	120
减：其他发出额	"原材料"和"包装物"贷方其他发生额	40
加：外购动力	生产成本明细账	—
直接材料成本④	生产成本明细账	50

项目内容	数据来源	企业账面金额
加：直接人工成本	生产成本明细账	200
加：制造费用	生产成本明细账	100
减：辅助生产转出金额	"辅助生产"转入"管理费用""销费用""其他业务成本""在建工程"借方金额	—
产品生产成本	生产成本明细账	350

年初和年末数取自科目余额表原材料的期初数和期末数，"其他发出额"填写用于非生产领用的原材料金额，此时直接材料成本（50）＋直接人工成本（200）＋制造费用（100）＝产品生产成本（350），这样就编制完成了。

3. 生产成本及销售成本倒轧表核心逻辑总结

我们都知道：期末余额＝期初余额＋本期购入额－本期减少额

但表 4-12 的逻辑是计算"本期减少额"，也就是把上边公式移项变成：①原材料及包装物年初余额＋②本年购入原材料及包装物净额－③原材料及包装物年末余额＝④直接材料成本，这样就算出结转到"生产成本——直接材料"的金额，见表 4-14。

表 4-14 公式对应示例表

项目内容
原材料及包装物年初余额①
加：本年购入原材料及包装物净额②
加：其他增加额
减：原材料及包装物年末余额③
减：其他发出额
加：外购动力
直接材料成本④

理解了表 4-14 的内容，再来看整个倒轧表的公式：本期主营业务成本＝①原材料及包装物年初余额＋②本年购入原材料及包装物净额－③原材料及包装物年末余额＋本期实际发生直接人工成本＋本期实际发生制造费用－本

期存货其他耗用（如其他业务成本等）

简单来说，主营业务成本就是存货科目④本期减少的金额（生产成本－直接材料），再加上本期投入的人工、制造费用，即：主营业务成本＝料＋工＋费。

实务中并不是所有企业都能规范做账，生产成本及销售成本倒轧表不平也有各种各样的原因，但不意味着企业存在问题。成本结转流程其实是在归集作为"最终产品的存货"的成本，所以生产成本及销售成本倒轧表不平的主要原因有两个：一是没有经过存货科目结转的主营业务成本项目；二是经过存货科目但是最终没有计入主营业务成本的项目，同样须查明原因，再剔除或者进行调整。

4.3　简单了解会计分录背后的业务流程

如果不结合业务流程，单纯看分录，是难以深入理解成本核算的。所以本节主要以制造业企业的角度，谈谈最常接触的会计分录背后的业务流程。结合4.1、4.2两节内容，进一步加深对相关内容的了解。

1. 原材料采购

编制原材料采购会计分录如下。

借：原材料

　　贷：银行存款/应付账款

我们来看会计分录，采购原材料的对方科目一般为银行存款或者应付账款，我们现在需要思考的是会计分录背后的业务流程。

我们把企业想象成由职能部门和业务部门组成的一个人，职能部门像是企业的"大脑"，制定发展战略，调整企业整体的发展方向；业务部门像是企业的"手"和"脚"，根据"大脑"（职能部门）的指令行动，完成企业目标。比如说原材料的采购，前提必然是有相应的指令。如果采购部门看心情决定采购计划，那企业就乱了。企业的目标是生存，要卖产品赚钱维持企业的运作，职能部门会制订销售指标，销售部门为达成指标，制订营销方案。商品背后承载着销售部门达成销售目标的厚望，对于"双十一"及某销售旺季，企业可以提前采购原料进行大量生产。在其他时间，销售部门签署订单后，生产部门会根据销售订单和原材料的库存情况编制采购计划，然后采购部门根据采购计划选择几家信得过的供应商进行询价，综合原材料的质量、价格、供货期等因素后确定供应商，并发出采购订单；原材料送到之后，则有质检部门、仓储部门分别进行质量和数量的检验，检验合格后入库记录，并返给供应商签收单（确认收货），再安排财务部门进行付款。

我们再回顾采购原材料的会计分录，简简单单的一笔记录，背后存在各种复杂烦琐的业务流程。在此只是思维上的引导，并未详细展开。因为业务流程之间还涉及内部控制，如供应商信息维护与复核、请购与审批、录入与复核采购信息、采购与验收不相容职务分离等，我们在做控制测试底稿的时候会接触这些内容，在后面的章节将进一步说明。

2. 原材料领用

原材料领用会计分录如下。

借：生产成本——直接材料

　　贷：原材料

这一会计分录体现的是原材料领用背后的业务流程：生产部门接到销售订单后要开展生产任务，生产人员填制领料单，经过审批同意后，凭借领料单向仓储部门领取原材料，仓储部门根据领料单所填写的领用数量，发出材料后录入收发存汇总表，同时生成出库单，最后汇总到财务部门进行记账。

3. 生产用厂房、设备折旧

生产用厂房、设备折旧会计分录如下。

借：制造费用

　　贷：累计折旧

对于制造型企业而言，生产和仓储通常是重大的业务循环，无论采购的原材料，还是生产完工后的产成品，除了需要能存储的仓库，还需要用来加工产品的厂房、机器设备，在账面上体现为固定资产、无形资产。一般来说，这类长期资产占资产总额的比例相对较高，每月都会发生较大的折旧费用，这也是制造业的一个特点。拓展讲一点，与此相关的外部监管问询经常会提到"固定资产成新率、业务规模与产能产量的匹配程度"，固定资产成新率是企业当期平均固定资产净值同平均固定资产原值的比率。就像我们买的电子产品，用得越久可能会越不流畅，给我们的体验感也越来越差，企业用于生产的固定资产，用得时间越长，效率就可能越低，对应的产出也就越少，所以该指标反映了企业所拥有的固定资产的新旧程度，体现了企业固定资产更新的速度和持续发展的能力。

除了资产的折旧，也会有维修费。我们知道工厂的机器基本长时间保持运转，工人一般都是三班倒，机器使用频率高，所以制造业企业经常检查设备，及时维修，每隔几年还会进行全面检查，进行大修理。因此，维修费用也是制造企业账面的常客，维修费用占资产原值的比例也间接反映资产的情况。

4.4　拆解生产成本核算流程

我们已经对成本结转和业务流程有了基本了解，在本节正式拆解生产成本核算流程，就像小时候玩的拼接玩具，按照说明书对其进行拆解再还原，我也希望像这样讲解，拆解成本核算的"零件"，让大家了解它的构成，以及如何再把它还原，当然更多的还是提供思维上的引导。因为成本涉及的内容非常庞杂，本书中也只能讲它们的共通之处，新人朋友需要在实务中具体情况具体分析。

4.4.1　被审计单位账面生产成本构成

我们直接讲解生产成本的二级明细科目，一般来说分为基本生产成本和辅助生产成本两个二级明细科目。

基本生产成本核算基本生产车间生产产品（批别、步骤、半成品等）的生产成本；辅助生产成本核算辅助生产车间（如机修、供水、供电、模具等不直接生产产品，主要为基本生产服务的车间）的劳务成本或辅助产品的成本。

辅助生产车间如果只生产单一品种或只提供一种劳务而且制造费用数额较小，为了减少转账手续，对发生的各项制造费用，也可以不通过"制造费用"账户核算，直接计入"辅助生产成本"账户。基本生产成本的构成包括直接材料、直接人工、制造费用，如图 4-1 所示。

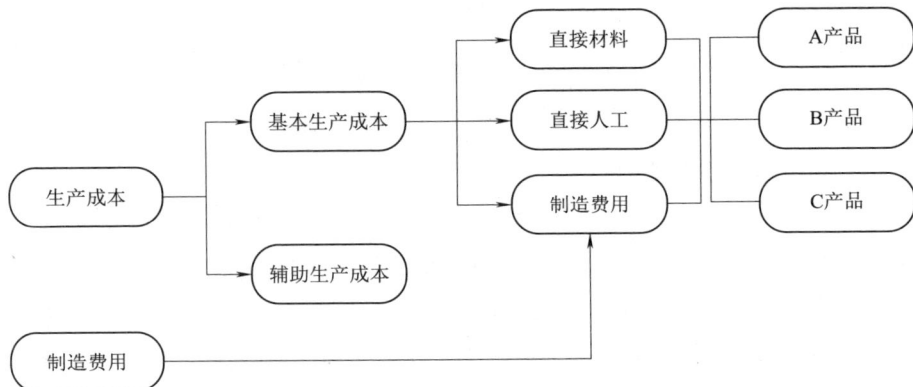

图 4-1　生产成本构成

生产成本与制造费用的区别可以看图 4-1，制造费用和生产成本在同一阶梯，都是一级科目，但在最后，制造费用加入了生产成本的"大本营"，主要区别如下：

（1）生产成本是指直接用于产品生产发生的成本，其中包含了生产实体产品的原材料成本，所购买的辅助材料成本、半成品成本、燃料动力、包装物，以及其他物资产生的成本。

（2）制造费用是指辅助生产发生的成本，制造费用是产品生产和提供劳务发生的费用，属于间接费用。比如生产部门管理人员发放的工资福利，租赁生产设备产生的费用，生产使用设备的固定折旧费，使用某些资源有偿付费，为生产工人缴纳劳动保险费，设备修理期间产生的停工损失费等。

（3）制造费用最后转入生产成本，但在此之前，制造费用不能直接计入产品的成本中，每月必须进行汇总。通过一定的方法将制造费用分配到产品的成本中，比如说企业有 A、B、C 三种产品，都在一个生产车间生产，设备折旧发生 100 万元的制造费用，但我们需要知道单个产品的成本，所以制造费用要通过一定的分配方法分配到各个产品中，然后再结转。

同样地，直接材料、直接人工也是要过一定的方法分配到各个产品中，只不过这些费用是"直接"分配，而不像制造费用是"间接"分配。

A 产品生产成本＝分摊给 A 产品的直接材料＋分摊给 A 产品的直接人工＋分摊给 A 产品的制造费用

4.4.2　直接材料、直接人工、制造费用如何分摊到具体产品中

在讲直接材料、直接人工、制造费用对应的分摊方法之前，需要了解企

业成本核算方法，一般程序如下：

（1）核算原材料购进、销售、库存数据，计算材料出库单价。

（2）导出生产领退料明细单，根据原材料单价，核算领料成本（如果有半成品工序，则先归集半成生产领料成本，以半成品为核算对象）。

（3）结转半成品入库的成本，核算半成品购进、销售、存库数据，计算半成品出库单价。

（4）以产成品为对象，归集产成品材料领料成本（半成品＋原材料），设计成本核算表格。

（5）统计完工成品工时，分摊直接人工、制造费用。

（6）得出完工入库成本，即"直接材料、直接人工、制造费用"。

（7）核算成品购进、销售、存库数据，结转销售成本。

根据上述步骤，我们再来进一步拆解生产成本核算流程。

1. 直接材料的领用

对于上述步骤（1）至（3），可以从被审计单位存货管理制度中了解原材料领用出库的计价方法（先进先出法、加权平均法、移动加权平均法、个别计价法），为了更快理解后面的内容，先简单了解先进先出法，其他计价方法就不再一一赘述。

先进先出法是指假定先收到的存货先发出或先收到的存货先耗用，并根据这种假定的存货流转顺序对发出存货和期末存货进行计价的一种方法。

某企业采用先进先出法核算原材料。2024年1月1日，库存甲材料400克，实际成本为200元。1月5日，购入甲材料200克，实际成本为120元；1月10日发出甲材料500克。不考虑其他因素，该企业发出甲材料实际成本为多少元？

1月10日发出甲材料500克，要假设先发出月初库存400克（200元），月初材料单价＝200÷400＝0.5（元/克）

剩余的100克（500－400）从新购入的200克中发出，新购入材料的单价＝120÷200＝0.6（元/克），所以发出甲材料实际成本＝400×0.5＋100×0.6＝260（元）

我们需要获取审计期间的原材料收发存汇总表（反映各类材料收发结存情况的汇总表），生产过程中按照生产订单和物料清单填写生产领料单，物料清单我们可以理解为标准配料表。

案例3 假设一家烧烤店制作一串羊肉串，按照配料表的配方比例，需要领用1根竹签，25克羊肉。为便于计算，假设预计要提前预备20串，我们就填写领料单去仓库领用原材料，领料单参考示例见表 4-15。

表 4-15　领料单示例

2024 年 12 月 31 日　　　　　　　　　　　　　　　　　　　编号：001

领料部门：后厨　　　　　　应用产品：羊肉串　　　　　　生产订单号：00001

编码	物料名称	规格型号	单位	批次号	实领数量	库位名称	备注
A001	竹签	15 厘米	捆（20 根）	—	1	备件库	—
A002	羊肉	腿肉	克	—	500	冷库	—
—	—	—	—	—	—	—	—

领用部门负责人：××　　　　领用人：××　　　　审核：××　　　　保管员：××

领料后库管员会在原材料收发存汇总表记录相应的出库数据，财务按收发存系统的数据记账。原材料收发存汇总表及科目余额表见表 4-16、表 4-17。

表 4-16　原材料收发存汇总表

金额单位：元

名称	单位	期初数量	期初单价	期初金额	收入数量	收入单价	收入金额	领用数量	领用单价	领用金额	结存数量	结存单价	结存金额
羊肉	克	400	0.50	200	200	0.60	120	500	0.52	260	100	0.60	60

提示：期初数量 400 克，收入数量 200 克，采用先进先出法计算领用金额＝400×0.5＋100×0.6＝260（元）。

表 4-17　科目余额表

金额单位：元

一级明细	二级明细	期初余额	借方发生额	贷方发生额	期末余额
原材料	羊肉	200	120	260	60

原材料收发存汇总表中期初金额、收入金额、领用金额、结存金额分别对应着科目余额表中期初余额、借方发生额、贷方发生额、期末余额。

半成品的步骤也与此一致，不再列举。我们可以思考为什么要用计价方法核算，原因为存货处于不断购买、耗用和销售的流转过程中，存货的实物流转与成本流转并不一致。原材料的采购价格每天都在变化，品类繁多，每次实物领用无法精确地与真正的成本完全匹配。我们可以想象，在 1 月 1 日用 24 元买了 8 斤红豆，1 月 3 日用 10 元买了 5 斤红豆，这些红豆买回来后都装在了一个袋子里，随便称出一斤都无法分出是哪天买的。假设 1 月 4 日我们从袋子里取出 10 斤红豆，我们如何来计算出这 10 斤红豆的成本呢？这样的问题同样存在于企业生产领料中，所以企业在发出存货时，就要按照一定的计价方法来确定发出存货的成本，最终使发出存货的成本和期末存货的成本尽可能接近存货的采购成本。不同的企业会根据实际情况使用不同的存货计价方法，而不同的方法会产生不同的利润和期末存货估价，从而影响企业的成本核算、所得税、现金流等，所以我们要关注企业使用的计价方法是否有别于同行业公司，这也是 IPO 项目审计时要对比同行业会计政策的原因之一。

2. 人工成本的分摊

获取工资表后，很容易看到生产工人工资。假设我们的烧烤店有清洗→切块→腌制→穿肉四道工序，每个工段有不同的工人，每个工人的工资不同，我们的产品也多种多样，那如何将人工成本分摊到不同产品中去呢？

一般分配方法有计时工资和计件工资两种，也可以两者混合，在这里以计时工资为例。先了解计时工资方式下产品应负担的直接人工成本计算方法，也可以直接看公式后的例子：

计时工资一般是依据生产工人出勤记录和月标准工资计算，计算公式为

直接人工成本分配率＝本期发生的直接人工成本÷各产品耗用的实际工时（或定额工时）

产品应负担的直接人工成本＝该产品耗用的实际工时（或定额工时）数×直接人工成本分配率

下面案例 4 可能并不严谨，各企业有不同统计方法，了解其中的逻辑即可。

案例 4 假设我们的烧烤店有清洗、切块、腌制、穿肉四道工序相关生产人员的工时记录示例见表 4-18。

表 4-18　工时记录示例

单位：天

工号	生产人员	工序				总工日
		清洗	切块	腌制	穿肉	
A01	许××	10	—	—	12	22
A02	张××	—	22	—	—	22
A03	杨××	—	—	20	—	20
A04	陈××	—	—	10	13	23
A05	孙××	5	—	—	5	10
	合计	15	22	30	30	97

工段分配示例见表4-19。

表4-19 工段分配示例

单位：天

工段工时	产品						总工日
	羊肉串	鸡肉串	牛肉串	羊排	板筋	鱿鱼	
清洗	4	2	3	3	2	1	15
切块	3	3	3	5	4	4	22
腌制	5	5	5	5	5	5	30
穿肉	5	5	5	5	5	5	30
合计	17	15	16	18	16	15	97

（1）计算各生产人员工序占比，如员工许××在"清洗"工段工时占比＝10÷15＝0.667（此处计算不四舍五入），示例见表4-20。

表4-20 生产人员工序占比示例

单位：天

工号	生产人员	工时占比				总工日
		清洗	切块	腌制	穿肉	
A01	许××	0.67	—	—	0.40	1.07
A02	张××	—	1	—	—	1
A03	杨××	—	—	0.67	—	0.67
A04	陈××	—	—	0.33	0.43	0.76
A05	孙××	0.33	—	—	0.17	0.50
合计		1	1	1	1	4

（2）计算各产品的工时分配示例见表4-21。

表4-21 各产品的工时分配示例

单位：天

工号	生产人员	各产品占用工日						总工日
		羊肉串	鸡肉串	牛肉串	羊排	板筋	鱿鱼	
A01	许××	4.68	3.34	4.01	4.01	3.34	2.67	22
A02	张××	3	3	3	5	4	4	22
A03	杨××	3.35	3.35	3.35	3.35	3.35	3.35	20
A04	陈××	3.80	3.80	3.80	3.80	3.80	3.80	23
A05	孙××	2.17	1.51	1.84	1.84	1.51	1.18	10
合计		17	15	16	18	16	15	97

结合表 4-17、表 4-18，计算方法举例：员工许××在"清洗"和"穿肉"两个工段工作，制作的羊肉串占用工日＝清洗工段工时占比（0.67）×羊肉串清洗工段的工时分配（4）＋穿肉工段工时占比（0.40）×羊肉串穿肉工段的工时分配＝0.67×4＋0.40×5＝4.68。

（3）计算产品应负担的直接人工成本，示例见表 4-22。

表 4-22　产品负担人工成本示例

金额单位：元

工号	姓　名	出勤天数/天	日工资	工资总额
A01	许××	22	200	4 400
A02	张××	22	150	3 300
A03	杨××	20	250	5 000
A04	陈××	23	200	4 600
A05	孙××	10	600	6 000
合计		—	—	23 300

根据公式"工资总额÷出勤天数"算出日工资，然后再计算产品应负担的直接人工成本，计算方法见表 4-23。

表 4-23　直接人工成本计算方法示例

金额单位：元

产品	人工成本	计算方法
羊肉串	4 285.50	
鸡肉串	3 621.50	
牛肉串	3 953.50	羊肉串所分摊的人工成本＝4.68×200＋3×150＋
羊排	4 253.50	3.35×250＋3.80×200＋2.17×600＝4 285.50
板筋	3 771.50	其他以此类推
鱿鱼	3 414.50	
合计	23 300	

由此就得到各个产品应负担的直接人工成本。

3. 制造费用如何分摊到具体产品

制造费用分摊到具体产品，以下为四种常见的分摊方法。

（1）生产工人工时比例法是按照各种产品所用生产工人实际工时数的比例分配制造费用，计算公式为

某产品应负担的制造费用＝该产品的生产工人实际工时数×制造费用分配率

制造费用分配率＝制造费用总额÷车间产品生产工时总额

案例5 烧烤店制作牛肉串、羊肉串、鸡肉串三种产品，总投入工时100个小时。其中，牛肉串耗用20小时；羊肉串耗用30小时；鸡肉串耗用50小时，发生制造费用10 000元。计算牛肉串、羊肉串、鸡肉串各应负担的制造费用。

制造费用分配率＝10 000÷（20＋30＋50）＝100（元/时）

牛肉串应负担的制造费用＝100×20＝2 000（元）

羊肉串应负担的制造费用＝100×30＝3 000（元）

鸡肉串应负担的制造费用＝100×50＝5 000（元）

（2）生产工人工资比例法是按照计入各种产品成本的生产工人实际工资的比例分配制造费用的方法。由于工资成本分配表可以直接提供生产工人工资资料，因而采用这种分配方法，核算工作比较简便，计算公式为

某产品应负担的制造费用＝该产品的生产工人实际工资额×制造费用分配率

制造费用分配率＝制造费用总额÷车间产品生产工资总额

案例6 烧烤店制作牛肉串、羊肉串、鸡肉串三种产品，计提工资100元，牛肉串生产线工人工资20元，羊肉串生产线工人工资30元，鸡肉串生产线工人工资50元，总计发生制造费用10 000元。计算牛肉串、羊肉串、鸡肉串各应负担的制造费用。

制造费用分配率＝10 000÷（20＋30＋50）＝100

牛肉串应负担的制造费用＝100×20＝2 000（元）

羊肉串应负担的制造费用＝100×30＝3 000（元）

鸡肉串应负担的制造费用＝100×50＝5 000（元）

（3）机器工时比例法是按照生产各种产品所用机器设备运转时间的比例分配制造费用的方法。这种方法适用于产品生产自动化程度高的车间。采用这种方法，必须具备各种产品所用机器工时的原始记录，计算公式为

某产品应负担的制造费用＝该产品的机器运转时数×制造费用分配率

制造费用分配率＝制造费用总额÷车间设备运转时数总额

案例7 假如烧烤店升级，改用机械化生产，每道工序都耗费机器工时，生产部门将生产日报表输入公司系统中，为财务部核算制造费用分摊提供了核算依据。烧烤店当月共发生制造费用10 000元，总运转工时100小时。假

设生产牛肉串时机器运转时数为 20 小时，则

每小时制造费用分配率＝10 000÷100＝100（元/时）

牛肉串应负担的制造费用＝20×100＝2 000（元）

（4）耗用原材料的数量或成本比例法是按照各种产品所耗用的原材料的数量或成本的比例分配制造费用的方法，计算公式为

某产品应负担的制造费用＝产品所耗用的原材料的数量（或成本）×制造费用分配率

制造费用分配率＝制造费用总额÷耗用原材料的数量（或成本）总数

案例 8 烧烤店制作牛肉串、羊肉串、鸡肉串三种产品。牛肉耗用 20 千克，羊肉耗用 30 千克，鸡肉耗用 50 千克，总共发生制造费用 10 000 元。计算牛肉串、羊肉串、鸡肉串各应负担的制造费用：

制造费用分配率＝10 000÷（20＋30＋50）＝100（元/千克）

牛肉串＝100×20＝2 000（元）

羊肉串＝100×30＝3 000（元）

鸡肉串＝100×50＝5 000（元）

以上几种方法需要了解，由此我们可以大致判断被审计单位采用的分摊方法是否合理，我们需要获取制造费用分摊表及对应的原始数据（工时记录等），弄清楚分摊表的逻辑关系，以及原始数据的真实性、准确性、完整性。

4.4.3 月末时如何分摊完工产品和在产品所负担的成本

我们再回顾一下成本结转流程，见表 4-24。

表 4-24 成本结转流程示例

阶 段	第一阶段	第二阶段	第三阶段	第四阶段
涉及会计科目	原材料	生产成本	库存商品	营业成本
	职工薪酬			
	制造费用			

在前面我们了解了直接材料、直接人工、制造费用归集到具体产品生产成本的方法，那么我们就知道生产成本的下一个阶段是要结转到产成品（库存商品）了。但是会顺利地体现在资产负债表上吗？当然不会，因为资产负债表展示的是某一特定日期业务的静态状态。举个例子，你在家里做菜，桌

上已经摆上了两份做好的菜（产成品），但锅里还有 1 份没做好的菜（在产品）。假设记录报表的时间就定在这个时点上，那报表上展示的就是产成品两份，在产品一份，而不是产成品三份。此外，我们做菜一般都会用到葱姜蒜，还有燃气、水电等，不是专属于某个菜品单独用，那葱姜蒜、水电等费用，如何分配？这就是本节我们要理解的内容。

简单了解一下广义的在产品：

在产品是指没有完成全部生产过程、不能作为商品销售的产品，包括正在车间加工中的在产品；需要继续加工的半成品；等待验收入库的产品；正在返修和等待返修的废品等，不包括对外销售的自制半成品和不可修复废品。

《企业产品成本核算制度（试行）》第三十九条第二款规定："制造企业产成品和在产品的成本核算，除季节性生产企业等以外，应当以月为成本计算期。"月末，如果产品全部没有完工，则累计生产费用都是在产品成本；如果产品全部完工，则累计生产费用就是完工产品成本。如果存在部分完工、部分未完工的情况，则要将累计的生产费用在完工产品和月末在产品之间采用适当的方法进行分配，并分别计算完工产品和月末在产品的成本。

分摊完工产品和在产品所负担的成本有很多方法，在此也仅讲常见的方法，简单了解两种即可，重在理解。

1. 不计算在产品成本法

不计算在产品成本法是指月末在产品不分摊成本，当月归集的生产费用全部为当月完工产成品成本。该方法适用于各月月末在产品数量很少的企业。

举个例子，被审计单位生产 A 产品，12 月发生生产费用：原材料 200 元，燃料和动力费用 300 元，工资和福利费用 400 元，制造费用 500 元。本月完工产品 100 件，月末在产品 1 件。

A 产品总成本＝200＋300＋400＋500＝1 400（元）

2. 约当产量法

简单来说，约当产量法是将月末在产品的数量按其完工程度，折合成相当于完工产品的产量（约当产量），然后把完工产品的产量和在产品的"约当量"相加，构成"约当总产量"，再和发生的生产费用相除，得出费用分配率，用费用分配率乘以完工产品产量和在产品约当量，从而计算出完工产品应负担的成本和在产品应留存的成本。假设成本分配采用加权平均法，计算公式为

月末在产品约当产量＝月末在产品数量×在产品完工百分比

费用分配率＝（月初在产品成本＋本月生产成本）÷（完工产品产量＋月末在产品约当产量）

完工产品总成本＝完工产品产量×费用分配率

月末在产品成本＝月末在产品约当产量×费用分配率

案例9 某工业企业本月生产A产品，生产工艺过程属于一次性投入材料的加工制造类型。本月完工产品10件，月末在产品数量30件，月末在产品完工程度50%。假定A产品成本计算单所提供本月发生费用总额为900元，其中，直接材料200元，直接人工300元，制造费用400元。

第一步，计算在产品约当产量。

月末在产品约当产量＝月末在产品数量×在产品完工百分比＝30×50%＝15（件）

第二步，计算分配率。

直接材料分配率＝直接材料÷（本月完工产品数量＋月末在产品数量）＝200÷（10＋30）＝5（元/件）

需要注意的是，此步并没有按前面的分配率公式计算，原因是原材料成本有一次性投入和陆续投入，一次性投入不需要用约当产量法计算。比如穿羊肉串，羊肉是一次性投入制作，而不是说第一个工序穿两块肉，第二个工序再穿三块肉，所以不需要用约当产量法计算。但计算人工费和制造费用需要采用约当产量法计算，因为这两项肯定是陆续投入的，在各个工序都会有新发生的费用。

直接人工分配率＝本月人工成本÷（完工产品产量＋月末在产品约当产量）＝300÷（10＋15）＝12（元/件）

制造费用分配率＝本月制造费用÷（完工产品产量＋月末在产品约当产量）＝400÷（10＋15）＝16（元/件）

第三步，分配在产品与产成品成本。

除直接材料外，用约当产量乘以各成本费用的分配率。

在产品应负担的直接材料＝30×5＝150（元）

在产品应负担的人工成本＝15×12＝180（元）

在产品应负担的制造费用＝15×16＝240（元）

在产品应负担的成本＝150＋180＋240＝570（元）

产成品应负担的成本＝900－570＝330（元）

通过上面的例子，新人朋友应该对约当产量法有了一定的了解。我们来看稍微复杂一点的情况：原材料在生产过程中是陆续、均衡地投入的。

此时先计算各自工序的完工程度，再分别计算出各环节的约当产量，这样"各个工序约当产量＋完工产量"就能用来得出分配率。

需要强调的是，人工成本和制造费用与加工程度直接有关；直接材料费用的发生与投入程度直接有关。所以在计算约当产量时，我们对直接材料和加工费用分别计算约当产量；人工成本和制造费用是一个"小团体"，它们加起来叫加工成本，是对直接材料费用进行加工产生的费用。所以我们需要分别讲直接材料费用和加工成本的分摊率。计算公式为

某工序在产品直接材料投料率＝（前一道工序的投料定额＋本道工序的投料定额×本道工序的平均完工程度）÷材料消耗定额

加工成本费用完工率计算公式为

某工序在产品完工程度＝（前一道工序的工时定额＋本道工序的工时定额×本道工序的平均完工程度）÷工时定额

再次强调，记住这是两个不同的比率，不要混淆。

案例 10 假定审计工厂生产 A 产品共有三道工序：第 1 道工序材料消耗定额 10 千克；第 2 道工序材料消耗定额 15 千克；第 3 道工序材料消耗定额 25 千克。每道工序完成的工时定额分别为 5 小时、10 小时、10 小时。月末，各工序在产品数量分别为 10 件、20 件、30 件，完工产品 15 件，工序中各件在产品的完工程度不同，为了简化完工程度的测算工作，都按 50％计算。本月发生的费用分别为：直接材料 900 元，人工成本 2 000 元，制造费用 1 000元，相关费用如何分配到在产品与产成品？如图 4-2 所示。

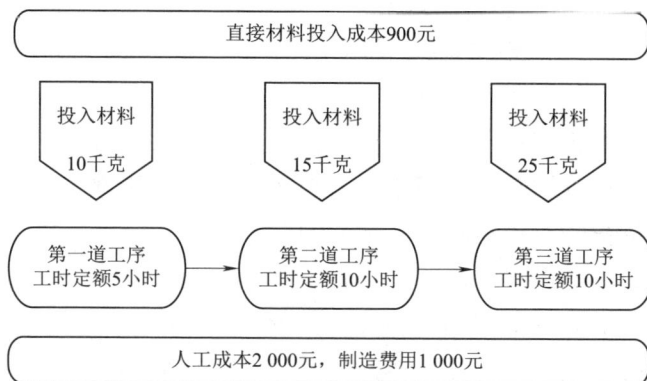

图 4-2　成本结转

（1）先算直接材料投料率，与投入材料直接相关。

第1道工序投料率＝（10×50％）÷（10＋15＋25）＝0.1

第2道工序投料率＝（10＋15×50％）÷（10＋15＋25）＝0.35

第3道工序投料率＝（10＋15＋25×50％）÷（10＋15＋25）＝0.75

为什么第二道工序完工率要加上第一道工序的定额工时？原因是第一道工序完成后才会开始第二道工序，"累计投入÷总投入"才是各工序的投料比率，所以应该加上，以此类推。

计算各工序的约当产量。

第1道工序约当产量＝10×0.1＝1

第2道工序约当产量＝20×0.35＝7

第3道工序约当产量＝30×0.75＝22.5

已知产成品15件，在产品约当成产成品有30.5件（1＋7＋22.5），总计45.5件（15＋30.5）产成品。

直接材料的分配率＝900÷45.5＝19.78

直接材料分摊到在产品的成本＝19.78×30.5＝603.29（元）

直接材料分摊到产成品的成本＝900－603.29＝296.71（元）

（2）计算加工成本费用完工率，与加工进度直接相关。

第1道工序完工率＝（5×50％）÷（5＋10＋10）＝0.1

第2道工序完工率＝（5＋10×50％）÷（5＋10＋10）＝0.4

第3道工序完工率＝（5＋10＋10×50％）÷（5＋10＋10）＝0.8

计算各工序的约当产量。

第1道工序约当产量＝10×0.1＝1

第2道工序约当产量＝20×0.4＝8

第3道工序约当产量＝30×0.8＝24

产成品15件，各工序的在产品按约当产量计算产成品有33件（1＋8＋24），产成品总计48件（15＋33）。

（3）计算加工费用的分配率。

直接人工分配率＝2 000÷48＝41.67（元/时）

直接人工分摊到在产品的成本＝41.67×33＝1 375.11（元）

直接人工分摊到产成品的成本＝2 000－1 375.11＝624.89（元）

制造费用分配率＝1 000÷48＝20.83（元/时）

制造费用分摊到在产品的成本＝20.83×33＝687.39（元）

制造费用分摊到产成品的成本＝1 000－687.39＝312.61（元）

（4）汇总求和。

第（1）（2）（3）步骤已经算出直接材料、人工成本、制造费用分摊到在产品和产成品的金额，此时相加即可：

直接材料分摊到在产品的成本＝19.78×30.5＝603.29（元）

直接人工分摊到在产品的成本＝41.67×33＝1 375.11（元）

制造费用分摊到在产品的成本＝20.83×33＝687.39（元）

最终在产品成本＝603.29＋1 375.11＋687.39＝2 665.79（元）

最终产成品成本＝3 900－2 665.79＝1 234.21（元）

以约当量计算分配费用时，关键问题在于在产品分项目的投料和加工程度如何确定。在实务中，一般都按 50％ 来计算，产品在不同工序加工时，出来的在产品加工程度有的小于 50％，有的接近 100％。对一种产品来说，既不能以前面完工程度来计算，也不能用最后面的完工程度来计算，因而采用折中的办法，实际工作中往往难以准确估计。因此，一般都按 50％ 作为在产品完工程度来进行计算。

了解本节内容，能让我们在审计制造业企业生产成本和营业成本时，代入更多的思考，对企业的生产流程和成本分配方法的理解更加透彻，这一节的思路如图 4-3 所示。

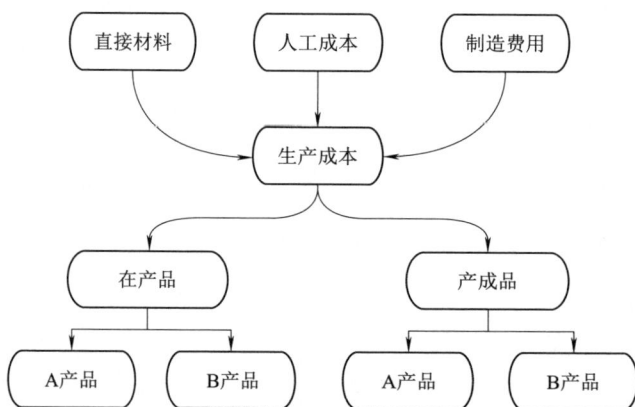

图 4-3　拆解生产成本

第 5 章　见微知著——常见科目的实质性测试

　　一些常见的科目并非是独立的，我们都知道有借必有贷，所以谈论某一个科目的审计，肯定也是不能独立于其他科目。即便不是直接的借贷关系，但因业务整体的关联性，A 科目也可能是因为 B 科目而间接产生的，所以学会找关联点、找共性，能够帮助我们形成审计思维。

5.1　货币资金

无论常规审计还是 IPO 项目审计，货币资金都是非常重要的底稿，只是因为执行的程序简单但是核对烦琐，所以经常会交给新人朋友去做，但历数往期证监会处罚案例，货币造假案例频出，对账单、银行回函都可以造假，需要一万分的留意，程序执行要到位。

货币资金包含库存现金、银行存款、其他货币资金，主要是关注存在、完整性、权利和义务。下面按科目简单谈一谈审计思路和需要关注的问题。

5.1.1　库存现金

当前大部分企业的库存现金占比货币资金很小，或者默认不使用现金，因为使用现金支付的方式会受到时间和地点的限制，既不便利又不安全，管理成本高但效率低。库存现金的完整性不好验证，主要关注库存现金是否存在。无论账面是否有库存现金都需要进行监盘，请出纳员打开存放现金的保险柜，监盘的空表也需要请出纳员、会计主管签字。涉及境外公司的监盘，如因特殊情况无法到现场监盘，可以采取远程视频的方式进行监盘，但需要项目内有精通外语的成员参与监盘，不能依赖被审计单位的工作人员翻译。如果项目内没有精通外语的成员，需要聘请专业翻译人员参加监盘工作，否则事务所可能会被出具警示函。

进行现金监盘，发现白条抵库怎么办？白条抵库，主要是指支出时使用现金但没有使用发票或收据等作为付款凭证，用白纸来当作欠条的行为。审计师的主要目标是使财务报表准确反映，因此会对症提出管理建议和进行审计调整。

在一次审计中，同事进行现金监盘时发现被审计单位保险柜里的现金与账面记载不一致，大量欠条充当现金，这对于审计人来说并不是值得悲伤的事，因为再一次长见识了。在IPO项目审计中还会遇到各种不合规的事。经了解后白条为备用金和员工借款，那么审计作为报表医生，要对报表进行审计调整，将账面上的库存现金调减至与实际相符即可，如账面库存现金记录为1 000元，实际盘点只有100元，900元是欠条，那么我们做调整分录，就要将库存现金中的900元调整到其他应收款。

实务中部分公司还存在以员工名义开设个人卡用于公司收付款、个人卡资金作为库存现金核算的情形，同样违反规定，需要调整至其他应收款，同时请被审计单位及时整改，避免再出现此类情形。

5.1.2　银行存款

在常规审计中，审计师需要亲自获取已开立银行结算账户清单后，与最末级科目余额表的各家银行进行核对，检查是否存在未记入企业账户和银行账户未在银行系统登记的情况。银行账户清单上存在但未记入企业账户需要引起警觉，账面上存在但银行账户清单上不存在的情况需要了解原因，可能是企业的外币账户、保证金账户、企业集团财务公司（非银行金融机构）开立的账户等。如被审计单位有定期存款，对未质押的单位定期存款，应检查单位定期存款开户证实书原件，除关注金额外，还要看户名是否为被审计单位，若未监盘到该单据，则需引起警惕。如已质押，需获取复印件和质押协议进行检查并留存一份。

审计师需要从银行取得各个银行账户的对账单，不能用被审计单位从网银导出的相关账户交易流水予以替代。向银行函证，当前函证采用银行函证更为方便，不用自己填写信息，银行会用自己的标准模板回复。审计师注意检查回函路径，再与企业账面金额进行核对，亲自获取信用报告，可以了解到已结清和未结清的信贷情况；有外币的记得到央行汇率网站查询汇率，并将对账单的外币余额折算成人民币余额后与银行余额表进行核对。

需要注意的是，有的集团企业为了实现资金集中管理，子公司的资金超过一定额度就会上划至母公司的账户中，这部分上划的资金就不能继续在银行存款中列报，而应该作为"其他应收款——应收资金集中管理款列报"。

5.1.3　其他货币资金

其他货币资金主要包括银行承兑汇票保证金、质押保证金、信用证保证金、担保及保函保证金、冻结资金、支付宝或者微信等第三方支付平台未提取到银行账户中的现金、电商销售平台资金等，与核查受限资金的思路一致，重点是要获取实质性的证据，不能仅听企业解释。对于第三方支付平台存放的资金，一方面可以在现场观察企业导出的账户交易记录的过程，不能直接请企业提供，导出后与账面进行核对；另一方面可以进行函证，将往来函证模板修改格式，函证内容为账户可用余额询证、年度总收入汇总、年度总支出汇总，函证单位为三方支付平台企业全称。

5.1.4　大额查验与截止测试

不仅是货币资金，其他科目同样要关注金额较大的发生额，要对银行对账单上的大额收款和付款、提现和存现进行检查，关注对账单的摘要和对方户名，货币资金与很多科目有直接关联，如有同事负责采购与销售细节测试，主要检查采购（销售）合同、发票、收付款银行回单等，涉及很多大额的货币资金收付凭证，我们可以直接询问同事这些大额收付款是否有实际业务支撑；大额的借款金额可以询问负责长短期借款科目的同事等，然后把大额查验底稿中的索引备注"请见××底稿××（具体索引号）"，这样从整体来看，我们不仅检查了银行回单，而且还与对账单上的收付金额核对，进一步加强了证据的可靠性。

货币资金截止测试主要目的是检查该公司收付款入账的及时性及完整性，不仅要抽取截止日前的会计凭证进行测试，还要抽取截止日后会计凭证进行测试。一般来说，如果检查对账单及余额调节表、执行监盘程序，也取得了银行回函，一般不会出现跨期的问题，但仍需要执行该程序，顺便验证货币资金的对方科目是否跨期，如往来款项、期间费用等。

5.1.5　货币资金审计需要关注的项目

1. 受限资金

关注资金是否受限。受限资金意味着不能随时用于支付，对企业的经营活动产生影响，上市公司对外公开的报告是投资者关注的事项，财务数据的披露可能会对公司股价及投资者决策产生影响。如果企业未披露受限资金，同时审计师也未发现，在审计报告中未披露也会面临处罚。受限资金一般有定期存款、质押存单、银行承兑汇票保证金、保函、信用保证金、为关联方或客户和供应商提供质押担保而受限，以及因合同纠纷、逾期借款、因担保等承担连带责任导致被法院冻结的资金等。审计的主要思路是关注银行回函不符原因里是否有部分资金受限；需要亲自获取企业信用报告，关注信贷、保函、担保信息等；关注账面是否有应付票据，一般根据企业在银行的信用评级，会有一定比例的银行承兑汇票保证金，可以检查银行承兑汇票协议，信用很好的企业也可能不需要保证金；检查开户证实书原件，确定是否未被质押；在网上搜索企业信息，看是否有诉讼记录，然后进一步获取证据等。另外还需要了解下其他专项资金，虽然不属于使用受限资金，但按相关规定，只能用于规定的项目支出，而不能随时支取用于其他支出。常见的专项资金主要有：①项目专项资金，如为建设工程项目共管账户、PPP项目专用账户资金等，资金只能用于项目支出；②募集资金，由募集资金专户管理，只能用于募投项目，审计师会出具"公司募集资金存放与使用"的说明文字在专项审核报告进行披露。实务中经常有企业将募集资金用于其他用途的违规案例，获取募集资金的专户银行对账单，以及相关的审批文件、采购合同等，检查资金流向是否按规定用途使用。但对于一些造假手段很高的企业，审计师的常规检查手段可能无法发现端倪。

2. "存贷"双高

审计师可以关注企业是否有"存贷"双高的现象，即报表上的存款和借款余额都维持在比较高的水平，那我们就要思考企业有钱为什么还要去借款？是不是账面实际能动用的资金并不多，是不是还有未披露的受限资金？受限的原因可以看上面的内容，最可能出现的情况是资金被关联方或者大股东占用，或是为大股东或关联方提供贷款质押、担保；账上货币资金是不是压根就不存在，为了粉饰报表而虚增资金？如上市公司康美药业财务造假，公司通过财务不记账、虚假记账，伪造、变造大额定期存单或银行对账单，配合营业收入造假伪造销售回款等方式，累计虚增货币资金886.81亿元。这也提醒我们，尽管货币资金程序简单，但不要轻视，要仔细做好每一步程序，康美药业货币资金造假之所以未被审计发现，原因是针对货币资金的审核中，康美药业提前制作了虚假的银行对账单。审计师从康美药业工作人员处取得该银行对账单，并未直接从银行索取。康美药业提前以内审名义、使用正中珠江的询证函模板向银行进行函证，审计人员向企业相关人员现场函证时，企业再将询证函需要银行盖章回复的确认页替换为原先以内审名义函证的确认页，伪造正中珠江收到银行确认无误的询证函回函。康美药业对交通银行和工商银行执行邮寄函证程序中，两份询证函回函的寄件人为康美药业财务人员。

一定要查清楚"存贷"双高的原因，除了上面的情况，也可能是集团型公司在合并报表层面可能出现"存贷"双高。如母公司账面可用于随时支付的货币资金较多，但子公司账面存在大额借款，这样从整体上高借款利息支出，低存款利息收入，也反映出企业资金配置效率较低。为了解决这个问题，很多集团公司与集团内部财务公司签订资金池服务协议，以母公司的名义设立资金池账户，通过子公司向总部委托贷款的方式，根据企业需要设置归集周期及归集时点，在每个归集时点子公司资金上划资金池主账户，形成子公司对母公司的委托贷款，当子公司需要对外支付时由母公司下拨资金，首先归还贷款，然后将超出部分形成母公司向子公司的贷款。由此实现企业集团资金的集中管控，通过主账户与多级子账户之间的资金归集下拨，实现企业集团内部资金共享，降低资金成本。

3. 资金的"体外循环"

资金的"体外循环"一般是指收到钱不进入企业账面开立的账户，而是进入账外账户，常规审计中不太容易发现这个问题，除非 IPO 项目审计中全面核查银行流水和关键人员的个人流水。

比较常见的几种情况：卖废品收入进私人账户，审计人员可以在监盘时和盘点人员闲聊，问一问平时谁处理这种事；为了不报税，将员工工资分成两份，一份通过公户发放，一份通过私户发放，应关注企业的人均薪酬与同行业对比是否较低，问问企业员工怎么发放工资；供应商每年给的返点直接付到老板私人账户（返利是指供货商为了刺激销售，提高经销商的销售积极性而采取的一种正常商业操作模式。一般是要求经销商在一定市场、一定时间范围内达到指定的销售额的基础上给予一定比例的奖励），审计人员可以询问销售人员、关注销售合同有没有返利条款，看企业账面有没有返利的账务处理。

还有一种并不是完全意义上的体外循环，而是体内与体外互相配合进行财务造假，比如先将体内资金转到体外，再流回账面虚增资金、收入等。

5.2 应收账款

应收账款核算企业因销售商品、提供劳务等经营活动应收取的款项，这一节里通过几方面来帮助新人朋友综合了解应收账款：从合同资产与应收款项、应收账款与应收款项融资、应收账款基本的分析程序、如何计提坏账准备，分别讲解审计实务中的关注点。

5.2.1 合同资产与应收款项

合同资产和应收款项都是企业拥有的有权收取对价的合同权利。二者的区别在于，应收款项代表的是无条件收取合同对价的权利，即企业仅仅随着时间的流逝即可收款，而合同资产并不是一项无条件收款权，该权利除了时间流逝之外，还取决于其他条件才能收取相应的合同对价。简单来说，未达到收款条件的款项要在合同资产列报，来看以下三个不同情况的案例进行了解。

案例 1 客户向我们采购 A 产品和 B 产品。A 产品售价 100 元，B 产品售价 200 元，现在产品库存不足。于是我们和客户签订合同，合同约定，A 产品在 5 日内交付，B 产品在 10 日内交付，且在 A 和 B 产品全部交付后，我们才有权收取全部合同对价。是不是很有诚意？那么如何做账呢（暂不考虑税费）？

交付 A 产品时，此时 B 尚未交付，还不能无条件收款。

借：合同资产　　　　　　　　　　　　　　　　100

　　贷：主营业务收入　　　　　　　　　　　　　　　100

交付 B 产品时，此时 A 和 B 产品已经全部交付，可以无条件收款，所以统统变成应收账款。

借：应收账款　　　　　　　　　　　　　　　　300

　　贷：合同资产　　　　　　　　　　　　　　　　100

　　　　主营业务收入　　　　　　　　　　　　　　200

案例 2 客户向我们采购 A 产品，我们签订的合同里约定了质保金的条款，质保金占合同总额的 10%，质保期为 1 年。在质保期未到期之前，需要将与质保相关的质保金（非取决于时间流逝因素收取的对价权利）在合同资产中核算；待质保期满后，且客户未提出质量异议的，我们再将质保期满后拥有无条件收款权的质保金转入应收账款核算。

案例 3　工程施工企业按照履约进度确认收入的，各报告期末存在已完工未结算或未收款的合同对价，比如我们与客户的施工合同中约定了结算条款，项目尚未办妥结算手续，就不能取得无条件（仅取决于时间流逝）收取对价的合同权利，所以需要将施工合同所产生的已完工未结算资产纳入合同资产核算。

两者还有另一个不同之处，合同资产和应收款项相关的风险是不同的，应收款项仅承担信用风险，所以计提坏账的时候用"信用减值损失"，而合同资产除信用风险之外，还可能承担其他风险，如履约风险等，所以提取坏账的时候用"资产减值损失"科目。

5.2.2　应收账款与应收款项融资

应收账款和应收款项融资都属于金融资产，但金融资产有三类，需要通过合同现金流量特征和业务模式来判断，虽然听起来似乎很难理解，但原理并不复杂。合同现金流量指的是一份合同在一段时间内所产生的现金流量，比如企业销售产品，合同总额 100 万元，给客户的信用期为 3 个月，意味着在正常情况下，企业 3 个月内会收回 100 万元的固定金额，现金流量测试的侧重点是能收取固定的"本金＋利息"。应收账款虽然不存在利息，但是也能够收取固定现金流量，所以应收账款符合仅为本金及利息支付的特征；我们再来看应收款项融资，这个科目可以说是从应收账款和应收票据中剥离出来的一部分，同样为本金及利息的支付的特征，区别在于企业管理的业务模式，看到融资我们就应该想到"换钱"，比如老老实实地等合同到期收款。但企业不是坐等应收款项到期后收取现金，而是意图在到期前通过贴现、抵押、保理等方式换取现金，也就是"既以收取合同现金流量为目标又以出售为目标"，这类应收款项应当在"应收款项融资"项目中列示。需要注意的是，上面只是"意图"，而不是实际发生，可以通过询问管理层和检查序时账综合判断，应收款项融资一般包含以下几类：

（1）期末未背书和贴现的票据中信用等级较高的银行承兑汇票，可以随时背书和贴现终止确认。

（2）应收账款质押融资。企业与银行等金融机构签订合同，以应收账款作为质押品，在合同规定的期限和信贷限额条件下，采取随用随支的方式，向银行等金融机构取得短期借款的融资方式。

（3）应收账款保理是企业将未到期的应收账款在满足一定条件的情况下，转让给商业银行，以获得银行的流动资金支持，加快资金周转。

（4）应收账款证券化是资产证券化的一部分，指将企业那些缺乏流动性但能够产生可以预见的稳定的现金流量的应收账款，出售给专门从事资产证券化的特设信托机构，然后信托机构以应收账款为基础向国内外资本市场发行有价证券。

对于（2）（3）（4）这几种情况，企业可能未做相应的账务处理，需要关注银行存款和债务询证函回函、会议纪要、借款协议和其他文件，帮助我们判断应收账款是否存在已被质押、出售、证券化的情况。

5.2.3 应收账款基本的分析程序

（1）复核应收账款借方累计发生额与主营业务收入是否配比，是必做的审计程序之一，对方科目一般是主营业务收入和应交税费——销项税额。假设企业销售产品的税率只有一个，那么"应收账款借方累计发生额÷（1＋税率）"应该等于收入发生额；不同税率的产品收入分别乘以"1＋对应税率"累加后对比，如果不等于，可能是存在与销售无关的款项记录在应收账款科目中，如关联单位的往来借款、职工社会保险费用或者出差备用金等款项，如果此类款项在期末仍有余额，需要做审计调整重分类到其他应收款。如果期末已经无余额，则找到差异金额发生的分录，然后写下说明即可。

（2）计算应收账款周转率及应收账款周转天数等指标，并与被审计单位以前年度指标、同行业同期相关指标对比分析，检查是否存在重大异常，这部分在第六章的分析程序中会详细展开。

（3）收回应收账款，这也是需要关注的重点，要结合企业的性质和所处的环境来看，企业是否有舞弊、造假的动机。如对国有企业来说有压降"两金"（应收账款和存货）的指标；有的企业有上市需求，尤其要关注在年底应收账款大幅减少，年后又冒出来的情况，虚构收回应收账款必然要有资金流入，所以要重点关注回款的来源。在检查会计凭证的时候，关注银行回单上的付款方是否和应收账款客户名称相同，同时对应到银行对账单上的客户名称及金额，除非全套作假，而且在审计人员没有亲自获取证据的情况下才可能不被发现。此外，审计现场往往时间紧任务重，很多时候对资产负债表日后的关注不足，可以在货币资金截止测试的时候，抽取资产负债表日后对方科目是往来款项且金额较大的会计凭证，关注审计期间的期初数和资产负债表日后有没有冲销应收账款收回的会计凭证。如上市公司丹东欣泰电气股份有限公司财务造假案例中，企业通过外部借款、使用自有资金或伪造银行单据的方式在各会计期末冲减应收账款，虚构应收账款的收回，大部分在下一会计期初以应收账款贷方金额红字冲销和银行存款借方金额红字冲销的形式予以冲回。如果是做错了会计分录冲销倒是正常，但每年都在同样的时点有大量同样的冲销分录就很奇怪，需要警惕这种情况。

5.2.4　如何计提坏账准备

计提坏账准备的主要目的是让资产价值尽量接近现行市值，而不至于高估资产规模，体现的是谨慎性原则。我们借出去的钱，未必都能收得回来，企业的应收账款也是如此，所以预估一个损失率，示例见表5-1。

表 5-1　坏账计提政策示例

账　　龄	应收账款计提比例（％）	其他应收款计提比例（％）
1 年以内（含一年）	5	5
其中：1～6 个月	—	—
6～12 个月	—	—
1～2 年	10	10
2～3 年	30	30
3～4 年	50	50
4～5 年	80	80
5 年以上	100	100

假如你的朋友找你借了 100 元钱，虽然说了一定会还，但只要钱不在自己的口袋，收不回来的风险始终是存在的，所以我们要估计下不还钱的损失，提前有个心理准备（计提坏账），不还钱的时间越久，损失的概率就越大。

案例 4　按表 5-1 的比例来计提坏账，如 1 年以内计提比例是 5％，我们就要做好只能收回来 95 元钱的准备，那欠 5 年以上依然没还钱，计提比例是

100%，我们就要做好一点钱也收不回来的准备了，这种方法简单粗暴。假设被审计单位 2020 年账龄按比例计提坏账底稿示例见表 5-2。

表 5-2　按比例计提坏账底稿示例

金额单位：元

项　　目	账面余额	计提比例	坏账计提
1 年以内	90 000	5%	4 500
1～2 年	60 000	10%	6 000
2～3 年	100 000	30%	30 000
3～4 年	40 000	50%	20 000
4～5 年	10 000	80%	8 000
5 年以上	4 000	100%	4 000
合计	304 000	—	72 500

实务中对于坏账计提的问题较多：一种是无意的，主要因为企业财务人员自身的业务水平不足导致，如坏账计提组合划分不准确、账龄划分不准确等导致少提或多提坏账准备；一种是有意的，主要目的在于调整利润，如虚构应收账款回款、人为调整账龄等来虚增利润。以下两个案例可供参考。

案例 5　江西××生态环境股份有限公司通过伪造变造银行账户交易明细和交易回单隐匿与江西××科技股份有限公司关联交易 26 053 724.70 元，及虚增应收账款回款，虚减当期计提坏账准备，进而虚增利润。

案例 6　万源××股份有限公司在计提应收账款坏账时，将××市投资集团有限公司等 10 家公司部分较长账龄的应收账款划分至较短期间，导致 2021 年度少计提坏账准备。按公司 2021 年年报披露的预期信用损失率计算，影响金额 886.22 万元，占当期净利润的 29.37%。

无论是无意还是有意，都需要我们保持职业怀疑，掌握发现问题的基本方法，对于坏账计提，我们要了解三个方面：一是关注账龄；二是了解预期信用损失的计算方法；三是关注坏账转回与核销。

1. 关注账龄

我们一般会请企业提供有款项性质、发生额、账龄的往来明细表，获取后要关注账龄是否准确，不能拿到账龄表就直接使用。各区间账龄的合计金额要和余额核对一致，从整体上看各年的账龄是否合乎逻辑，经常会有企业出现类似的错误。有的企业在上市前适用《小企业会计准则》，不需要计提坏账准备。但如果准备上市，面向的是社会公众，就要谨慎反映报表的实际情况，这时就会涉及各年坏账的补提，最好的办法是参考同行业上市公司如何进行坏账计提。当我们获取或者自行划分账龄以后，账龄较长的要关注款项为什么没有收回？企业采用了什么手段催收？有没有可能是虚构的应收账款，是否涉及诉讼？但账龄短的也不能放过——有的企业为了少计提坏账准备，就会想办法在账龄上动手脚。比如将资金从体内转到客户那边，再由客户转回，以此冲减一年以上账龄的金额，达到增加利润的目的。这种情况要关注其他应收账款中有没有和应收客户的资金往来与交易对方既是供应商又是客户的情况；再高明一点的方法，将资金转出到其他第三方，再由第三方转给客户，客户再转给被审计单位。若客户配合后续的走访、函证等，审计人员就很难发现问题。

对于账龄的准确性的审计，重要的和异常的金额要追溯到最开始业务形成的那年，通过检查原始凭证，如销售发票、运输记录等，测试账龄划分的准确性。需要注意的是，有的应收账款是其他科目重分类过去的，如某企业A客户预收账款负数一直未重分类，账龄2~3年，我们做重分类调整时调整到应收账款，账龄也是2~3年，不能变成1年以内；无论应收账款转到应收票据，还是应收票据转到应收账款，按照账龄连续计算的原则，初始确认的时点就是账龄的起点，而不会因为改变科目导致账龄发生变化，很多客户的账龄习惯用1年以内、1~2年、2~3年等这样划分，但财务报告并不总是一个完整年度的报告，月报、季报、半年报等，如果都是简单粗暴地向下递延一年会导致账龄不准确，所以往来明细表中用天数分类更合理，如0~365天、366~730天等，这样披露时也会更准确。

2. 预期信用损失的计算方法

当前计算坏账不能按过去简单粗暴的计提比例直接计算，有一个会计术语叫作"预期信用损失"，《监管规则适用指引——会计类第2号》第"2-9应收账款预期信用损失的计量"中提到，"企业在计量应收账款预期信用损失时，可以信用风险特征为依据，基于历史经验对细分客户群体发生损失情况进行分析判断，从而对客户群体进行恰当分组。在分组基础上，企业可运用简便方法，参照历史损失经验，编制应收账款逾期天数与固定准备率对照表，计算预期信用损失。当应收账款信用风险特征发生变化时，企业应当对应收账款组合进行相应调整。"简单来说，这是一个估计的问题，但估计需要有依据。

用预期信用损失计提坏账，实务中并没有统一的标准，但无论怎么变，最终的目标都是谨慎反映报表，估计应收账款的可收回性。实务中一般采用简化方法计量预期信用损失，使用较为广泛的具体方法为账龄迁徙率模型。下面用实操来演示如何计算预期信用损失，然后计提坏账准备。

（1）划分组合。不同的人向我们借钱的时候，我们会对他们是否能还钱有不同的预期，比如小 A 家大业大，以前也有借钱临时周转一下的情况，不还钱的概率很低；小 C 没有稳定工作，生意忽好忽坏，但信用还可以；小 D 刚毕业还没找到工作，即使能还钱但也要等一段时间。

企业也是如此，按信用评级分组，可划分为信用高、信用一般、信用差等；按客户类型可分为国有企业、上市公司等。因为不同的业务涉及的市场风险不同，比如一家公司有金融业务和非金融业务，按同一个标准去划分显然不合适，这时可以综合这几种方法划分，但会更加麻烦。不同的企业有自己不同的方法，我们在此只谈常见的分组。

按客户信用评级划分，见表 5-3。

表 5-3 按客户信用评级划分

内部信用评级	确定组合的依据	预期平均损失率（%）
A 级	根据历史经验，客户均能够在信用期内还款，还款记录良好，可预见的未来到期不还款的可能性极低	0～0.10
B 级	根据历史经验，客户存在逾期情况，但均能够还款	0.10～0.30
C 级	有证据表明客户的预期信用风险显著提高，存在违约不付款的可能	0.30～50
D 级	有证据显示应收款项已出现减值、有证据表明客户出现严重财务困难，在可预见的未来无法收回款项	50～100

按业务划分见表 5-4。

表 5-4 按业务划分

组合名称	确定组合的依据	坏账准备计提政策
应收账款组合1	金融信息化业务类款项	根据历史账龄迁徙率判断预期信用损失
应收账款组合2	移动信息服务业务类款项	根据历史账龄迁徙率判断预期信用损失
应收账款组合3	电子商务业务类款项	根据历史账龄迁徙率判断预期信用损失
应收账款组合4	合并范围内关联方款项	不计提坏账准备

（2）计算迁徙率。"迁徙"字面有一种意思是"为了觅食或繁殖周期性地从一地区或气候区迁移到另一地区或气候区"。那账龄的迁徙也是同样的道理，比如第一年应收 100 元，账龄为 1 年以内，如果没有收回钱，第二年 100 元的账龄为 1～2 年，从第一年迁徙到第二年的金额就是 100 元，迁徙率就是 100%（100÷100×100%）；如果第二年收到对方还给我们的 40 元，那么从第一年迁徙到第二年的金额就是 60 元，迁徙率就是 60%（60÷100×100%），所以迁徙率也就是没收回来的金额占应收余额的比率。我们要计算 2025 年的预期损失准备，就需要参考过去三年的迁徙率平均数，假设账龄情况示例见表 5-5。

表 5-5 账龄情况示例

金额单位：元

| 账　　龄 | 2021 年 | 2022 年 | 2023 年 | 2024 年 |
	账面余额	账面余额	账面余额	账面余额
1 年以内	110 000	100 000	140 000	70 000
1～2 年	50 000	40 000	65 000	120 000
2～3 年	8 000	17 000	18 000	45 000
3～4 年	5 000	4 000	9 000	12 000
4～5 年	1 000	1 300	2 000	6 500
5 年以上	500	700	1 600	3 500
合计	174 500	163 000	235 600	257 000

2021 年到 2022 年 1 年以内的迁徙率 = 40 000 ÷ 110 000 × 100% = 36.36%，其他以此类推即可。还有一种算法是先算回收率，如 1 年以内的余额为 110 000 元，第二年变成 40 000 元，说明第二年收回 70 000 元（110 000 － 40 000），收回金额占应收余额比例为 63.63%［收回金额（70 000）÷ 应收余额（110 000）× 100%］，那么没收回的比例就是 36.37%（100% － 63.63%），忽略尾差即等于迁徙率。计算迁徙率见表 5-6。

表 5-6 迁徙率

项　　目	2021—2022 年	2022—2023 年	2023—2024 年	三年迁徙率平均数
1 年以内	36.36%	65%	85.71%	62.36%
1～2 年	34%	45%	69.23%	49.41%
2～3 年	50%	52.94%	66.67%	56.54%

项　　目	2021—2022 年	2022—2023 年	2023—2024 年	三年迁徙率平均数
3～4 年	26%	50%	72.22%	49.41%
4～5 年	70%	123.08%	175%	122.69%
5 年以上	100%	100%	100%	100%

假设 5 年以上收不回来的应收款项基本上最终会发生损失，即应收客户货款损失率为 100%，可以看到有超过 100% 的，我们不能用来直接计算平均数，此部分替换成 100% 即可，示例见表 5-7。

表 5-7　替换后的迁徙率示例

项　　目	2021—2022 年	2022—2023 年	2023—2024 年	三年迁徙率平均数
1 年以内	36.36%	65%	85.71%	62.36%
1～2 年	34%	45%	69.23%	49.41%
2～3 年	50%	52.94%	66.67%	56.54%
3～4 年	26%	50%	72.22%	49.41%
4～5 年	70%	100%	100%	90%
5 年以上	100%	100%	100%	100%

（3）计算历史损失率，计算过程见表 5-8。

表 5-8　历史损失率计算示例

项　　目	注释	三年迁徙率平均数	计算历史损失率计算过程	历史损失率
1 年以内	a	62.36%	a×b×c×d×e×f	7.75%
1～2 年	b	49.41%	b×c×d×e×f	12.42%
2～3 年	c	56.54%	c×d×e×f	25.14%
3～4 年	d	49.41%	d×e×f	44.47%
4～5 年	e	90%	e×f	90%
5 年以上	f	100%	f	100%

（4）考虑前瞻性，计算预期损失准备。前瞻性简单来说就是"立足当前，展望未来"，在确定预期损失率时考虑宏观经济政策、产业经济政策、行业经济政策等因素对应收客户和自身的影响，因为考虑到谨慎性，前瞻性系数主要是预期未来还会损失一定的比率，常见的范围为 5%～30%，未来趋势较好就选低一些的比例，趋势不好就选高一些的比例。假设前瞻性系数为

10%，计算过程见表 5-9。

表 5-9 预期损失率计算

历史损失率	前瞻性调整系数	计算过程	预期损失率
7.75%			8.53%
12.42%			13.66%
25.14%	10%	历史损失率×（1+10%）	27.65%
44.47%			48.92%
90%			99%
100%	—	—	100%

实际操作中还需要结合企业实际情况和整体经济环境进行判断，也可以"抄作业"，看同行业如何界定。

（5）计算坏账准备。此时我们算好了预期损失率，用来计算坏账即可，见表 5-10。

表 5-10 计算坏账准备

项 目	账面余额（元）	预期损失率	坏账计提（元）
1 年以内	90 000	8.53%	7 677
1～2 年	60 000	13.66%	8 196
2～3 年	100 000	27.65%	27 650
3～4 年	40 000	48.92%	19 568
4～5 年	10 000	99%	9 900
5 年以上	4 000	100%	4 000
合计	304 000	—	76 991

根据得出的数据，与企业账面已经计提的数据对比，该补提的补提，该冲回的冲回。我们可以回顾表 5-2 按比例计提的结果为 72 500，与根据账龄迁徙率计算的预期信用损失率得出的结果差别不大，当然也存在差异很大的情况，因此得出预期损失率以后，也不一定直接就用，毕竟只是个估计数字而已，以下几种情况可以参考。

（1）重新评估。如果预期信用损失率测算出的结果远远小于原按比例计提的结果，出于谨慎性考虑，可能还需要重新评估，见表 5-11。

表 5-11　重新评估预期损失率

预期损失率	重新评估后的比例
8.53%	10%
13.66%	15%
27.65%	30%
48.92%	50%
99%	100%
100%	100%

按重新评估后的比例计算会比按预期信用损失率算出的数值大，也可以说明坏账计提得更加充分。

（2）仍按原坏账计提比例。按照账龄分析法计提的坏账准备金额较采用预期信用损失模型测算的坏账准备金额更高或者基本相当，说明按照账龄分析法计提的坏账准备是充分的，会计估计是谨慎、合理的，同时考虑公司客户质量及信用状况与往年相比未发生重大变化，基于谨慎性和一致性原则，公司仍按原坏账计提比例估计预期信用损失率也是没问题的。

无论是我们复核被审计单位，还是帮助企业设计测算模型，不管采用何种方法，保证不要偏离行业平均数据，此数据无论较低或者较高，都需要分析具体原因并备注在底稿中，以备回顾和接受内外部检查。如企业同时存在以下组合，要注意在计算预期信用损失时将以下组合数据剔除掉：

（1）按单项计提坏账准备的应收账款。一般来说，单项计提主要是考虑合同逾期未支付导致涉诉、已破产或很可能破产、或发生重大财务困难的客户等。如企业存在单项计提的客户，我们需要获取单项计提的依据，复核估计是否合理，又如在应收账款客户信用情况未发生实质性变化的情况下，将3年以上无业务往来，且无法与该公司取得联系的应收账款全额计提减值，这样的依据就不充分，万一人家突然还了呢？所以一定要取得确切的证据。除了企业自行划分的单项计提组合，对于一些期末余额占比较大的客户，一方面要主动搜索与客户相关的信息，有助于我们发现客户是否出现破产、重大财务困难的情况；另一方面，关注被审计单位的信息，如通过企查查、爱企查等企业查询软件就可以搜到被审计单位的涉诉信息，存在异常情况要及时问明原因，获取证据，进行审计调整或编写审计说明。

（2）关联方组合。每家企业政策不同，一般来说合并范围内的关联方无须计提坏账，因为合并层面需要抵销。有的企业对非合并范围内关联方计提坏账，有的不计提，但均需要说明理由。

（3）其他特定组合。其他特定组合一般是与企业职工相关的备用金、押金、保证金等特殊性质款项，有的企业会单独划分出该组合不计提坏账。

需要注意的是，对于关联方组合和其他特定组合，以欠款方为关联方客户、优质客户、政府客户或历史上未发生实际损失等理由而不计提坏账准备的理由也不充分，需要从回款周期、信用风险、经营环境等方面充分说明未计提的依据和原因。

3. 坏账准备转回与核销

注意坏账准备转回与核销的区别。简单来说，转回不是实际收回应收账款，每个资产负债表日按上面的方法估计会产生多少坏账然后计提或者转回，转回就是编制计提坏账准备的相反会计分录。

借：坏账准备

　　贷：信用减值损失

而到了坏账核销这一步则是真的收不回来了，实打实的坏账，连带着应收账款原值都一笔勾销。

借：坏账准备

　　贷：应收账款等

如存在核销应收账款的情况，需要获取关于坏账核销的审批记录，获取合同、发票等相关资料仔细核查，主要目标是核实企业核销的应收账款是否为前期虚构的收入；另一种情况是核实应收账款是否已通过第三方收回，也未转入公司账户，而账面的应收账款进行核销。此种情况可以在IPO项目审计中通过核查董事、监事、高级管理人员等个人流水查出，不适用普通审计。

对于长期挂账的应收账款，尽管企业可能全额计提了坏账准备，对于确实无法收回的款项，如债务人已经破产清算、债务人死亡或失踪、自然灾害、战争等不可抗力而导致无法收回等情况，在已有确切证据的情况下，应提请被审计单位核销处理。

5.3 预付款项

预付账款用来核算企业按照合同规定预付的款项，一般包括预付的货款、购货订金（定金）、工程款、设备款等。

5.3.1 预付账款是流动资产吗

对企业来说，预付账款是一项流动资产，但财务报表本身是基于会计基本假设编制的，《企业会计准则》的多次修改更新，目的是让财务报表更精准地反映企业的实际情况。在资产负债表日，我们要对款项性质进行判断，对于款项性质为采购机器设备、厂房的预付款项或预付在建工程款等属于固定资产类核算的对象，我们需要将其重分类到"其他非流动资产"，但不要一股脑地直接重分类，要注意区分是否收到货物、在建项目是否完工等情况。举例来说，很多企业在未收到发票前，会一直在预付账款中挂账，这样报表上肯定无法反映企业的实际情况。所以，固定资产已经收到或在建工程已经完工且达到使用状态的，但未取得发票的需要把这部分预付账款调整至固定资产。同样地，针对采购的原材料已经收到但未取得发票的情形，需要将这部分预付账款调整至存货；对方已经提供服务的但未取得发票的要将这部分预付账款调整至相关成本费用科目。但只提供了部分服务怎么办？比如被审计单位在 2021 年 12 月发生一笔 24 万元的咨询费，因为未收到发票，所以预付账款余额 24 万元，我们向被审计单位要咨询合同，合同约定咨询服务期间是2021 年 12 月到 2023 年 12 月共 2 年，所以这部分应该按 24 个月分期摊销进费用科目。2021 年 12 月只需要确认 1 个月的费用，其余部分依然可以挂账在预付账款中。所以你看，放在流动资产里的科目还真不一定是流动资产，要额外考虑的情况一点也不少。

对于款项性质的判断，可以请被审计单位提供"带有款项性质的预付账款账龄明细表"，通过款项性质列快速识别，但被审计单位提供的明细表划分的性质未必准确。如果客户和供应商非常多，项目时间又很紧张，我们只需要对关键的客户和供应商通过查看摘要和检查会计凭证来确定款项性质，对于数量多但金额小的客户和供应商只部分抽查即可；还有个办法就是查看客户和供应商公司名称，公司名称与被审计单位相似的，往往就是同行业内的公司，一般为货款；挂账公司名称中带设备、工程一般需要重分类到非流动资产的款项；带有咨询、保险等与服务相关的，关注是否需要费用化。

再思考一个问题，预付账款是不是金融资产？企业的银行存款、应收账款、应收票据和发放的贷款等均属于金融资产，但预付账款不是金融资产，因其产生的未来经济利益是商品或服务，不是收取现金或其他金融资产的权利。同样地，预付账款也不属于外币货币性项目，而属于以历史成本计量的外币非货币性项目，也就是说无论未来的汇率是高还是低，对方都要提供约定好的商品或服务，所以预付账款在资产负债表日仍然采用交易发生日的即期汇率折算，而不是按照期末即期汇率折算，不涉及汇兑损益的问题。

5.3.2　预付账款是否有真实交易背景

预付账款意味着还没有收到商品或享受到相应的服务，资金已流出，这类业务依据充分吗，有没有可能是因为特殊原因虚构的，是否有商业实质是我们关注的重点。

1. 转贷与票据融资

转贷与票据融资是 IPO 项目审计中常见的问题，一般都与预付账款相关，也可能体现在其他往来款项中。

"转贷"行为是为满足贷款银行受托支付要求，在无真实业务支持情况下，通过供应商等取得银行贷款或为客户提供银行贷款资金通道。比如我们经营一家烧烤店，但是现在店里的流动资金不够，银行又不愿意直接贷款，于是我们向银行说明贷款是要采购原料的，那银行能轻易信吗？所以需要我们提供与供应商的采购合同、交易发票、委托支付申请作为贷款的发放依据，然后银行直接把钱打到供应商账户上，会计分录为借记"预付账款"，贷记"长（短）期借款"，但我们跟供应商可是好兄弟，钱刚到账好兄弟就会把钱打给我们，毕竟我们有充足的流动资金，供应商才能赚得更多。受托支付是贷款资金的一种支付方式，指贷款人（银行业金融机构）根据借款人（我们）的提款申请和支付委托，将贷款资金支付给符合合同约定用途的借款人交易对象（供应商），目的是减少贷款被挪用的风险。转贷是无真实业务的，借助受托支付"挪用"了贷款，所以这是不合规的。

票据融资，指的是持票人通过非贸易的形式而获得商业汇票，并进行套现的行为。票据融资和转贷类似，均为无真实交易背景来套取银行资金的行为。通过虚构预付账款的方式，签发无真实贸易背景的银行承兑汇票，然后将票据背书转让给关联方或者供应商贴现后将资金通过往来款转回。

这两种不合规的行为对企业上市有一定的影响，但只要老老实实披露招股说明书，说明票据融资的钱是用来养家糊口的（生产经营、资金周转），虽然这个事办得不对，但是主观上没有恶意，并且立了"家规"（内控制度），保证自己及一家老小（子公司等关联方）以后绝不再犯了。同时第三方（中介机构）提交证明资料，说这"熊孩子"真的改了，给他一次机会吧。证监会一看态度这么真诚，资料也都是真实的，那这个事就翻篇了。如果与事实不符，那么后果很严重。

2. 资金占用

《国务院关于进一步提高上市公司质量的意见》（国发〔2020〕14 号）明确提出，严肃处置资金占用、违规担保问题。控股股东、实际控制人及相关方不得以任何方式侵占上市公司利益。坚持依法监管、分类处置，对已形成的资金占用、违规担保问题，要限期予以清偿或化解；对限期未整改或新发生的资金占用、违规担保问题，要严厉查处，构成犯罪的依法追究刑事责任。

一般来说资金占用与抽逃资本主要关注其他应收款，但预付账款同样也是此类问题高发区，可以关注预付账款的交易对方是否为关联方，这种比较明显，也有通过第三方来进行资金占用，如子公司以履行采购合同的名义向第三方预付款项，然后由第三方转入母公司或控股股东，两种资金占用同样要关注商业背景和交易实质，核查采购合同、发票，重要的是关注后期是否收到采购合同中约定的商品等，长期挂账的预付账款，尤其要关注是否存在这种情况。如果上市公司存在控股股东、实际控制人及其关联方占用资金情形，但事务所在资金占用情况的专项说明中未充分列示资金占用详细情况，会被证监会出具警示函，视为未能勤勉尽责，未规范履行信息披露义务。

如果占用被审计单位大量资金，导致账面经营资金较少，日常经营活动受到影响，销售萎缩、银行借款大量增加等现象，则表明其持续经营能力很可能遭受影响。审计师应分析对被审计单位持续经营能力的影响，审计师还应按规定要求实施审计程序，并在审计报告中适当披露。

3. 关注长期挂账的预付账款

一般情况下，预付账款不计提坏账准备。但是，如果有确凿的证据表明企业预付账款的性质已经发生改变，或者因供货单位破产、撤销等原因已经无望再收到所购货物的，就应将原计入预付账款的金额调整至其他应收款，然后按政策计提坏账。

预付账款毕竟是企业的资产，账龄一般较短，3 个月以内比较正常，如果是对方无法提供商品早就该退回了，对于账龄为一年以上的预付款项，很有可能没有真实的交易背景，应通过询问被审计单位、核对购货合同的相应条款判断预付款项挂账时间是否正常，重点检查初始发生时的相关依据，如审批流程、合同等。

5.4　使用权资产与租赁负债

很多新人朋友初次面对使用权资产、租赁负债科目，不懂如何复核被审计单位的测算底稿，也有被审计单位的账上没确认这两个科目，而是等着审计师来调整。新人朋友习惯套用计算模板，但并不清楚原理，可能无法发现问题，也很容易出错，所以不要过于依赖他人设计的模板，要搞懂基本原理，然后设计出适用被审计单位的测算底稿，只有清楚每一处细节才能有底气。在这一节中不涉及复杂情况的判断，实务中复杂的情况也并不多见。

5.4.1　为什么使用权资产不等于租赁负债

使用权资产与租赁负债，两个科目的字面意思比较清楚，即通过租赁取得的只有使用权，但没有所有权的资产，因租赁产生的对价就是租赁负债，但使用权资产并不等于租赁负债。本节就围绕租房来举例，对于大部分普通人来说，工作、未来规划等不确定的时候，一般是通过租房来过渡的，每个月花很少的钱来取得房屋的居住权，可以随时搬走，用最小的成本减少因未来变化可能产生的大额成本。企业经营也是如此，无论是动产还是不动产，如果租赁要比购买更符合企业发展规划，那就应当选择租赁。我们租房时，合同一般是一年一签，次年看房东或租客是否有意愿续签，房费有月付、季付、年付，但对于大部分企业来说，除了临时性办公，一年后搬走的概率不大，而且只签一年的话，如果房屋所有者不想租了，企业又要重新找新的办公场所，之前的装修费也搭进去了，所以租赁期一般都是一年以上。根据合同的约定，不论是月付、季付还是年付，在租赁合同成立的那一刻起，企业都要在未来某一刻需要支付一定的金额，这时就需要考虑货币的时间价值，因为存在通货膨胀的因素，物价可能上涨，存款也会获取利息，所以未来要支付的钱和当前拥有的钱价值也不相等，要使它们有可比性的前提是通过一定的方法折算到同一个时间点来对比，考虑到效率问题，企业不可能考虑每天的货币时间价值然后频繁记账，所以一年以内通常不考虑货币时间价值。对于租赁期在一年以内及低价值的租赁（实务中一般以低于人民币 40 000 元的租赁作为低价值租赁）都可以选择不确认使用权资产和租赁负债，而是采用简化方法处理。

让新人朋友不好理解的应该是未确认融资费用这类听起来看似比较复杂的科目，同样地，长期应付款、长期应收款等有长期收付性质的科目，会涉及未确认融资费用、未实现融资收益，都带有"融资"两个字，这是因为考虑了货币时间价值。我们可以换一种方式理解，假设租赁有两种选择方案：方案一是租客在当前时点一次性支付 100 万元，此时没有时间的变动；方案二是租客未来分期逐笔支付 120 万元，此时一次性付款和分期付款产生的 20 万元差异就是时间变动产生的利息。租赁合同实际上就是方案二。合同总额中，未来要支付的总额包含利息的，我们把未来要支付的总额（租赁付款额）折算成一次性需要支付的金额（租赁负债现值），两者的差异就是尚未支付的利息（未确认融资费用）。未确认融资费用是备抵科目，与折旧、摊销等一样，逐渐通过费用类科目抵消完毕，因为有融资的性质，所以抵消时通过财务费用科目，同时把要偿还租赁负债本金和利息所支付的现金计入筹资活动现金流出。再换个角度来想，我们不必在"0"时点拿出全部的钱，而是每期支付固定少量金额就能享受价值总额 120 万元的房子，账面上同时确认实际的资产和未支付的负债及利息，类似于向银行借款。收到借款时，借记"银行存款"，贷记"短期借款"，每期计提利息确认财务费用，都是同样的道理。

理解了上面的内容，新人朋友应该理解为什么企业更喜欢"早收晚付"，在付款总额不变的情况下，也是因为考虑货币时间价值，钱多留在手里一天就多生一天的利息。第一个月支付 100 万元，和拖到第二个月支付 100 万元价值完全不同，第二个月的 100 万元要折现到第一个月的时点才能对比。同样的，在收款总额不变的情况下，早收到钱就能让钱在自己手上生利息。如果对方企业一次性支付困难，选择分期支付货款，就会约定支付比一次性付款金额更高的总额，两者间的差额通过未实现融资收益逐渐抵销在财务费用贷方中，也就相当于计提的是利息收入。想通了这些，新人朋友就明白为什么使用权资产不等于租赁负债，以后再面对这些长期收付款带有融资性质的科目，就不会有什么压力了。

5.4.2　租赁付款额的现值及未确认融资费用摊销与使用权资产折旧

我们先了解单利计息和复利计息这两种计息方式：单利计息是仅对本金计息，而不对新产生的利息计息；而复利计息不仅对本金计息，还要对新产生的利息计算利息。举例来看，假设存款 100 元，年利率 5%，存款 2 年，采用单利计息计算的利息＝100×5%×2＝10（元），本利和＝100＋10＝110（元）；采用复利计息：第一年的本利和＝100×（1＋5%）＝105（元），然后在第一年本利和的基础上计算第二年的利息，第二年的本利和＝105×（1＋5%）＝110.25（元）。为了提高计算效率，复利下本利和的计算公式为

本利和＝本金×（1＋利率）^{期数}

代入公式的结果与逐步计算结果相同：

100×（1＋5%）^{2}＝110.25（元）

懂得了基本的计算方法，我们再来说现值和终值。对于上面的例子，存款 100 元本金是当前的价值，即现值；通过复利计息后的本利和 110.25 元是存款两年后到期的价值，也就是终值。租赁合同中未来要支付的总额（终值）已经确定，所以入账时是反过来求现值。将复利本利和的公式变换一下：

本金＝本利和÷（1＋利率）^{期数}

复利现值＝复利终值÷（1＋利率）^{期数}

公式中的利率就是折现率，因为租赁内含利率不容易取得，实务中折现率一般使用增量借款利率，即承租人在类似经济环境下为获得与使用权资产价值接近的资产，在类似期间以类似抵押条件借入资金须支付的利率。看似容易，但要较真的话其实并不好确定，毕竟涉及主观判断，需要充分考虑各种条件。我们复核其选择作为折现率的理由，参考类似上市公司案例，折现率在合理区间就可以接受。审计报表更多关注的是损益变动，而动产和不动产的租赁金额一般只占企业资产的小部分，折现率略微有些偏差实际上对损益的影响并不大，所以也不必过于纠结。

99% 的会计处理都不会像财务管理中应用得那样复杂，所以并不需要担

心学不会。只要搞懂复利现值如何计算，就足够应对实务中99％的情况。新人朋友可能会想到年金现值，因为听起来它更符合租赁合同的性质。年金是指一定期间内每期等额收付的款项，现值是指对未来现金流量以恰当的折现率进行折现后的价值，整合起来的意思就是：一系列等额收付款折算的现值之和，即折算到期初时的总价值。但通过各时点的复利现值合计计算会更灵活，因为实务中的房租并不一定是每年付款额都相同，可能约定房租每年递增5％，这样各期的付款额不都是相等的，而使用复利现值，只要列出各期付款额，同时设置好复利现值公式就可以计算出各期折现到入账时间的现值，但要注意把折现年利率换成月利率。

案例7 某公司签订了两年的房屋租赁合同，租赁期间为2023年1月1日至2024年12月31日，约定每月末付房租。第一年房租12 000元，每月末支付1 000元，第二年递增5％，房租12 600元，每月末支付1 050元，增量借款利率5％。若在2023年1月1入账，通过折现算出租赁期间内各个月末要支付的房租在入账时点的价值，示例见表5-12。

表5-12 租赁负债现值折算示例

金额单位：元

年　　份	月　　份	月末支付租金（租赁付款额）	折现期数	租赁负债现值
2023	1	1 000	1	995.85
2023	2	1 000	2	991.72
2023	3	1 000	3	987.60
2023	4	1 000	4	983.51
2023	5	1 000	5	979.42
2023	6	1 000	6	975.36
2023	7	1 000	7	971.31
2023	8	1 000	8	967.28
2023	9	1 000	9	963.27
2023	10	1 000	10	959.27
2023	11	1 000	11	955.29
2023	12	1 000	12	951.33
2024	1	1 050	13	994.75
2024	2	1 050	14	990.62
2024	3	1 050	15	986.51
2024	4	1 050	16	982.42

年　份	月　份	月末支付租金（租赁付款额）	折现期数	租赁负债现值
2024	5	1 050	17	978.34
2024	6	1 050	18	974.28
2024	7	1 050	19	970.24
2024	8	1 050	20	966.21
2024	9	1 050	21	962.20
2024	10	1 050	22	958.21
2024	11	1 050	23	954.24
2024	12	1 050	24	950.28
合计		24 600		23 349.51

我们代入公式，复利现值＝复利终值÷（1＋利率）^{期数}。

第 1 期的现值＝1000÷(1＋5％÷12)^1＝995.85，第 2 期的现值＝1000÷(1＋5％÷12)^2＝991.72……以此类推。

可以看出，合计的租赁付款额为两年的房租 24 600 元，各期租赁付款额折现到入账时点的现值为 23 349.51 元，两者的差额 1 250.49 元，就是货币时间价值产生的利息，未来要通过财务费用逐渐抵消掉的利息费用——未确认融资费用，初始确认会计分录如下。

借：使用权资产　　　　　　　　　　　　　　23 349.51

　　租赁负债——未确认融资费用　　　　　　　 1 250.49

　　贷：租赁负债——租赁付款额　　　　　　　　24 600

如果是在每月初支付租金，则把表 5-12 第一期的折现期数 1 换成 0 后向下递延，因为支付第一笔钱就在 0 时点，与入账的时间相同，没有时间上的变化，所以这一期不需要折现，1 000 元直接计入使用权资产，对方科目是银行存款。

接下来要考虑如何计算各期需要确认的利息。利息是利用各期租赁负债的余额乘利率来计算，我们已经知道租赁负债——未确认融资费用是租赁负债的备抵科目，所以租赁负债的余额＝租赁付款额－未确认融资费用。如第一期租赁负债的余额为 23 349.51 元，要确认的利息费用＝23 349.51×5％÷12＝97.29（元），同时支付当月租金，会计分录如下。

借：租赁负债——租赁付款额   1 000

    贷：银行存款   1 000

借：财务费用   97.29

    贷：租赁负债——未确认融资费用   97.29

要想更好地理解原理，就要把租赁负债当成借款来看，第一期租赁负债的余额为 22 446.80 元，计算方法为期初欠款总额 23 349.51 元减去本期支付的本金 1 000 元，还要加上本期的利息费用 97.29 元，可以理解为第一期考虑利息费用后实际只偿还了 902.71 元（1 000－97.29），期初欠款 23 349.51 元减去实际偿还的 902.71 元，所以还剩下 22 446.80 元尚未偿还。

第二期租赁负债的余额为 21 540.33 元，计算方法为：期初（上一期）欠的 22 446.80 元减去本期支付的本金 1 000 元，加上本期的利息费用 93.53 元。

以此类推，计算表格（在原现值表的基础上增加租赁负债余额和利息两列）示例见表 5-13。

表 5-13 租赁负债现值测算表示例

金额单位：元

年份	月份	月末支付租金（租赁付款额）	折现期数	租赁负债现值	租赁负债余额	利息（未确认融资费用）
合计	—	24 600	—	23 349.51	23 349.51	1 250.49
2023	1	1 000	1	995.85	22 446.80	97.29
2023	2	1 000	2	991.72	21 540.35	93.53
2023	3	1 000	3	987.60	20 630.10	89.75
2023	4	1 000	4	983.51	19 716.06	85.96
2023	5	1 000	5	979.42	18 798.21	82.15
2023	6	1 000	6	975.36	17 876.54	78.33
2023	7	1 000	7	971.31	16 951.02	74.49
2023	8	1 000	8	967.28	16 021.65	70.63
2023	9	1 000	9	963.27	15 088.41	66.76
2023	10	1 000	10	959.27	14 151.28	62.87
2023	11	1 000	11	955.29	13 210.24	58.96
2023	12	1 000	12	951.33	12 265.28	55.04

年份	月份	月末支付租金（租赁付款额）	折现期数	租赁负债现值	租赁负债余额	利息（未确认融资费用）
2024	1	1 050	13	994.75	11 266.39	51.11
2024	2	1 050	14	990.62	10 263.33	46.94
2024	3	1 050	15	986.51	9 256.10	42.76
2024	4	1 050	16	982.42	8 244.66	38.57
2024	5	1 050	17	978.34	7 229.02	34.35
2024	6	1 050	18	974.28	6 209.14	30.12
2024	7	1 050	19	970.24	5 185.01	25.87
2024	8	1 050	20	966.21	4 156.61	21.60
2024	9	1 050	21	962.20	3 123.93	17.32
2024	10	1 050	22	958.21	2 086.95	13.02
2024	11	1 050	23	954.24	1 045.64	8.70
2024	12	1 050	24	950.28	0	4.37

另外，还剩下使用权资产折旧，这就更加简单，只需要用初始确认的使用权资产 23 349.51 元除总期数，得出各期要折旧的金额。

5.4.3　租赁负债的列报

《企业会计准则》要求承租人应当在资产负债表中单独列示使用权资产和租赁负债。其中，租赁负债通常分别计入非流动负债和一年内到期的非流动负债（资产负债表日后 12 个月内租赁负债预期减少的金额）列示。假设 2023 年 12 月 31 日是资产负债表日，那么报表中一年内到期的非流动负债金额为 12 265.27 元，计算方法为"资产负债表日租赁负债期末余额减去下一个资产负债表日租赁负债期末余额"，即 2023 年 12 月 31 日时租赁负债的余额（12 265.27）减去 2024 年 12 月 31 时租赁负债的余额（0）。有的被审计单位直接把未来一年尚未支付的租金作为一年内到期的非流动负债，这样处理并没有考虑利息部分，审计人员需要调整成正确的金额。

5.5　长短期借款

长短期借款也是比较基础的科目，对于银行借款可以通过发函来确认，以及获取企业信用报告，核查信贷记录明细部分，对查询日借款余额和过去结清的信贷与账面记录进行比对；对于非银行借款，关注是否直接通过往来科目收取或支付利息，这种情况会导致没有体现出损益科目的变动。

借款说明企业资金不足，但如果同时存在借款和存款余额较大的情况，也就是在货币资金章节中提过的"存贷双高"，此类问题要引起重视。要了解企业的借款用途，是生产经营用还是扩张投资。银行为保证借出的贷款能够收回：一是会限制贷款用途，需要检查借款合同，常见的是短期借款被用来补充日常流动资金，长期借款一般被用来扩张投资。在建工程项目还要注意专用借款的利息费用需要资本化。二是会要求企业提供担保，我们需要关注担保的类型（担保、质押担保、抵押担保、保证担保），要获取担保合同，关注是否存在因担保导致的资产受限，同时披露在财务报表附注中，避免出现信息披露不完整的风险。

在企业账面借款本金与合同本金核对一致后，我们需要用合同中约定的借款利率进行利息测算。最常见的关注点为企业利息费用是否预提，因为银行一般在每月 20 日对发放的贷款进行结息。假设报告基准日期为 12 月 31 日，因为企业一般根据银行结息习惯计提费用，所以最后 11 天的利息企业可能没有计提，这 11 天的利息支出就计入次年的财务费用，由此导致跨期，所以我们要对最后 11 天的利息费用进行补提。如果测算利息结果远小于账面实际支付的利息，可能存在借款未入账的情形。

此外，还要考虑业务的实质，若企业期末存在已贴现未到期银行承兑汇票，信用级别高的银行承兑汇票可以终止确认，其他银行承兑汇票不得终止确认，贴现金额视同借款，若企业做了终止确认的分录，应做审计调整转回应收票据，同时确认短期借款。还存在具有融资实质，但通过其他形式体现的借款，如某公司与银行开展无追索权保理业务，将第三方应收账款转让给银行，冲减应收账款。后期将融资款项全部归还银行，银行未向第三方追索。该项业务实质是以应收账款为抵押向银行进行短期融资的行为，应确认为短期借款。

长期借款需要考虑列报问题，随着还款时间的越来越近，一直认定为长期借款肯定是不合适的。《企业会计准则第 30 号——财务报表列报》第二十一条规定："对于在资产负债表日起一年内到期的负债，企业有意图且有能力自主地将清偿义务展期至资产负债表日后一年以上的，应当归类为非流动负债；不能自主地将清偿义务展期的，即使在资产负债表日后、财务报告批准报出日前签订了重新安排清偿计划协议，该项负债仍应当归类为流动负债。"所以应主要关注借款是否即将到期、到期前是否能展期、到期前是否违约：

（1）如果借款即将到期，企业也未与银行签订长期再融资或展期协议，也不能自主地将清偿义务向后延期，尚未偿还的部分要在一年内到期的非流动负债中列报。

（2）如果借款到期前与银行签订长期再融资或展期协议，或者按原合同约定，企业能自主地将清偿义务展期，则还在长期借款中列报。

（3）如果借款企业在借款期间违反了长期借款协议，导致借款可能随时要清偿，应当归类为流动负债。

5.6 应付账款

应付账款科目形成于日常经营，用以核算企业因购买材料、商品和接收劳务供应等经营活动应支付的款项。款项性质包含应付材料款、应付工程款、应付设备款等。

对于往来账项，我们需要关注款项性质，有些企业把与购买材料、商品和接收劳务供应等无关的款项也放在应付账款中，审计人员需要作出审计调整，如关联方往来、职工社会保险费用或者报销等款项需要重分类到其他应付款。

5.6.1 应付账款的虚增与虚减

应付账款无论虚增还是虚减，最终目的是调节利润。对收入进行造假不会仅仅虚构应收账款和主营业务收入，收入成本不匹配就很容易被发现问题，所以应付账款的虚增主要是配合收入虚增。通过虚构采购合同、入库单据来虚增成本，达到产、供、销一致的表象；当然有时候虚增并不是管理层主观故意，也有可能是疏忽，比如已经暂估过的费用，在收到发票后忘记冲销暂估费用，导致成本费用虚增，应付账款重复入账，这种一般通过函证应付账款的期末余额和成本费用的同期对比就可以看出；针对虚减，主要关注企业的账务处理是否存在应收账款与应付账款对抵的情况，这样会导致应收账款少计提坏账准备，从而多计利润，但也不排除未及时入账的情形。

1. 应付账款暂估入账

经常听到应付账款暂估入账，如本月发生一笔采购业务，但尚未收到发票，为了全面反映当期增加的资产价值或发生的成本费用就需要先暂估入账，待下月收到发票后，再将原暂估入账会计分录冲回，按收到发票的实际价格入账。制造业企业暂估货物入账的情况比较多，获得序时账后，我们要大致筛选下与应付账款相关的会计分录，关注有没有暂估款项。如果在被审计单位账面上没有发现暂估数字，需要向财务询问暂估情况。如果采购货物已送达，未取得发票，但被审计单位不进行暂估，可能会存在资产和负债同时低估的情况。举个例子来说，假设账面有 100 元存货，此时发生采购货物 20 元已入库但未取得发票，企业没有暂估，但实际上库房是有 120 元的货物，但账面为 100 元存货。假设领用 120 元货物，就会造成存货期末出现负数 20 元，所以需要进行审计调整：借记"存货"，贷记"应付账款——暂估"。也可能存在已经进行暂估，但是到票后未进行冲销，由此造成资产和负债同时高估。因此，实务中对于挂账时间较长的应付暂估款，要逐笔进行检查，查看是否需要冲销。如需要冲销，则进行审计调整，借记"应付账款——暂估"，贷记"存货"等。

存货是否涉及提前确认，核查采购合同的具体条款，看货物控制权何时转移。如果发货时控制权转移给被审计单位，此时已经发货，就可以确认应付账款，同时确认在途物资。如果货物到达被审计单位时控制权才转移，在货物没到达时不能确认应付账款，此时需要进行审计调整，冲销提前确认的会计分录。

2. 未入账的应付账款

审计未入账的应付账款：一方面关注资产负债表日后付款情况，可以在货币资金截止测试时考虑，检查资产负债表日后的银行对账单及有关付款凭证，主要是核查是否有未及时入账的应付账款在到期后直接支付，同时询问被审计单位相关人员，如有则进行审计调整；另一方面获取截至审计现场工作日的全部未处理的供应商发票，确认所有的应付账款都记录在正确的会计期间内，同时询问被审计单位相关人员，是否还存在其他未处理的供应商发票，如有则进行审计调整。

5.6.2　采购细节测试

采购细节测试主要以采购台账为起点，在采购台账总额与账面采购发生金额核对一致后进行查验，查验原始单据，主要涉及采购合同、采购入库单、采购发票等，核实业务的真实性及原始单据是否能够支撑采购金额的准确性，表格比较长，分段截图示例见表 5-14（a）至表 5-14（b）。

表 5-14（a）　采购细节测试明细表

金额单位：元

序号	购货合同或请购单编号	供货单位名称	购货合同、请购单内容					
			日期	货物名称	规格	数量（个）	单价	金额
1	SJGC20240624	B 电子科技有限公司	2024 年 6 月 24 日	集成电路	SJ0520	10	100	1 000

表 5-14（b）　采购细节测试明细表

金额单位：元

购货发票		验收单	入库单		会计凭证			索引
日期	编号		日期	编号	日期	编号	采购金额	
2024 年 6 月 26 日	02982569	√	2024 年 6 月 26 日	字 12-196-200	2024 年 6 月 27 日	转-15	1 000	CG1-1-1

一般情况下抽取采购发生额比例的 60％以上，根据项目负责人要求抽取即可，IPO 项目往往需要抽查较高的比例，甚至全查。细节测试后我们往往不需要再额外编制会计凭证查验底稿了。但涉及异常的业务仍需抽取，如与业务无关的往来款项、涉诉的款项等，细节测试的核对程序如下。

（1）账务处理日期、入库单日期是否一致，但并不要求供应商开票日期与账务处理日期、入库单日期相一致。

（2）入库单、采购合同、发票中记账的货物名称、规格是否一致。

（3）入库单记载的入库数量是否与发票记载的开票数量一致。

（4）采购合同记载的各项采购单价与发票记载的各项单价是否相一致。

（5）账面采购金额与发票不含税总价是否相一致。

（6）账面采购金额与入库单数量、采购合同单价的乘积是否一致。

5.6.3　长期挂账的应付账款

对于一年以上账龄的应付账款需要了解原因，向相关人员了解公司为什么长期拖欠对方款项，理由是否合理。有个别被审计单位竟然说因为对方没有催促，所以未支付。这个理由不好评价，但对国有企业来说是不允许的，清理拖欠民营企业、中小企业账款是年底考核的指标之一。对于长期挂账的应付账款，以下几种情况供参考：

（1）是否和供应商发生了矛盾，存在诉讼情况；

（2）是否对方公司已经注销，欠款需要转入营业外收入科目；

（3）是否按合同约定分批支付的款项，检查合同约定核实；

（4）是否为未及时冲销的暂估款，需审计调整。

需要注意的是，应付账款转入营业外收入的情形需要核实，不能因为与对方公司长期无交易就核销。需要明确是否真的无须支付，且经过公司相关审议通过，还要关注此方面的会计核算问题。有的公司将前期多计提的应付账款转入营业外收入，将核销的应付账款冲减营业成本，都需要进行审计调整。

5.6.4　应付账款周转率

通常应付账款周转天数越长越好，说明公司可以更多地占用供应商货款来补充营运资本而无须向银行借款。在同行业中，该比率较高的公司通常市场地位较强，是行业内采购量巨大的公司，且信誉良好，所以才能在占用货款上拥有主动权。应付账款周转天数＝360÷应付账款周转率，一般来说，应付账款周转率越低，应付账款周转天数越长。一方面，应付账款周转率需要与同行业企业比较，如应付账款周转率低于行业平均水平，说明公司较同行可以更多占用供应商的货款，显示其重要的市场地位，但同时也要承担较高的还款压力，反之亦然；如果公司应付账款周转率较以前出现快速提高，说明公司占用供应商货款降低，可能反映上游供应商谈判实力增强，要求快速回款的情况，也有可能预示原材料供应紧张；另一方面，应付账款周转率需要和公司历史正常水平比较，如果变化较大，需要结合整体业务变动情况，分析变动的原因是否合理。

5.7　应付职工薪酬

如果是初次接触职工薪酬审计，一定要搞懂应发工资与实发工资的区别，这样可以帮助我们了解薪酬计提与发放会计分录的逻辑，然后再谈审计思路才更容易理解。

5.7.1　应发工资与实发工资的区别

应发工资是岗位工资、级别工资、绩效工资、奖金、加班工资等合计的金额，当然如果员工迟到早退被扣钱，也包含在其中。实发工资是扣减了"五险一金"和个人所得税后的工资，用一张工资简表来举例，见表 5-15（a）至表 5-15（b）。

表 5-15（a） 工资简表（部分）
金额单位：元

工资总额	保险扣款个人部分					个人所得税	实发工资
	养老保险	医疗保险	失业保险	公积金	小计		
100		2			2	1	97

表 5-15（b） 工资简表（部分）
金额单位：元

单位缴纳保险						单位负担保险小计
企业养老 16%	失业 0.5%	基本医疗 9%	门诊大额医疗 1%	工伤 0.40%	生育 0.5%	
5						5

表 5-15 我们可以得出应发工资＝100（元），实发工资＝应发工资总额－个人承担的"五险一金"－应交个人所得税＝100－2－1＝97（元）。接下来我们对照工资表，分三步拆解计提与发放流程。

第一步，计提工资，此部分计提的是应发工资总额。

借：管理费用　　　　　　　　　　　　　　　　　　100

　　贷：应付职工薪酬——工资总额　　　　　　　　　　100

第二步，计提社会保险费用（企业承担部分）和代扣代缴社会保险费用（个人部分）。

借：管理费用（企业部分）　　　　　　　　　　　5

　　贷：应付职工薪酬——社会保险费用　　　　　　　　5

借：其他应收款（个人部分）　　　　　　　　　　2

　　贷：银行存款　　　　　　　　　　　　　　　　　2

此处用其他应收款比较好理解，这是职工自己承担的部分，对于企业来说，是替职工缴纳了。在发放工资的时候，将替职工缴纳的费用扣掉。有的朋友会想为什么不通过费用来计提，是个人负担的部分不算企业的费用吗？不是的，个人缴纳的部分已经包含在第一步的应付工资总额，因为说到底都是企业在掏钱，我们来看下一步。

第三步，发放工资与缴纳社会保险费用。

借：应付职工薪酬——工资　　　　　　　　　97

应付职工薪酬——工资（个人社会保险费用）	2	
应付职工薪酬——工资（个人所得税）	1	
贷：银行存款		97
其他应收款		2
应交税费——个人所得税		1
借：应付职工薪酬——社会保险费用（企业部分）	5	
贷：银行存款		5
借：应交税费——个人所得税	1	
贷：银行存款		1

从上面的会计分录来看，计提的工资总额是 100 元，发钱的时候，实发工资就变成 97 元了，所以知道为什么到手的钱会变少了吗？从这笔会计分录能看出来之前提到的公式：实发工资＝应发工资总额－个人承担的"五险一金"－应交个人所得税＝100－2－1＝97（元）。

当然在实务中，不同的企业可能有不同的做账习惯，但不会脱离这个逻辑，只要理解原理就能以不变应万变。在实务中，获取报告期内的薪酬表后，我们要选取几个月的工资表进行对照，了解做账逻辑。如果按上述方法对照与实际计提不一致，需要询问负责职工薪酬的财务人员，请其说明做账逻辑。

5.7.2 职工薪酬的审计思路

我们再来谈职工薪酬的审计思路，获取或编制应付职工薪酬明细表，复核加计是否正确并与报表数、总账数和明细账合计数核对是否相符，这是所有科目底稿都需要做的第一步。这只是初步的判断，首先，我们要关注原始表单、账面数据、第三方回单这三个口径，财务部门根据原始表单来记账和发放工资，所以原始表单要相对准确，配合实际支付的银行回单，基本可以得出准确的职工薪酬数额，所以依据这两个口径来核对财务入账口径，按实际的调整就可以完成薪酬审计。接下来详细说明这一过程的思路，首先来说原始表单，原始表单即人力资源部门提供的薪酬表，而且是签字审批后的最终版薪酬表，薪酬表至少要包含人员、部门、岗位及对应的费用类别，部分内容见表 5-16。

表 5-16　薪酬表示例（部分）

姓名	费用类型	部门	职位	入职时间	学历	专业	用工类型	用工形式
张宁	研发费用	研发中心	研发总监	2023 年 1 月 1 日	硕士	动力机械及工程	全职	劳动合同

其次，要看人员部门对应的费用类别划分是否有明显错误，如生产部门人员对应的是管理费用就有明显问题，对此类问题先标注出来，与企业人员共同核对。如果存在错误则对费用类别进行修正，同时对发生的费用重分类；关注同一人员在同一年中但出现在不同部门的情况，如上半年在生产部门，下半年在财务部门，可能是其岗位变动，需要人力资源部门提供调岗记录来支持其合理性；在不同部门对应的费用类别最终确定无误后开始梳理账面数据。

底稿中会有应付职工薪酬计提数与成本费用核对程序，应付职工薪酬计提数与成本费用应核对一致。我们可以先做总体上的核对，应付职工薪酬工资、社会保险费用、公积金等二级科目贷方发生额与成本费用工资、社会保险费用、公积金等二级科目借方发生额进行核对。常见的有两种差异：一是职工薪酬未计提成本费用，而是直接发放，这样就会导致应付职工薪酬出现借方金额，这时候需要补提一笔成本费用的调整分录，这种情况我们可以看科目余额表职工薪酬的二级科目是否有借方金额来快速识别这种情况；另一种是未经应付职工薪酬科目计提，而是直接通过费用发放，此时我们要补提借贷方均为职工薪酬的会计分录。虽然"一借一贷"看似没有什么意义，但是考虑到要与现金流量表进行勾稽，"支付给职工以及为职工支付的现金"一般与应付职工薪酬借方金额一致。如果总体核对无差异，就可以进行下一步，即账面的工资、社会保险费用、公积金和原始表单核对，因为此时账面的成本费用和薪酬已经匹配一致，所以接下来按修正后的薪酬表来调整账面数据。但还存在一种情况，人力资源部门提供薪酬表的时间要晚于每月结账时间，所以财务部门一般会按上月工资金额来编制暂估会计分录，在次月人力资源部门提供薪酬表后将暂估分录冲回，并录入正确金额的会计分录。比如我们进行年度审计，报告期12月的薪酬计提是暂估的，我们要按12月的薪酬表来冲销或者补提账面的数据，这样是比较准确的调整，避免出现少调整跨期的情况。还有一个口径可以用来修正原始表，即实际支付的口径，当然实际支付也不是完全证明没有发放错误，要找出实际支付的口径与薪酬表存在差异的原因。有错误的要补发或者收回，这种情况比较少，金额也不会大，与企业沟通后也可按实发金额来修正薪酬表。在这三方口径一致的前提下，不要忘记一件重要的事：前面我们修正了不同部门对应的费用类别，此时薪酬表的成本费用应该和调整后的账面记录一致，所以我们也要对调整后的账面成本费用重分类，至此我们完成了职工薪酬审计工作，通过上面的三方口径核对，我们可以识别成本费用计提是否准确，是否存在跨期，费用类别是否正确，也顺带调整了其他关联的科目。

最后，我们还要通过分析程序来发现是否存在异常情况，如分析同期工资计提总额和发放总额、各月间计提总额和发放总额是否存在重大波动，波动原因是否合理。分析比较报告期员工总数，工资总额，人均工资，人员结构，工资占成本、费用的比例等的波动是否合理。

一般来说，职工薪酬总数、人均薪酬与业务增长、盈利变动情况趋势一致，对于制造业等劳动密集型的企业来说，员工人数指标会明显受到该趋势影响。需要与外部数据对比，为被审计单位职工薪酬的合理性提供参考。如通过下载上市公司年报，将职工薪酬与同行业上市公司的薪酬水平进行对比；通过人力资源和社会保障局文件所公布的平均工资水平，与所在区域的薪酬水平对比；结合当地招聘信息，对相关职位一般认知的薪酬水平等进行对比。这样全方位的对比，对公司的职工薪酬水平进行合理性判断。

5.8　营业收入

收入的体系架构庞杂，无法顾及太多细节，所以本节更多是以通用性的思路来引导新人朋友。

5.8.1　被审计单位的销售模式

生存是企业的首要目标，要生存就需要盈利，想象一下如果我们是生产厂家，产品生产出来，一般会考虑通过什么方式把产品卖出去，这也是我们开始收入审计前要思考的问题，所以我们先要了解被审计单位的主要销售模式。销售模式指的是将商品通过某种方式或手段，送达至消费者的方式，下面做了一张图，新人朋友可以直观看出区别，如图 5-1 所示。

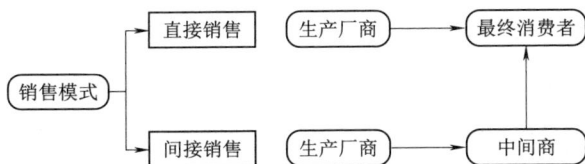

图 5-1　销售模式 1

直接销售，是指生产企业利用自身的销售力量将产品直接销售给消费者或用户，无须中间商介入的销售方式，没有中间商赚取差价。而间接销售具体方式很多，选取几种主要的方式来给新人朋友逐一介绍，先来看图 5-2 进行初步了解。下面的内容也按这个思路进行展开说明。

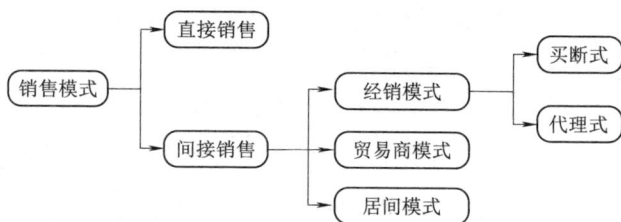

图 5-2　销售模式 2

选取几种主要的间接销售模式来了解。

1. 经销模式

（1）买断式。简单理解，即"一手交钱，一手交货"，如我们在县城里经营豆腐坊，有人批发豆腐到周边的村子卖，至于他到哪里卖，卖多少钱，我们就不用关心了。

企业生产的产品卖出后，所有权转移给经销商，相应的风险与报酬同时转移，买断式经销的收入确认具体原则一般为：企业与客户签订销售合同，根据销售合同约定的交货方式将货物发送客户，客户收到货物后签收确认，企业取得客户的签收单等收货凭据时确认收入。所以在买断式经销模式下，是否存在退货情形，是否真正实现风险报酬的转移，是 IPO 项目审核中常见的问题。

（2）代理式。与买断式经销不同，如我们经营豆腐坊，想拓展销售渠道，最好的方式是与超市合作，请超市代理销售，但超市不会承担相应的风险，只给我们提供销售渠道。

代理式经销模式下，产品的控制权不发生转移，所以企业在向经销商发出商品时不确认销售收入，而是在代理式经销商完成对终端客户销售后，向企业提交委托代销结算单时确认收入。

2. 贸易商模式

（1）贸易商模式主要表现形式。生产企业直接与终端客户沟通产品要求、技术参数等，终端客户根据其交易习惯或供应链管理需要直接指定其供应链体系内的贸易商作为采购平台，贸易商按照终端客户指令进行采购，公司产品直接或通过贸易商发送给终端客户。

既然生产企业直接与终端客户沟通要求，为什么还要通过贸易商采购？不是多此一举吗，这种模式我们需要从终端客户的角度分析。

①交易习惯。如日系企业遵循通过贸易商社采购的惯例。

②供应链管理。贸易商能够为终端客户提供专业的服务，也可以按其要求对不同产品给出价格质量的相对最优方案，同时大型生产商给予的信用期较短，终端客户直接采购会导致资金压力比较大，而贸易商可以进行资金的垫付。此外，终端客户的材料需要全球采购，贸易商可以为其节省成本，提高效率。

（2）贸易商模式与经销模式的主要区别。

贸易商模式与经销模式相似。一般情况下，收入确认政策与直接销售和经销模式中的买断式相同，贸易商将商品发到客户指定地点，经客户签收，核对无误后确认收入，但要看业务实质，注意是否需要采用净额法核算，在后面会举例说明，在此仅提及两者间主要的区别：

我们采用经销方式销售产品，通常会与经销商签订经销协议，协议中可能约定销售指标，同时经销商达到一定销售量或销售金额的情况下，对其进行返利。此外，还会对经销商进行层级管理与定期考核。但与贸易商签订的协议无销售指标要求，自然也不存在定期考核，以及经销模式下普遍存在的返利政策及退货约定等。

3. 居间模式

从定义上看，居间模式是指居间人向委托人报告订立合同的机会或者提供订立合同的媒介服务，委托人支付报酬的一种制度，所以居间商的本质是中介，有一个较好的案例帮助理解被审计单位采取居间模式销售的原因。

以下内容摘自"关于××电梯股份有限公司首次公开发行股票并在创业板上市的第一轮注册反馈意见落实函"。

......

为扩大销售规模，保持市场竞争地位，公司会借助居间商推广业务，居间商主要为公司提供客户对接和催收货款等服务。当居间商协助公司与对接客户成功签订电梯销售合同后，根据销售合同执行进度和回款情况，公司向居间商支付一定金额的代理服务费。

公司采用该种方式销售的主要原因在于居间商具备一定的销售能力及较强的本地化服务能力，可以帮助公司在自身营销网络无法深度覆盖的地区，将产品推广至终端客户，扩大品牌知名度，增加公司的市场份额；部分直销项目甲方具有较高的投标资质要求或要求与电梯生产企业直接签约，如政府机构或大型地产公司。在居间商自身不具备相关条件的情况下，居间商会推介公司直接与甲方签约。公司支付一定的居间服务费以保证居间商自身的合理利润空间。因此，在某种程度上，居间模式可以视为经销模式的替代。

......

（资料来源：深圳证券交易所网站）

5.8.2 内销与外销货物模式的划分

根据常规情形制作了一张简图，如图 5-3 所示（划分标准不适用所有情形，后面会提到例外情形），理解了这张图，遇见非常规情形我们也可以弄清楚区别，我们可以看到常规情况下按是否以企业的名义报关，来划分内销与外销货物，而外销货物出口主要有两种方式，自营出口和代理出口。

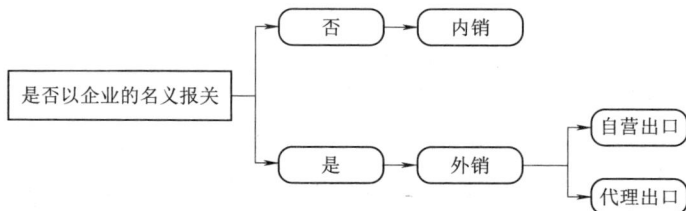

图 5-3　以企业名义报关划分销售形式

1. 内销货物

这里提及内销货物，是因为有一种情形易混淆，外贸公司的代理业务主要是赚取代理费，与货物相关的风险报酬仍属于委托企业，但外贸公司也经营进出口货物，即国外商品进口到国内来销售，或者收购国内商品销售到国外，从中赚取差价，这时与货物相关的风险报酬自交付验收后属于外贸公司。因此，向国内的外贸公司销售货物属于内销，外贸公司再自负盈亏将采购的货物销往国外，此时报关的主体为外贸公司，不同企业可能会有不同的口径来统计数据，我们需要理解这部分内容。

实务中企业外销货物可能同时存在自营出口和代理出口。

（1）自营出口。

简单来说，具备进出口权的企业自行报关出口为自营出口。随着国家对于申请进出口权的政策放开，如我们的豆腐坊升级成豆制品公司，豆腐坊也可以自行申请，然后以豆腐坊的名义对出口货物报关。

（2）代理出口。

代理出口主要是指我们豆腐坊委托出口代理商（外贸公司）代理出口，这种方式也是以委托人（豆腐坊）名义进行报关，即使已经拥有进出口权的企业也仍可能会委托外贸公司代理出口，因为外贸公司在这方面经验丰富而且专业，能够提高效率。

下面案例可以帮我们理解这部分内容。

案例摘自"关于广东××新能源电动车科技股份有限公司首次公开发行股票并在创业板上市申请文件的第二轮审核问询函"

......

相关问题：请发行人补充说明通过外贸服务公司销售对应的客户及金额，该客户是否存在同时通过外贸服务公司和直接与发行人合作的两种模式，如是，请说明同时采用两种模式的合理性，请保荐人、申报会计师发表明确意见，并补充说明核查情况。

相关回复：部分客户存在同时通过外贸服务企业和直接与发行人合作的两种模式，主要原因包括：

（1）发行人在发展前期致力于产品生产，对报关、出口等流程不甚了解，因此委托外贸服务企业销售；后发行人逐步开始自主报关销售，但出于减少失误、提高效率等因素，仍与外贸服务企业维持合作；随着发行人外销业务规模的扩大、外贸业务人员素质的提高、对出口业务管理的提升，发行人在报告期内对前述情况进行规范，并逐渐停止通过外贸服务企业销售；

（2）发行人考虑业务量与业务压力的大小，在实际经营中视业务繁忙程度安排直接销售与通过外贸服务企业销售；

（3）境外客户对售后零配件的到货时效性有较强要求，因此发行人对部分配件订单有时采取直接快递方式销售，而对该客户的整车销售可能系通过外贸服务企业进行。部分客户存在同时通过外贸服务企业和直接与发行人合作的两种模式的原因具有商业合理性。

......

（资料来源：深圳证券交易所网站）

另外，还需要了解有外销业务的大型生产制造企业往往会在中国香港成立子公司或合资贸易服务公司，原因有二：一是香港的地理位置，拥有繁荣的贸易通商港口；二是香港能作为内地企业对外发展的桥梁，更容易获得国外企业的信任和合作机会。同时，因为内地的各种扶持政策，企业在内地工业区以低价获取土地投资建厂，内地的原材料与人工成本也较低，配合出口退税政策，增强了企业的生存能力。

5.8.3　总额法与净额法

了解销售模式后，我们应该知道直接销售和间接销售，一般分别对应两种类型的企业：一是生产型企业，有自己的生产流水线，能够自产自销，也能间接销售；另一种是贸易型企业，自己没有生产线，通过产品赚差价，销售主要为批发形式，一般为中间代理商或经销商。当然也有既生产又从事贸易的企业：一是通过贸易业务能提高自身盈利能力；二是在自身产能无法满足下游客户的需求，所以通过向其他方采购部分产品向客户出售。

当企业向客户销售商品涉及其他方参与其中时，企业应当评估特定商品在转让给客户之前是否控制该商品，确定其自身在该交易中的身份是主要责任人还是代理人。控制该商品的，其身份为主要责任人，用总额法确认收入；不控制该商品的，其身份为代理人，用净额法确认收入。看到销售商品涉及其他方参与时，我们就要马上想到最常见的经销贸易模式，在会计处理上考虑用总额法还是净额法核算的问题。

总额法是按照已收或应收对价总额确认收入，净额法按照预期有权收取的佣金或手续费的金额确认收入，该金额应当按照已收或应收对价总额扣除应支付给其他相关方的价款后的净额，或者按照既定的佣金金额或比例等确定。举个简单例子，A 公司为了拓展销路，选择 B 公司作为其代理商，约定按收入的 10% 向 B 公司支付佣金。假设 B 公司最终向终端用户卖出 100 元的商品，对于 B 公司来说，其代理货物的所有权属于 A 公司，所以商品在转让给客户之前，B 公司并不具有商品的控制权，在该交易中的身份是代理人，所以虽然 B 公司收到了终端客户付款 100 元，但要扣除 90 元后按约定的 10% 来确认收入（已收或应收对价总额扣除应支付给其他相关方的价款后的净额）。在这个过程中 B 公司发生的成本是不变的，如果按总额法来确认 100 元的收入，就会导致虚增收入和利润。如果不能准确判断用总额法还是净额法处理，就无法保证企业收入的真实性和准确性。

我们来简单了解几种常见的净额法核算的业务，主要有受托加工业务、贸易业务、联营业务、代收代付业务、代理业务。其中，代理业务模式比较明显，在此不多表述。

1. 受托加工业务

根据《监管规则适用指引——会计类第 1 号》中"1-15 按总额或净额确认收入"之"二、以购销合同方式进行的委托加工收入确认"，相关规定如下：

"公司（委托方）与无关联第三方公司（加工方）通过签订销售合同的形式将原材料'销售'给加工方并委托其进行加工，同时，与加工方签订商品采购合同将加工后的商品购回。在这种情况下，公司应根据合同条款和业务实质判断加工方是否已经取得待加工原材料的控制权，即加工方是否有权主导该原材料的使用并获得几乎全部经济利益，例如原材料的性质是否为委托方的产品所特有、加工方是否有权按照自身意愿使用或处置该原材料、是否承担除因其保管不善之外的原因导致的该原材料毁损灭失的风险、是否承担该原材料价格变动的风险、是否能够取得与该原材料所有权有关的报酬等。如果加工方并未取得待加工原材料的控制权，该原材料仍然属于委托方的存货，委托方不应确认销售原材料的收入，而应将整个业务作为购买委托加工服务进行处理；相应地，加工方实质是为委托方提供受托加工服务，应当按照净额确认受托加工服务费收入。"

虽然《监管规则适用指引——会计类第 1 号》中说得比较明确，但按图索骥可能导致无法发现问题，因为并不是所有的业务都明确写明这是××业务。实务中要看实质，举例来说，假设 A 公司与 B 公司分别签订了独立的采购和销售合同。合同中约定，A 公司所需的原材料均由客户直接提供，客户对原材料质量负责，并由此承担因原材料质量导致的其他所有责任。A 公司仅需按照客户要求，对客户提供的原材料进行加工，完工交付后根据加工数量收取加工费，我们可以确认为受托加工业务；尽管分别签订了独立的合同，但通过结合购销合同、客户的原料送货清单等内容来看，该业务的采购和销售实质上是同时谈判确定、互为前提和条件、旨在实现一项商业目的的一揽子交易，所以采购和销售合同应当合并为一份合同进行会计处理。综上所述，A 公司无权主导原材料的使用并获得几乎全部经济利益，也不承担除因其保管不善之外的原因导致的该原材料毁损灭失的风险和原材料价格变动的风险等，所以 A 公司对该类受托加工业务应直接核算加工费，以净额法确认收入。如果新人朋友没有发现"既采又销"的情形，恰巧该客户和供应商又不在抽查范围内，就可能会忽略过去。

2. 贸易业务

中间商依托信息不对称、时间及空间差异、客户供应商资源和销售渠道赚取购销差价。其业务模式一般为：企业与上游供应商签订购销合同，预付部分货款，以较低价格采购货物；然后企业与下游客户签订购销合同，以较高价格将货物卖给客户，赚取购销差价，客户在取得货物后的一定期限内向企业支付货款。需要注意的是，判断总额法还是净额法的关键是以"特定商品转移给客户之前是否能够控制该商品为原则"，我们来看下面的两种情形。

情形一：如果 A 公司先从上游供应商采购货物，并且采购的货物已经 A 公司验收入库，然后由 A 公司交付给客户，此时 A 公司负有向客户销售商品的首要责任，货物的毁损灭失等风险均由 A 公司承担，能够完全控制货物，属于主要责任人，所以要采用总额法核算。

情形二：为了节约运输成本，A 公司请上游供应商将相关货物直接运输到终端客户。这种情形下，虽然 A 公司负有向客户提供商品的首位责任，承担运输及客户信用风险等，公司也暂时性地获得商品法定所有权，但公司获得的商品法定所有权具有瞬时性、过渡性特征（企业始终未实际持有货物或仅仅在运输过程中短暂地持有货物），表明公司很可能并未真正取得商品控制权，未真正承担存货风险，属于代理人，所以基于谨慎性原则，应采用净额法核算。

3. 联营业务

联营业务是零售百货行业普遍采用的业务模式。在该模式下，联营供应商与企业签订合同，由联营供应商提供商品在指定区域设立品牌专柜，自聘营业员销售其商品；并按照企业整体规划要求，负责柜台的设计、装修、装饰、布置、维修及维护。企业向供应商提供品牌宣传、促销活动、人员培训等服务。在商品尚未售出的情况下，该商品仍属供应商所有，供应商能够主导商品的使用。例如出售、调配或下架，并从中获得其几乎全部的经济利益，因此拥有对该商品的控制权，是主要责任人，企业不承担商品的跌价损失及其他风险。在商品售出后，企业代收营业款。月末系统根据零售价和合同扣率计算代理费确认收入，同时将扣除代理费后的营业款付给供应商，可以看出，企业在商品转让给客户之前未控制商品，所以企业的角色是代理人，应采用净额法核算。如果企业自行采购商品并进行售卖，则采用总额法核算。电子商务平台企业及以电商平台为依托开展电商业务的企业等，也与企业商业零售联营业务模式类似，结合业务模式和合同约定，判断在将商品销售给客户之前是否取得对商品的控制，然后确定采用总额法还是净额法核算。

4. 代收代付业务

《证监会发布 2021 年上市公司年报会计监管报告》中指出，"……部分上市公司作为物业出租方向承租人收取租金，同时按照承租人消耗的水、电量及市场单价收取水、电费，并按照总额法确认水、电销售收入。对于此类业务，上市公司应判断其在提供服务过程中是否取得了对水、电的控制权，若未取得控制权，其收取的水、电费实质上为代收代付性质，应当按照净额确认收入。"

举一个生活中的例子，类似于我们合租，每次看电表费用不足时，会有一个室友代交电费，然后再向其他室友收取应分摊的费用。这个过程中，室友自己是不产电的，不能主导电力使用；室友也没和供电局达成协议，不需要先预购电力后转售。从这两点来看，室友并没有取得电力的控制权，所以室友只是代收代付，不管我们付给他多少，室友的实际收入都为 0。假设室友自己有蓄电池，先在其他地方付费充满电，然后通过蓄电池给寝室供电，再按成本加价向其他室友收费，不付钱就不供电，这种情况下室友便拥有了对电力的控制权，收入按总额法核算。

实务中也有对应的案例，如物业公司租赁写字楼给 A 公司，并且向 A 公司提供水、电等能源，物业公司按照总表度数向自来水公司和电力公司缴费，然后按 A 公司实际使用量及市场单价计算收取，和室友代交电费同样的道理，物业公司自己不产电，也未预先采购后再转售，不满足"特定商品在转让给客户之前是否控制该商品"的条件，要采用净额法核算。

如果是外购并转售的能源销售业务，如物业公司外购蒸气并转售的供热业务，通过铺设管网连接热电厂与所在园区内的用热企业，外部购入供热蒸气后通过管网销售给企业，销售定价主要是基于采购价格加价调整，结算方为终端客户，满足关于是否拥有控制权的三个迹象的判断：一是企业承担了向客户转让商品的主要责任；二是企业在转让商品之前或之后承担了该商品的存货风险；三是企业有权自主决定所交易商品的价格。因此需采用总额法核算。

5.8.4 收入确认的时点

了解销售模式、总额法和净额法核算后，再来看收入确认的时点。要根据权责发生制的原则，确定是在某一时点确认收入，还是在某一时段分别确认收入。比如普通的货物买卖，交付给买家，经过买家验收后就可以确认收入，签下验收单的日期就是收入确认的时点；如果出租房屋，假设租期为3年，即使企业采取预收款方式一次性收取租金，但企业尚未履行相应的履约义务，所以不满足一次性确认收入的条件，应在履约期内根据一定分摊原则分摊确认收入。

《企业会计准则第14号——收入》（以下简称新收入准则）中关于收入确认的时点规定如下：

第十一条　满足下列条件之一的，属于在某一时段内履行履约义务；否则，属于在某一时点履行履约义务：

（一）客户在企业履约的同时即取得并消耗企业履约所带来的经济利益。

（二）客户能够控制企业履约过程中在建的商品。

（三）企业履约过程中所产出的商品具有不可替代用途，且该企业在整个合同期间内有权就累计至今已完成的履约部分收取款项。

……

1. 软件及服务相关业务收入确认时点

一般来说，交易对象一般是有形的实物商品和无形的非实物商品及服务。实务中大部分交易都是在某一时点履行履约义务，考虑商品是否为通用商品，是否需要安装，对于需要安装调试的商品，安装调试完毕并经客户验收通过后确认收入；考虑是否为定制化且需要安装调试，对于生产建造和结算周期较长、单项金额较大、安装验收流程较为复杂的商品或服务在满足上面三个条件之一的则按履约进度确认收入；类似租房、长期咨询服务这种按在履约期内分摊确认收入就比较容易判断。

下面用软件及服务相关业务收入确认的具体方法来举例，一般的商品和服务同样可以参考，只要把下面的软件二字换成商品即可，主要有四种类型：

（1）通用软件。企业自行开发研制有自主知识产权的软件产品，销售时不转让所有权，有无差异化、可批量复制的特性，不需要安装的以产品交付并经购货方验收后确认收入，需安装调试的按合同约定在项目实施完成并经对方验收合格后确认收入。

（2）定制软件。根据用户的实际需求进行专门的软件设计与开发，此类软件不具有通用性，定制软件需要注意判断是时点法还是时段法确认收入。自新收入准则实施以来，很多企业将原来的完工百分比法变为终验法，根据合同约定在项目实施完成并经对方验收合格后确认收入（新收入准则以控制权转移替代风险报酬转移作为收入确认时点的判断标准，不再使用"完工百分比法"的说法，而是使用"按照履约进度确认收入"的方式，新收入准则下劳务收入及建造合同收入是否仍适用完工百分比法，也是监管关注的问题）。定制软件按时段确认收入的条件和对应的分析如下：①客户在企业履约的同时即取得并消耗企业履约所带来的经济利益。因为定制软件的性质使得客户只有在整个定制项目结束时才能取得经济利益，所以并不满足边履行边受益的原则。②客户能够控制企业履约过程中在建的商品。定制软件服务前期在公司的电脑上进行开发设计后在客户的场所或者设备上运行测试。在开发过程中，客户可能主导该系统的使用，但是客户并不能够合理利用开发过程中形成的程序、文档，并从中获得几乎全部的经济利益。③企业履约过程中所产出的商品具有不可替代用途，且该企业在整个合同期间内有权就累计至今已完成的履约部分收取款项。定制软件的特性使该资产用于其他客户的能力受到实际限制，且通常存在合同限制，导致公司不能将合同约定的软件用于其他用途，因此具有不可替代用途。合同中付款可能根据项目进行的不同阶段分为"预付款""初验款""验收款"等几个部分，但这些仅是对付款时间的约定，即使客户支付的款项不可返还，这些款项的累计金额并不代表公司累计至今已完成的履约部分作出必要补偿的金额。因为在软件开发过程中的各个时点，客户累计支付的对价金额可能低于当时部分完工的项目的售价。因此，企业并不具有就累计至今已完成的履约部分获得付款的可执行权利。

（3）系统集成，即客户订立软件产品销售的同时，为其提供软件嵌入所需的设备配件和安装服务，如果软件收入与设备配件及安装服务收入能单独识别为合同履约义务，则软件收入与设备配件以产品交付并经购货方验收后确认收入。如果软件收入与设备配件及安装服务收入不能单独识别为合同履约义务，则将其一并核算，待系统集成于安装完成并经对方验收合格后确认收入。

（4）技术服务收入，主要是指按合同要求向客户提供技术咨询、实施和产品售后服务等业务，技术服务收入在提供劳务，收到价款或预期能够收到价款时，于服务一次性完成时或于提供服务的期限内分期确认劳务收入。

2. 外销货物收入确认时点

无论是内销还是外销货物收入确认，前面的内容都适用，只是外销货物多了一些需要了解的内容。

（1）报关单与提单。报关单与提单是外销货物核查的关键单据。

①报关单。简单来说，报关是指进出口货物装船出运前，向海关申报的手续。进出口货物报关单的定义：进出口货物收发货人或其代理人，按照海关规定的格式对进出口货物的实际情况作出书面申明，以此要求海关对其货物按适用的海关制度办理通关手续的法律文书，如图5-4所示。我们来看其中包括的内容，就知道为什么用来核查外销货物收入了。

中华人民共和国海关进口货物报关单（仅供参考）

预录入编号：　　　　　　　　　　　　　　　　海关编号：

收发货人		进口口岸	进口日期	申报日期
消费使用单位		运输方式	运输工具名称	提运单号
申报单位		监管方式	征免性质	备案号
贸易国（地区）	起运国（地区）	装货港		境内目的地
许可证号	成交方式	运费	保费	杂费
合同协议号	件数	包装种类	毛重（千克）	净重（千克）
集装箱号	随附单证			
标记唛码及备注				
项号　商品编码　商品名称　规格型号　数量及单位　原产国（地区）单价　总价　币制　征免				
特殊关系确认：　　　　　　价格影响确认：　　　　　　支付特许权使用费确认：				
录入员　　录入单位	兹申明以上内容承担如实申报、依法纳税之法律责任 申报单位（签章）		海关批注及签章	

图5-4　报关单

②提单，简称B/L（bill of lading），是企业境外销售的主要物流单据，也是企业境外销售的主要确认单据。企业根据提单记录确认境外销售与物流运输记录是否匹配。举个例子，比如我们的豆腐坊产品远销国外，将产品交给客户指定的承运人发货，承运人签发提单。这个提单有两个作用：一是证明货物已经交给承运人，是货物收据；二是对于客户来说，可以凭提单提取

货物，是物权凭证。提单一般为一式三份，三正三副，正本提单上有承运人出具的签单章和签字，一般是由发货方寄往收货方（两份正本、两份副本），收货方凭该正本提单提货。企业自留一份以防提单在邮寄过程中丢失。提单副本（复印件）作为退税凭证，正本提单在收货方提货之后失效。正文提单也是核查外销货物收入的重要证，如图 5-5 所示。

shipper （托运人）		B/L No.			
consignee （收货人）					
notify party （通知人）					
pre-carriage by （前段运输）	place of receipt （装货港）				
ocean vessel voy. no. （船名及航次）	port of loading （交货地）	original combined transport bill of lading			
port of discharge （卸货港）	place of delivery （交货地）	final destination for the merchant's reference （目的港）			
marks （唛头）	nos& kinds of pkgs （包装种类及数量）	description of goods （货物名称）	gw.（kg） （毛重）	meas（m³） （体积）	
total number of containers or packages（in words）（总件数）					
freight & charges （运费）	revenue tons （运费吨）	rate （运费率）	per （计费单位）	prepaid （运费预付）	collect （运费到付）
prepaid at （预付地点）	payable at （到付地点）	place and date of issue （出单地点和时间）			
total prepaid （预付总金额）	number of original（s） （正本提单的份数）	signed for the carrier （承运人签名）			
date （装船日期）	loading on board the vessel by （船名）	××运输（集团）总公司 ××shipping（group）co.			

图 5-5　正本提单

2. 外销货物流程

这部分主要介绍一般情形下的常规外销货物流程，使新人朋友心中有个大致框架，以便理解其他部分内容。常规流程为：接单→核实信息→生产→发运→报关→邮寄提单与记账。具体流程如下。

（1）接单。外销客户根据需求向企业发出订单。

（2）核实信息。收到订单后，核实包括货物型号、数量、交货日期、信用政策等订单信息。

（3）生产。订单信息核实无误后，根据订单组织生产。

（4）发运。货物生产完成后，由企业外销部门开具发货通知单，外销部门人员根据审批后的发货通知单陪同货运代理公司到仓库提货、装箱。

（5）报关。货运代理公司将货物运至港口码头，同时销售人员将合同、装箱单、报关单信息等报关资料交给货运代理公司，由其交给海关报关人员报关。报关完成后，货物装船离港，货运代理公司将货运费用清单、报关单、提单交付销售人员。

（6）邮寄提单与记账。将提单等资料邮寄给客户，同时企业财务部根据报关单、提单信息，开具发票，记账并确认收入。

3. 收入确认时点

无论采用哪种方式销售，收入的确认主要是看销售合同中贸易方式的具体约定，即按《国际贸易术语解释通则》的相关规定确认收入，列示一些常见贸易方式及收入确认时点供大家参考，见表5-17。

表5-17　常见贸易方式及收入确认时点

贸易模式	风险转移与物权交付的时间点	收入确认时点
FOB free on board： 船上交货 （指定装运港）	企业须在合同规定的装运期内在指定的装运港将货物交至客户指定的船上，并负担货物越过船舷以前的一切费用和货物灭失或损坏的风险。在此种贸易方式下，货物在装运港被装上指定船时，风险即由企业转移至客户	出口报关后的海关提运单上记载的时间为收入确认时点
FCA free carrier： 货交承运人 （指定目的港）	是指企业将货物在指定地点交给客户指定的承运人，并办理了出口清关手续，即完成交货。在此种贸易方式下，企业只要将货物在指定港口交付客户承运人，风险即由企业转移至客户	

贸易模式	风险转移与物权交付的时间点	收入确认时点
CIF Cost, Insurance and freight: 成本、保险费加运费（指定目的港）	是指企业须在合同规定的装运期内在装运港将货物交至运往指定目的港的船上，负担货物越过船舷以前的一切费用和货物灭失或损坏的风险，并办理货运保险，支付保险费，以及负责租船订舱、支付从装运港到目的港的正常费用。在此种贸易方式下，货物在装运港被装上指定船时，风险即由企业转移至客户	出口报关后的海关提运单上记载的时间为收入确认时点
DDU/DAP delivered duty unpaid/ delivered at place: 未完税交货/目的地交货（指定目的地）	是指企业将货物运至进口国指定目的地交付给客户，不办理进口手续也不从交货的运输工具上将货物卸下，即完成交货。在此种贸易方式下，自指定目的地交货时起货物灭失或损坏的一切风险由客户承担	出口报关后，按货物签收单上签字日期为收入确认时点
DDP delivered duty paid: 完税后交货（指定目的地）	是指企业将货物运至进口国指定地点，将在运输工具上尚未卸下的货物交付给客户，企业负责办理进口报关手续，交付在目的地应缴纳的任何进口"税费"，企业负担将货物交付给客户前一切费用和风险。在此种贸易方式下，自指定目的地交货时起货物灭失或损坏的一切风险由买方承担	
EXW ex works: 工厂交货（指定地点）	指企业将货物从工厂（或仓库）交付给客户，除非另有规定，企业不负责将货物装上客户安排的车或船上，也不办理出口报关手续。在此种贸易方式下，客户负担自公司工厂交付后至最终目的地的一切费用和风险	按送货单记载时间或者客户提走货物的时间为收入确认时点

不同的贸易方式下可能有不同的收入确认时点，所以要仔细核查合同中约定的贸易方式及相关条款，看风险转移与物权交付的时点来确定，企业在实务中也有不同的处理方式，所以还是需要具体情况具体分析，以下几种收入确认时点可供参考。

（1）自营出口。

①以报关单或提单取得日期作为收入确认时点。一般来说，在通知企业将货物发运前，客户会收到样品，并委派技术人员或工程师到发行人厂区进行验收，验收合格表明企业产品已符合客户质量验收的实质性条件。此时，客户会出具签署技术合格的技术文件，并通知企业将货物发运报关。此外，客户也可能委派第三方进行验收，所以一般来说，外销货物在报关前已进行实质性验收。因此，外销货物一般以报关单或提单取得日期作为收入确认时点，而不以验收时间为确认时点。

②以验收为收入确认时点。对于需要安装的设备，仍根据验收法确认外

销收入，即企业将设备报关出口并交付给客户，完成安装调试服务并取得客户签署的设备移交单后确认收入。

下面以验收为收入确认时点的相关案例。

案例摘自"关于浙江××纺织机械股份有限公司首次公开发行股票并在创业板上市申请文件的第一轮审核问询函"。

……

相关问题：补充披露以移交单作为收入确认依据是否与外销合同条款相符，是否符合行业惯例。

相关回复：对于外销货物，同行业公司的收入确认时点存在差异，本公司的外销货物收入确认时点为产品交付后通过了客户验收并取得纺织机械设备移交单的日期。因此，公司的外销货物收入确认时点与同行业可比公司存在差异。

公司根据设备安装调试完成并经客户验收确认后签署的设备移交单作为收入确认依据。公司与客户签订的销售合同中约定了安装调试条款，公司具有协助客户完成设备安装调试的合同义务，且该项义务与公司纺织设备的销售具有高度关联性。根据合同条款，设备安装调试完毕并经客户验收确认后，与设备相关的风险和报酬才转移至购货方（客户）。……因此，虽然公司以设备安装调试完成并经客户验收确认后签署的设备移交单作为外销货物收入确认依据，与同行业可比公司存在差异，需要额外承担境外客户安装调试的部分成本费用，但是增强了公司境外销售的竞争力，符合公司实际情况以及与客户签订的销售合同中约定的安装调试条款，符合《企业会计准则》的相关规定。

……

（资料来源：深圳证券交易所网站）

---

③以取得预录入单而非报关单确认收入。这种有点类似于拟录取名单公示，被刷下来的可能性很小，只差一个正式通知。举一个合适的案例，可以顺便学习预录入单与报关单的区别，相关案例如下。

摘自"关于南京××高端制造股份有限公司首次公开发行股票并在科创板上市申请文件的第一轮审核问询函"。

......

相关问题：请发行人说明采用 FOB、CIF 方式的收入确认为取得预录入单而非报关单的原因及合理性。

相关回复：①采用 FOB、CIF 方式的收入确认为取得预录入单而非报关单的原因及合理性，公司外销产品在海关报关后即可从海关系统打印《中华人民共和国海关出口货物报关单》，公司称该报关单为预录入单。在一般情况下，公司取得该报关单的日期为出口报关日，其次日为出口货物离境日期。货物离境后海关将更新《中华人民共和国海关出口货物报关单》，该报关单与预录入单的出具日期，报关单号等信息完全相同，唯一的区别为该报关单中包含有出口日期，而预录入单中没有出口日期。一般情况下，公司取得海关更新完成后《中华人民共和国海关出口货物报关单》的等待时间为 15～60 天不等，存在一定的滞后性。因此，在采用 FOB、CIF 方式下，公司预录入单的出具时间与货物离境的时间一般情况下仅相差 1～2 天，以预录入单出具的时间确认收入具有客观性和准确性。

②根据《企业会计准则第 14 号——收入》的有关规定，销售商品收入同时满足下列条件的，才能予以确认：企业已将商品所有权上的主要风险和报酬转移给购货方；企业既没有保留通常与所有权相联系的继续管理权，也没有对已售出的商品实施有效控制；收入的金额能够可靠地计量；相关的经济利益很可能流入企业；相关的已发生或将发生的成本能够可靠地计量。

公司在取得预录入单的时点，货物已交付给承运人，自交货时起货物灭失或损坏的一切风险已转移至买方，符合《企业会计准则》关于收入确认的有关规定，即"企业已将商品所有权上的主要风险和报酬转移给购货方；企业既没有保留通常与所有权相联系的继续管理权，也没有对已售出的商品实施有效控制"。

③公司自成立以来一直采用该方法确认收入，保持了一致性，且一直以来均不存在报关不成功等退货事件发生。

......

（资料来源：上海证券交易所网站）

（2）代理出口。为提高销售效率，节省管理成本，减少报关差错率，被审计单位与境外客户达成意向订单后，由被审计单位委托专业的外贸公司代办理出口报关、收款、结汇等业务，风险主体仍然在企业而不是外贸公司。

收入确认时点一般为：出口货物运至港口后，通过代理公司进行报关出口，在货物报关离港并获取电子口岸信息后，依据报关单据、电子口岸信息、货运单据等确认收入。

（3）外贸公司。这部分内容主要介绍销售给境内外贸公司和通过外贸公司销售到境外两种情形下的收入确认时点，比较容易混淆，需要学会区分。

①销售给境内外贸公司：外贸公司经营进出口业务，收购国内商品销售到国外，赚取的是买卖差价而不是代理服务费，此时企业销售商品经外贸公司验收无误后，相应的风险报酬已经转移，由外贸公司以自营的方式报关，取得外贸公司签收单即可确认收入。

提示：如果产品质量过关，为了节约成本，后期通过外贸公司采购企业产品的国外客户可能会直接联系该企业进行采购，内销就会变成外销，导致内销收入减少，在分析内销外销收入时可考虑这个问题。

②通过外贸公司销售到境外：一方面，因为存在从采购的限制性条件或为规避由于对市场不熟悉和语言障碍等因素所带来的风险，境外终端客户通过指定境内采购代理商（采购代理商不一定是外贸公司，但业务范围包括进出口业务）采购，但出口以被审计单位名义进行报关，此时为间接方式出口的外销业务，收入确认时点可参考自营出口；另一方面，即使被审计单位已被加入终端客户的合格供应商名录，但很多大型跨国集团（终端）的采购通过其各自指定的国内贸易代理公司或国内子公司进行，企业将产品直接销售给国内贸易代理公司或其国内子公司，由这些公司进行后续出口流程操作，这种往往是 EXW 模式，这种模式会导致企业的外销收入数据与报关数据不一致，因为没有以企业的名义进行报关，但仍属外销业务，来看一个相关案例：

摘自"关于北京市××医疗器械股份有限公司首次公开发行股票并在科创板上市申请文件的第二轮审核问询函"

......

相关问题：报告期内，发行人海关报关金额均低于境外销售金额。

相关回复：2018 年合作初期，发行人与××医疗公司通过邮件方式确认交易模式为工厂交货，并确定交货地点为发行人通州工厂。

根据《国际贸易术语解释通则》（2010 年），"工厂交货"（EX
Works，缩写 EXW）模式下，当卖方在其所在地或其他指定地点（如工
厂、车间或仓库等）将货物交由买方处置时，即完成交货。卖方不需要
将货物装上任何前来接收货物的运输工具，需要清关时，卖方也无须办
理出口清关手续。买方承担自指定交货的地点起收取货物所产生的全部
费用和风险。

因此，在发行人与××医疗公司的交易中，交付货物后即完成控制权
转移、买方负责后续报关、买方负责运输费用等方式与工厂交货模式的约
定一致，符合国际贸易惯例，具体交付对象由双方邮件确认，报告期内均
由发行人在通州工厂交付给××航空货运公司（以下简称"DHL"公司）。

在具体操作中，发行人于通州工厂将货物交付给 DHL 公司后，由
DHL 公司负责委托第三方报关公司完成报关，该模式下发行人仅需在指
定地点完成交付即不再承担后续运输出口等相关风险与责任，交付货物
后即完成控制权转移，且由××医疗公司自行委托报关，运输费用亦由
××医疗公司自行承担。××医疗公司亦出具了确认函对上述约定进行
了进一步确认。

......

（资料来源：上海证券交易所网站）

5.8.5　收入的核查

下面讲解内销与外销货物的收入核查方法。

1. 销售细节测试思路

销售细节测试是收入审计的必做程序，能够同时核查应收账款与营业收
入，我们来了解细节测试的思路，知道切入点在哪里，不仅要会做，还要做
得有条理。

审计过程中会接触一些大型集团公司项目，集团公司是为了一定的目的
组织起来共同行动的团体公司，是指以资本为主要联结纽带，以母子公司为
主体，以集团章程为共同行为规范的，由母公司、子公司、参股公司及其他
成员共同组成的企业法人联合体。一般来说，在集团这一级上没有具体业务，

主要是制定发展战略和长期规划，为了便于管理，集团下面分别设立不同业务的子公司，子公司虽然有经营自主权，但受集团母公司控制。所以我们要核查收入，就要先去了解被审计单位的经营范围、股权结构，搞清楚各个公司负责的业务类型。

项目开始，我们会获取企业提供的销售台账，但需要我们自己整理成简洁清晰的格式，最起码要有两张可以汇总信息的表格。第一张汇总表要求清楚展示按收入确认方式（履约进度、时点法）、产品类别、销售区域（境内境外，境内按地理区域划分）等不同维度的收入成本的汇总金额，方便做分析程序，以及报告披露和回复内外部问询。第二张汇总表要有业务种类、收入确认方法、收入确认时点、收入确认依据等展示关键信息，然后分门别类地进行收入细节测试。这样的查验思路清晰，不易混淆，而且方便内部和外部人员检查。

2. 细节测试核查方法

一般以销售台账为起点进行查验，销售台账包含的信息有：客户名称、合同号、合同金额，产品名称、产品型号、产品数量、销售出库单号、物流单号、开票日期、销售发票号、付款日期及付款形式、付款金额及对应的入账和回款的日期、凭证号、科目名称、入账金额，核对时只需要抽取选中的会计凭证就可以获取全部核查信息。如果销售台账中缺少我们需要的信息，要请企业进行补充。在核查前，销售台账各项收入明细要和账面营业收入发生额核对一致，然后选取样本并抽取明细对应的会计凭证（前面已经讲解了抽样方法，但实务中可能并不会按科学的方法选样，一般情况下抽取营业收入发生额80%以上，并无固定的比例，但IPO项目并不能像普通年审那样，即便通过重要性水平等进行科学选样，也可能出现审计风险，所以往往需要抽查更高的比例或是全查），通过检查原始单据核实业务的真实性和销售金额的准确性。销售细节测试表格示例见表5-18。

表格较长，实务中根据实际情况删减，在细节测试后一般不需要额外制作会计凭证查验底稿了，但涉及异常的业务仍需抽取，如与业务无关的往来款项、企业自行调整的会计分录等，我们继续介绍细节测试的核对思路。

最基础的资料是出库单、销售合同、发票、账面金额之间核对：货物名称、数量、规格是否一致；销售合同记载的各项销售单价与发票记载的各项单价是否相一致；账面销售金额与发票不含税总价是否相一致；账面销售金额与出库单数量、销售合同单价的乘积是否相一致。

表 5-18　销售细节测试表示例

序号	主体	年份	收入类型	收入地区	客户名称	排名	账务处理							出库单	报关单			提单			发票		签收单		回款			核查情况（若已提供，请画√）									审核说明	索引
							凭证日期	凭证号	摘要	科目名称	金额（不含税）	金额（含税）	产品大类（一级）	发货数量	单号	金额	日期	运费和其他费用	日期	编号	日期	结算数量（到货数量）	签收日期	确认期间	凭证日期	凭证号	金额	合同	客户回款单	销售订单	交货单	过磅单	收货签收单	发票	收入记账凭证	回款凭证		

商品销售一般要办理出库、物流运输、客户签收、客户验收，分别对应的会计凭证为存货出库单、快递面单、客户签收单、客户验收单。如果是外销货物，则增加核查出口报关单。重点关注时间，如存货出库日期为某年1月10日，但验收单日期为某年1月1日，尚未出库就已经验收，明显不符合逻辑。同时关注账务处理日期，如存货出库单日期和存货结转分录日期是否一致，客户验收单日期是否和收入确认日期一致，但并不要求客户开票日期与账务处理日期、出库单日期相一致。需要注意的是，并非所有的收入确认都以验收单时间为准。如一些小配件，本身金额较小，结合过去情况，也未发生退货情形，签收即视为验收，此时不必纠结于最终验收单，有合理解释即可。

关注收入确认时点是否准确。部分拟IPO企业仍以开具发票作为收入确认的时点，且存在未发货即提前开票确认收入的情形，这也是关注业务流程顺序是否符合时间逻辑的原因。预开票确认收入的同时结转成本，成本金额按预开票收入的金额预估确定，未发货即将存货结转成本不符合成本确认条件，也导致存货和成本核算不准确。

关注收入确认关键要素是否完整。实务中被审计单位常有货物销售完成后，未获取收货确认单，或收货确认单存在未盖章、未签署日期等关键要素缺失的情况，也未获取最终版客户盖章或签字的验收单据。

无论是外销还是内销货物，要关注是否真正实现收入，要确定货物已销售给终端客户。对于买断式销售，会存在贸易商出于保密的需要，而拒绝提供销售证据，此时要获取企业销售给贸易商确认收入的单据，还需对主要贸易商、终端客户进行函证、走访。除此类情况外，对于外销货物，获取并核对主要贸易商客户收入确认的依据等资料，核对出口报关单及提单注明的运抵国（地区）、指运港（地区）、卸货港、交货地等相关信息，确认主要贸易商销售基本为直接发货至终端客户。

3. 外销货物收入的其他核查程序

除以上通用的核查程序外，对外销货物还需要核查报关台账、出口退税、投保数据。

（1）核查报关台账。获取审计期间内的报关台账，并与境外销售收入明细账进行核对，同时独立登录海关电子口岸信息系统（中国电子口岸）。通过查询海关电子口岸信息，并与被审计单位境外销售收入进行比对，几种存在差异的常见情况如下：①外销货物的收入与海关出口报关数据存在时间性差异；②非买断式经销的收入与当期海关出口数据存在差异（非买断式销售需要产品最终销售给终端客户才能确认收入）；③未通过企业进行报关。

（2）核查出口退税。获取被审计单位适用的出口退税率，关注被审计单位出口退税金额占出口退税申报收入的比例是否和出口退税率匹配。

下面来看一个出口骗税的案例，摘自"上海××股份有限公司《关于请做好相关项目发审委会议准备工作的函》的回复"。

······

2009 年，蒋某在担任申请人全资子公司新申达公司业务员期间，违规接受以姚某为实际控制人的厦门××贸易有限公司、福建厦门××集团有限公司委托，以新申达公司的名义为其提供代理 25 笔皮革出口服务；该出口业务系虚假贸易，无货物实际离境出口，涉及货值 1 522.73 万元，对方获退税 243.44 万元；另有 1 420.59 万元货值的皮革未予出口，按姚某指示转内销处理，不涉及出口退税事宜。此外在办理采购自姚某实际控制的厦门××贸易有限公司的石刻制品和服装出口过程中，向其提供了空白报关单，由其自行填写报关内容，涉及出口退税金额 1 317.28 万元。根据有关法规，提供空白报关单的出口贸易视为代理出口服务，已办理的出口退税款需予以追回。

几年后，前述皮革产品的供应商之一××新皮业有限责任公司因涉及虚开增值税票被税务机关稽查，稽查过程中发现其与新申达公司进行的上述皮革出口业务系虚假贸易，无货物实际离境出口，因此主管税务稽查机关上海市国税局第六稽查局对新申达公司展开稽查。此外，因相关主体在上述业务中涉及骗取出口退税情形，公安机关亦对此予以立案侦查；在对新申达公司及相关人员调查后，公安机关对蒋某实施刑事拘留。

······

（资料来源：上海证券交易所网站）

（3）核查投保数据。我们需要了解中国出口信用保险公司（以下简称中国信保），它是中国政策性金融业机构之一，也是中国唯一一家从事出口信用保险业务的保险公司，为了保证境外销售回款可靠性，被审计单位一般针对国外客户有账期的业务投保信用保险，"中信保投保数据与发行人境外收入数据的匹配性"是 IPO 审核中常问的问题，但该保险并非外销业务中的强制险种，在出口销售规模较小、境外客户资信状况良好等情况下，被审计单位并不一定投保，所以中信保投保数据与发行人境外收入数据并非一定具有匹配性，如投保，则获取保险合同、单据进行核查。

5.8.6　审核前五大或前十大客户

一般会选取前五大或前十大客户进行重点查验，分析前 N 大客户各年度收入占比情况、排名变动情况原因等。提到前 N 大客户，我们需要了解一下客户集中度，比如被审计单位共有 10 个客户，每个客户的销售额占总销售额的比例均为 10%，这样的客户集中度就较为分散，收入并不存在特别依赖某一个客户的情况，即使某家客户经营情况出现问题也不会对被审计单位有重大影响；如果某客户一家就占被审计单位收入的 50% 时，这样的客户集中度就较高。如果该客户出现问题，那被审计单位也要连带着受到重大影响。试想，如果当年的利润突然减半，投资者会怎么想？所以对于申报 IPO 的企业，客户集中度较高是证监会重点关注的问题，若发行人存在客户集中度较高情形的，其合理性、客户的稳定性和业务的持续性会被重点关注，但也要关注客户的类型。国有企业业务来源既稳定又可靠，因此客户集中就存在合理性，也算是一项加分项。

向前 N 大客户销售的产品一般为企业的主要产品，比较具有代表性，所以需要整理出前 N 大客户的销售合同，并摘出合同中的关键条款，识别风险报酬转移控制权的时点，关注验收条款是否明确。实务中，很多时候被审计单位自身并非为客户唯一的供应商，客户也可以选别的供应商来替换被审计单位，所以被审计单位往往处于弱势地位，购销合同的模板用客户的模板签订，可能存在一些不适用的条款或验收等关键条款不明确，这就要根据实际情况，考虑是否需要建议企业和客户签订补充协议。

5.8.7　毛利率分析

毛利率分析需要结合成本一同查验，在销售台账中增加各笔订单对应的成本金额列，关注收入成本是否配比，订单收入和成本汇总金额要与账面相关科目金额一致。不配比常见的原因有两种：一是匹配问题，如销售给客户两种及两种以上不同类型的产品时，未对不同产品的收入拆分，匹配各类型产品的成本时，未按不同销售产品的出库成本进行匹配；二是对附有客户额外购买选择权（销售激励、客户奖励积分、未来购买商品的折扣券及合同续约选择权等）的销售，没有将交易价格分摊至该履约义务，而是商品出库直接结转至主营业务成本，没有对应的收入。导致有此情况的月份成本较其他月份偏高，不能反映实际毛利情况。

通过混合了所有类别产品、并有成本金额列的销售台账，用数据透视表即可作出以下分析：

（1）年度毛利率对比。将本期的各类别产品主营业务收入与上期的主营业务收入进行比较，分析产品销售的结构和价格变动是否异常。这一步是为了查看历年的毛利率水平是否稳定，当出现异常时需要进一步拆分，如企业主要生产 A 产品，A 产品有 A-1 和 A-2 两种型号，不同型号的产品又由多个合同组成，所以我们需要继续作出按合同号或订单号划分的毛利率对比，查询每一笔订单的毛利变动情况，用该产品类别的平均毛利率减去单笔订单的毛利率，就可以知道是否存在单个订单毛利率是否偏离产品大类的毛利率。如果有异常，很可能是该笔订单的收入或成本存在问题。一般来说，成本出现问题的概率更大一些，因为订单收入金额往往直接按合同录入即可，而成本需要多个步骤的结转。如果收入存在跨期问题，成本也需同时调整至正确的期间。

（2）月度毛利率对比。比较本期各月各类主营业务收入的波动情况，分析其变动趋势是否正常，是否符合被审计单位季节性、周期性的经营规律，查明异常现象和重大波动的原因，进一步查验思路与年度毛利率对比相同。

（3）前 N 大客户年度、月度毛利率对比。在同样市场环境下，前 N 大客户毛利率当年的下降或上升趋势应该基本一致。

（4）同行业对比。将各期总毛利率、主要产品的毛利率与同行业企业进行对比分析，分析偏低或者偏高的原因。

在常规的审计程序中，还需要将增值税纳税申报表上申报的收入，与实际收入金额比较，检查申报开票收入和未开票收入合计是否和账面一致。在 IPO 审计中，如果财务基础过于薄弱，拟 IPO 企业可能会涉及很多调整。企业通过系统进行反结账调整以前错账，然后用调整后的报表去税务局申请修订原申报报表，也需要获取重新申报后的增值税纳税申报表与审定后数据进行核对。

5.9　存货与营业成本

对于生产制造企业来说，存货是资产负债表占比较大的科目，也是审计的重点和难点，与营业成本紧密相连，所以这两个科目在一起讲解比较合适，生产制造业的成本核算要经过结转，要比其他行业的成本核算复杂许多，营业成本的结转时点跟随收入确认时点，所以本节内容基本上集中在存货上。本节主要介绍存货计价测试、存货审计常见问题、存货的减值。

因为存货是实物资产，所以除了核查金额，还要检验数量，虽然通过监盘可以验证，但并不能说明存货的控制权归属于被审计单位，所以存货要进行采购查验，主要是对外购的原材料和库存商品进行检查。一般来说，生产制造企业主要采购原材料加工生产成库存商品，采购库存商品占外购存货的比例很小，如企业自身的产能不足，可能会向同行业公司采购商品，然后销售给客户。我们可以从采购台账中选取金额占比较大的物料进行查验，请被审计单位提供对应的会计凭证，检查会计凭证后附采购合同、采购发票、入库单，确认存货的所有权及入账的金额，具体查验关注点可以看应付账款中的采购细节测试部分。

监盘过程中主要是看存货的实际数量是否和账面记录一致，但数量正确不意味着金额正确，我们已经知道存货的实物流转与成本流转并不一致。在流转的过程中，原材料中又加入了人工成本和制造费用等形成了新的存货，所以不能直接通过采购合同中的金额来确定期末存货的金额，这就要通过存货计价测试来检验期末金额的准确性。监盘中还需要检查存货的状态，但对于一些精密零件等特殊存货，审计师没办法判断存货的质量，也无法判断是否能正常使用，这也是实务中欠缺的部分。

5.9.1　存货计价测试

首先，要知道库存流水和收发存汇总表。库存流水和序时账的登记道理相同，按时间顺序记录每一笔存货的出库入库情况。采购或生产等入库，生产或研发等领料都可以在账面上找到对应的流转分录，在编制成本倒轧表时由库存流水生成各类别存货的收发存汇总表，类似于序时账生成科目余额表一样，展示存货期初、入库、出库、期末余额。期末收发存汇总表的余额和账面期末存货余额要核对一致。

存货计价测试方法有：个别计价法、月末一次加权平均法、先进先出法、移动加权平均法，其中个别计价法是假设存货的成本流转与实物流转一致，按照各种存货，逐一辨认分批发出存货和期末存货所属的购进批别或生产批别，分别按其购入或生产时所确定的单位成本作为计算各批发出存货和期末存货成本的方法，虽然成本核算准确，但是不利于大批量存货成本的核算，如组装一辆自行车，需要各种各样的原材料，如果每一种材料都要单独记录，那耗费的时间和人力成本可想而知，所以个别计价法一般适用于特定的项目专门购入或制造并单独存放的存货，以及购入批次少、容易识别、单位价值较高的贵重物资，采用此种方法计价的存货只需要进行存货采购查验，存货的成本流转与实物流转相一致，不需要进行计价测试。阅读对比各方法计算的结果差异及对成本金额的影响，有利于提升对成本核算的整体认识，不在此赘述。

其次，要了解被审计单位的存货计价方法，因为不同的计价方法对成本的影响不同，尤其是拟 IPO 企业，要关注是否与同行业可比公司的计价方法存在差异。如果不符合行业惯例也无合理理由就需要企业重新梳理核算了。存货计价测试选取占期末余额比例较大的原材料及库存商品进行测试，获取期末存货收发存汇总表，然后筛选出测试的存货类别后把对应数据填入测试底稿，存货计价比例一般不低于 60%，若测试比例过小需写明原因。如果出库成本和加权平均测算的出库成本金额不一致，说明企业的存货结转有问题，如原材料出库成本是 10 元，实际测算出的却是 5 元，相当于下一步骤多结转 5 元，最终导致营业成本增加 5 元。

最后，发现计价结果存在异常时，主要考虑入库和出库两方面：一方面可能是采购入库时的数量或者金额录入有误，可以对比主要原材料各月单价的波动情况，然后找到采购原料的主要供应商，再进一步检查采购合同核实；另一方面是出库记录的金额和数量，同样对比出库主要原材料各月单价的波动情况，核实异常月份该材料的出库单。核对确实有误的，如少结转原材料成本，要区分这些原材料生产出来的产品是否销售出去，如果都销售出去了，就需要调增营业成本；如果都没有卖出去，则调增库存商品或生产成本；如果部分销售出去，部分形成库存商品部分销售，就需要确定哪些存货调增营业成本或库存商品及生产成本。库存商品则是区分客户是否已验收，若是未验收，存货已出库，但客户尚未验收时作为发出商品，调增或调减发出商品。

若是已验收，账面的发出商品已结转到营业成本，根据计价测试结果调增或调减营业成本。

5.9.2 存货审计常见问题

重点关注存货是否存在较大差异的账实不符、账账不符的情况，通过监盘可能发现账面与实际库存存在较大差异，即账实不符；由供应链端导出的存货收发结存金额与总账存货结存金额不一致，即账账不符。监盘时发现的实物库存与账面库存的差异，比如已办理出库，但未及时领走，盘点开始后新入库的存货，存货放错库位等。这些都是小问题，通过解释及获取单据就可以解决。但实务中可能存在被审计单位的存货管理及核算混乱的问题，拟IPO企业经常会有这种情况，存货采购入库、生产领料、完工入库、销售发货等流程均未及时、完整、准确记录和管理，从而要花费大量时间进行成本重算，在此简单谈下拟 IPO 企业存货审计常见问题，可以关注常规审计是否存在类似情况。

（1）实物管理缺失，实物出入库与系统核算脱节。原材料采购到货未办理入库便直接由生产领用，仓库原材料系统已办理领料手续生产未及时领走；仓库已办销售出库手续，货物未及时发走，且未发存货未与仓库内存货分别摆放，难以区分；集团内公司互相借调产品无相关记录，而是依赖人工记忆等情况。

存在材料由非采购部门人员自行采购的情况，未及时办理入库而直接领用的情况，材料领用缺乏管理，生产及研发人员随用随领，研发领料及生产领料未作区分，且已领料产品属于在产状态还是仓库库存难以区分，财务账面未按实际情况进行存货核算。

（2）存货计价方法不统一。集团内公司存货核算政策不统一，如 A 子公司存货计价采用先进先出法，B 子公司按月末一次加权平均法计价。或者同一个主体处于不同地区的库房采用不同计价方法。拟纳入合并报表的集团内公司，应按照统一的存货计价方式核算，建议被审计单位参考同行业可比公司，制定适用公司业务情况的存货计价方式。

（3）系统录入信息缺乏审核。订单信息及入库信息均为人工录入，缺乏审核，存在物料代码、单价等信息录入错误的情况。

（4）原始单据未妥善保管，记账凭证后缺少原始凭证并作为记账依据。

（5）业务体外循环。对于客户无须发票的商品销售业务，货物在供应链端出库，但未在总账系统确认收入并结转成本，而是通过体外循环完成业务并收回货款，导致存货收发存结存金额与账面金额不一致。

（6）产品 BOM（bill of materials，物料清单）清单更新不及时。BOM 列表未跟随产品的设计和变更及时更新，导致生产理论领料与实际领用存在差异，应建议被审计单位加强 BOM 系统的管理。根据实际生产情况，对标准 BOM 与实际生产存在较大差异的情况，及时更新 BOM 系统。

（7）存在存货减值风险。仓库存放大量由于产品更新换代积压的原材料、产成品等存货，存货长期呆滞，但账面未计提减值准备，建议被审计单位定期盘点、核查存货状况，对确实无法使用或对外出售可能性极小的存货经批准后及时清理，真实反映账面存货情况的同时节约仓库空间。对长期呆滞的存货，无法合理估计未来是否具有使用或出售价值的，与其他存货一并按《企业会计准则》要求定期进行存货减值测试。建议被审计单位加强存货库龄的管理和分析，由专门人员定期关注存货库龄状态，合理保证安全库存的同时减少存货积压。

以上大部分问题的根源在于内控制度执行不到位，很多拟 IPO 企业财务基础薄弱，缺乏对内部控制的重视，在申报前要全面整理账务，涉及存货及成本重算的部分会较为复杂。在上市辅导期间，应建议被审计单位要尽快完善内控制度，严格按设定的内控流程执行各业务循环。对于存货及成本核算部分，要建立稳定可靠的生产体系，使其通过 ERP 能实现存货采、供、销的全流程核算，严格按照供应链的流程进行实物流转的操作，减少总账对供应链模块的干预。

5.9.3　存货的减值

根据《企业会计准则第 1 号——存货》第十五条第一款规定："资产负债表日，存货应当按照成本与可变现净值孰低计量。"这一准则的关键词为成本和可变现净值，因此本节内容也分为两部分：一是存货的成本；二是存货可变现净值，包含估计售价的确定、估计的销售费用和相关税费、至完工时估计将要发生成本的计算方法。

1. 存货的成本

存货项目下包括很多科目，如在产品、半成品、产成品，但我们先用原材料的成本来举例。原材料的入账成本包括购买价款、运输费、相关税费、装卸费、保险费及在采购过程中发生的仓储费、包装费、运输途中的合理损耗、入库前的挑选整理费用等。

但是这并不是我们所需要的成本，因为前面说的是初始入账成本。在企业经营中，采购的同一类别原材料往往存放在一起，并不按购入时间、购入价格分别堆放，所以企业很难准确估计领用材料的单价，也就没有办法精确得到每次领用材料的成本。为了满足会计核算的要求，材料领用出库会按一定的计价方法来确定单价，所以成本与可变现净值孰低中的"成本"是指存货的历史成本，即以历史成本为基础的发出存货计价方法（如个别计价法、加权平均法、先进先出法等）计算的期末存货的实际成本，我们可以看图 5-6 原材料收发存汇总表与科目余额表对应关系。

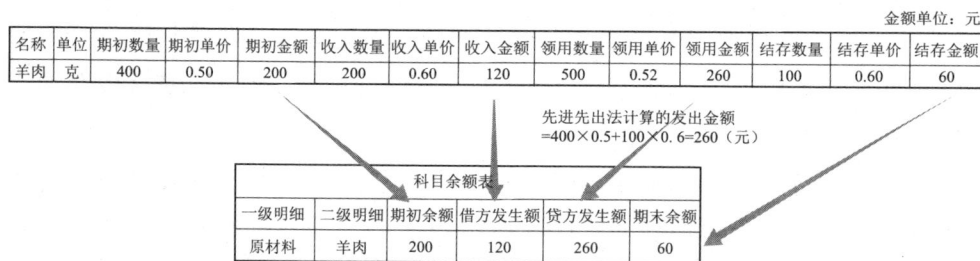

金额单位：元

名称	单位	期初数量	期初单价	期初金额	收入数量	收入单价	收入金额	领用数量	领用单价	领用金额	结存数量	结存单价	结存金额
羊肉	克	400	0.50	200	200	0.60	120	500	0.52	260	100	0.60	60

先进先出法计算的发出金额
=400×0.5+100×0.6=260（元）

科目余额表

一级明细	二级明细	期初余额	借方发生额	贷方发生额	期末余额
原材料	羊肉	200	120	260	60

图 5-6 原材料收发存汇总表与科目余额表对应关系图

其中"结存金额"就是"成本"，也就是该存货账面的期末余额，但我们更要注意"结存单价"，在后面我们主要用它去对比。无论原材料，还是半成品、产成品都是如此。

2. 存货可变现净值

存货可变现净值，是指在日常活动中，存货的合同售价或估计售价减去至完工时估计将要发生的成本、估计的销售费用及相关税费后的金额。我们分两种情况讲解：一是用于直接对外销售的产成品、材料、自制半成品的可变现净值；二是用于继续加工的材料、在产品或自制半成品的可变现净值。

（1）用于直接对外销售的产成品、材料、自制半成品，计算公式为

存货的可变现净值＝存货的合同售价或估计售价－估计的销售费用－估计的相关税费

①估计售价。为执行销售合同或者劳务合同而持有的存货，其可变现净

值应当以合同价格为基础计算。企业持有存货的数量多于销售合同订购数量的，超出部分的存货可变现净值应当以一般销售价格为基础计算。因此，估计的售价也要区分期末存在的存货是否有对应的合同。

案例8 假设我们开了一家工厂卖砖头：

11月10日，接到订单要1000块砖头，每块砖头单价1.5元，约定60天后交货；

11月15日，接到订单要400块砖头，每块砖头单价1.8元，约定10天后交货；

11月25日，我们发出存货且经客户验收，确认收入400×1.8=720（元）；

12月10日，接到订单，要500块砖头，每块砖头单价2元，约定30天后交货；

12月15日，接到订单，要200块砖头，每块砖头单价1.2元，约定5天后交货；

12月20日，我们发出存货且经客户验收，确认收入200×1.2=240（元）；

12月31日，假设期末产成品收发存汇总表上有砖头2000块，结存单价1.5元，砖头的期末余额3000元。

我们来理一理思路：要区分在资产负债表日"已取得订单但尚未交付的存货"和"尚未取得订单的存货"，期末砖头数量2000块，其中已取得订单但尚未交付的存货（为执行销售合同持有）砖头数量共1500块，合同价格为1000×1.5+500×2=2500（元），也就是有订单部分存货的估计售价，还有500块没有对应的合同。基于谨慎性原则，我们可以采用最近期间的存货平均销售单价与未交付订单的销售单价孰低的原则，确定该存货的估计售价。

a. 最近期间的砖头平均销售单价。

11月25日，销售400块，每块砖头单价1.8元；12月20日，销售200块，每块砖头单价1.2元。砖头平均销售单价＝(1.8×400＋1.2×200)÷(400＋200)＝1.6（元/块）

b. 未交付订单的销售单价。

合同价格＝1000×1.5＋500×2＝2500（元）

砖头平均订单单价＝合同价格÷合同数量＝2500÷1500＝1.67（元/块）

因为最近砖头平均销售单价1.6元/块低于未交付订单的销售单价1.67元/块，因此采用1.6元/块作为砖头的估计单价。此部分对应的估计售价＝

$500 \times 1.6 = 800$（元），

注：超出订单部分的存货单价也可以进行多方询价取平均数估计，但采用最近期间的存货平均销售价格与未交付订单的销售价格孰低的方法，更容易得出结果。

②估计的销售费用计算公式为

销售费用率＝总销售费用÷净销售额估计的销售费用＝估计售价×销售费用率

销售费用率是根据销售费用占销售净收入的比例（净销售额是销售收入减去销售退回金额的值，即在扣除销售成本后卖方从买方收取的金额），用存货的估计售价乘以估计的销售费用率计算得出估计的销售费用。

案例9 接案例8，假设当年的销售费用发生额为60元，收入为960元，则

销售费用率＝$60 \div 960 \times 100\% = 6.25\%$

a. 有订单的部分估计的销售费用＝$2\,500 \times 6.25\% = 156.25$（元）

b. 无订单的部分估计的销售费用＝$800 \times 6.25\% = 50$（元）

③估计的相关税费计算公式为

相关税费率＝税金及附加÷营业收入估计的相关税费＝估计售价×相关税费率

相关税费率是根据税金及附加占营业收入的比例计算确定估计的税费率，用存货的估计售价乘以估计相关税费率计算得出估计相关税费。

需要注意的是，此处用于计算的税金及附加主要是城市维护建设税、教育费附加、地方教育附加等流转税，不包括房产税、土地增值税等财产税。再接上面的例子，假设当年税金及附加发生额为15元，收入960元：相关税费率＝$15 \div 960 \times 100\% = 1.56\%$

a. 有订单的部分估计的相关税费＝$2\,500 \times 1.56\% = 39$（元）

b. 无订单的部分估计的相关税费＝$800 \times 1.56\% = 12.48$（元）

④计提存货跌价准备

a. 有订单的部分存货的成本＝订单数量×结存单价＝$1\,500 \times 1.5 = 2\,250$（元）

存货的可变现净值＝存货的合同售价－估计的销售费用－估计的相关税费＝$2\,500 - 156.25 - 39 = 2\,304.75$（元）

存货的成本2 250元＜可变现净值2 304.75元，无须计提跌价准备。

b. 无订单的部分存货的成本＝无订单数量×结存单价＝$500 \times 1.5 =$

750（元）

存货的可变现净值＝估计售价－估计的销售费用－估计的相关税费＝800－50－12.48＝737.52（元）

存货的成本 750 元＞可变现净值 737.52 元，需计提跌价准备 750－737.52＝12.48（元）。存货跌价准备会计分录如下。

借：资产减值损失   12.48
  贷：存货跌价准备   12.48

（2）用于继续加工的材料、在产品或自制半成品。

存货的可变现净值计算公式为

存货的可变现净值＝该存货所生产的产成品的合同售价或估计售价－至完工时估计将要发生的成本－估计的销售费用－估计的相关税费

这一部分我们主要讲解产成品至完工时估计将要发生成本的确定，其步骤与第一部分"用于直接对外销售的产成品、材料、自制半成品"的情况基本一致，产成品至完工时估计将要发生的成本以估计生产至完工需要进一步投入的原材料、尚需发生的人工费用、制造费用及辅助材料金额确定。

对于"至完工时估计将要发生的成本"的确定，不同的企业会有不同的做法，因为生产产品有不同的工序，每个工序需要投入的料、工、费也并不相同，企业根据不同工段确定相应的"完工比例"，根据不同类型产品历史生产经验、数据品质状况确定成品率，然后根据"完工比例"和"成品率"分别确定进一步加工成本和预计完工产品数量。但用此种方法估计将要发生的成本并不容易，所以在此分享最容易理解且容易实现的计算方法：

至完工时估计将要发生的成本＝（最近一年该产品的平均单位成本或近期单位成本－待加工的在产品或半成品的平均单位成本）×在产品或半成品数量

平均单位成本计算公式为

某产品的平均单位成本＝某产品总生产成本÷某产品产量

某在产品或半成品的平均单位成本也同理。实务中企业会有多种方法进行存货跌价准备的计提，单项或者组合进行计提。比如对于库龄在 1 年以内的存货按上述方法计提跌价准备；对 1 年以上的存货按一定比例直接计提；对库龄较长、预计无法用于生产的存货，会按照废品的处置价格确定该存货的估计售价后再进行对比计提等。我们站在常规审计的角度上，更多的是获取存货跌价准备计算表，按照《企业会计准则》的规定，同时查找同行业可比公司进行相关对比，对企业计提存货跌价准备方法及结果进行复核，具有合理性即可。

5.10　研发费用

研发费用有两个方向的思路：一是研发费用归集的准确性和真实性，部分企业为申报高新技术企业享受税收减免优惠、研发费用加计扣除少缴纳所得税、满足上市要求等原因虚增研发费用；二是日常生产活动与研发活动是否能够明确区分，如有没有独立的研发场所，研发领料如何和生产领料区分等。要想考虑全面，还是要拆分研发费用的构成，与生产成本的关注点大方向相同，即分别核查"料、工、费"。本节主要按这三个方面分别展开，帮助新人朋友了解研发费用的审计思路。

5.10.1　关注研发项目的料、工、费

（1）"料"是指研发直接领料投入，一方面要关注生产领料和研发领料是否能够明确区分，研发领料要明确对应到相关的项目上。如果无法区分，就会导致生产与研发用料核算不准确，如生产领用原材料，按正常的结转流程应该是借记"生产成本——直接原材料"，但记在了"研发费用"中，最终结果会导致产品出库成本减少，确认收入的时候会少结转成本，从而使毛利率和研发费用率增加，所以除了查验一定比例的生产和研发领料会计凭证，也需要我们在分析时关注各月毛利率和研发费用率异常波动的情形。另一方面，企业可能内控制度不完善，存在研发部门自行采购材料的情形。采购的材料未办理入库手续，也没有出库手续，供应链系统自然也没有痕迹。针对这种情况应该建议企业完善研发用料采购制度，对于前期通过研发部门自行采购的材料补充台账记录，我们主要检查会计凭证后是否有原始单据支持。

（2）"工"是指直接从事研发活动人员的工资薪金、基本养老保险费、基本医疗保险费、失业保险费、工伤保险费、生育保险费和住房公积金，以及外聘研发人员的劳务费用。与应付职工薪酬审计的思路一致，需要结合企业研发人员名册、工资表，从部门、岗位、学历、薪酬等维度，对研发人员的构成进行分析是否存在异常情况，关注人工的费用类别划分是否正确，获取的薪酬表至少要包含人员、部门、岗位及对应的费用类别，研发人员与其他

人员应具有明确的岗位职责区分。关注是否存在与其他生产、管理、销售等部门人员的人工费用混同的情况。我们要看各个人员部门对应的费用类别划分是否有明显错误，可以在工资表的基础上制作数据透视表。关注同一个人是否存在对应多个部门、岗位，可能会存在人员部门和岗位调动情况，导致次月岗位变更，这种情况需要向人力资源部门获取调岗记录来证实。关注各月研发人员的变动，有没有波动异常的情况，比如1月有10人，2月有20人，3月有8人，需要请被审计企业作出合理解释。研发人员的专业是否和企业研发的产品相关。比如公司从事工业控制设备的技术开发，研发人员专业一般为机械设计、机械工程等相关专业，如果发现金融学、市场营销等明显不相关的专业，要进一步核实是否为费用类别划分错误；将研发人员平均薪酬均与同区域可比公司对比分析，考虑薪酬水平是否与研发人员的研发能力、被审计单位业务发展规划相匹配；关注关键管理人员的费用类别，一些高新企业的高管们往往是科班出身，靠技术创业成功，但后期已不负责具体研发项目，可能仍在研发费用中核算，这种情况需要调整到管理费用。还有一种情况是这些人仍然负责部分研发项目，这时需要依据工时进行合理分摊，而不能全计入研发费用或管理费用。

在薪酬费用类别划分一致后，就要考虑各个项目分摊的薪酬费用是否真实、准确。一般来说，企业的ERP系统中包含工时管理系统，研发人员根据实际情况按天或按周进行工时申报，由研发项目负责人复核和审批，财务部门每月根据经人力资源部门复核的考勤记录，以及经研发部门负责人审批的研发工时，按照项目对所有参与研发的相关人员薪酬进行归集和分摊。也可能存在企业未建立研发工时统计系统，所以我们需要了解企业工时记录的方式及执行情况，核查研发人员的工时填报记录，检查是否与项目进度相吻合；检查研发项目负责人对于研发工时的审批记录，是否有效执行监督职责；复核研发人员工资在不同项目的分配情况是否与工时相匹配；对公司的工时分配结果根据工时表和工资表分析计算，将公司的工时分配结果与财务入账结果进行比对。在项目之间分配人工成本时，一般是以具体研发人员人工费用作为基础，按某一项目工时占其总工时比例作为分配系数，如某研发人员月工资10 000元，同时跟进A和B两个研发项目，月度工时160小时，其中A项目填报工时100小时，B项目填报60小时，A项目所分摊的人工费用就是6 250元（10 000×100÷160）。

无论是原始表格还是系统记录，我们都要检验其基本逻辑，如某研发人员某月各项目的工时汇总起来有 600 小时，明显超过了正常工作时间，需要核实修改；还要关注研发人员的入职和离职时间，如研发人员月中离职，但当月剩余日期仍在考勤表中全勤记录了研发工时，这显然不合理。如果计入研发费用均为实际发放工资，且仅在一个研发项目上存在考勤记录，则不影响研发费用统计真实性、准确性，但要提醒被审计单位按实际工时记录；关注研发人员未在立项文件中列示，但出现在相应项目的研发工时考勤表，或者在立项文件中列示，但工时考勤表无对应的研发人员，需要与被审计单位核实。

部分企业会聘请专家指导具体研发项目（比如高校的教授）：一方面，我们需要检查签订的合作协议，核查协议条款及聘请费用等情况，了解专家对所指导研发项目的具体贡献，研发成果授权安排是否明确；另一方面，我们要了解专家的履历，可以询问被审计单位，同时在网络搜索专家的信息，关注研发内容与专家擅长领域是否相关，是否具备相关研发资历及技术能力，是否和被审计单位存在关联关系。我们再来额外了解一些知识，通常是律师要关注的问题。根据《中共教育部党组关于印发〈高等学校深化落实中央八项规定精神的若干规定〉的通知》（教党〔2016〕39 号）第二条的规定："……学校党员领导干部未经批准不得在社会团体、基金会、企业化管理事业单位、民办非企业单位和企业兼职；经批准兼职的校级领导人员不得在兼职单位领取薪酬；经批准兼职的院系及内设机构领导人员在兼职单位获得的报酬，应当全额上缴学校，由学校根据实际情况制定有关奖励办法，给予适当奖励。"所以可以关注聘请的专家是否在院校担任领导职务，并获取院校出具的证明文件。

（3）"费"主要是指除人工费用之外且与研发活动直接相关的其他费用，一般有委外研发费用、折旧与摊销费用、差旅费用、专利申请费用、技术图书资料费、资料翻译费、知识产权的申请费、注册费等，这些费用比较零散，对于其中的大额费用要进一步核查。常见问题是分摊不合理，如应该在各月分摊的费用（一次性费用化）；费用类别归集不准确，如非研发部门并非为研发发生的差旅费等报销计入研发费用，报销的分录摘要一般会写××报销差旅费用，在薪酬表中核实是否为研发部门人员就可以判断；检查资产台账是否明确注明资产使用部门，是否能够区分出研发资产，并与账面计提的研发折旧、摊销费用进行核对，实物盘点时，观察是否有单独的研发场所，或是设置了明确的铭牌、标识，与生产场所能够明确区分，核对资产类别、型号是否与台账记录一致，资产标签是否记录完整。

5.10.2 资本化时点的实务案例

《企业会计准则第6号——无形资产》第七条规定："企业内部研究开发项目的支出，应当区分研究阶段支出与开发阶段支出。研究是指为获取并理解新的科学或技术知识而进行的独创性的有计划调查。开发是指在进行商业性生产或使用前，将研究成果或其他知识应用于某项计划或设计，以生产出新的或具有实质性改进的材料、装置、产品等。"

企业内部研究开发项目研究阶段的支出，在发生时计入当期损益。项目开发阶段的支出，满足一定条件的才能确认为无形资产，但审计师并非专业技术人员，实务中对于研究与开发阶段涉及较多复杂和主观的判断，所以一般会考虑利用专家工作，但实务中这方面比较欠缺，出于成本的考虑，可能未咨询行业的独立专家，而是先请被审计单位列出研究开发进程中的若干主要节点，项目组关注企业以哪个节点作为划分研究阶段和开发阶段的标准，然后询问管理层的专家进行了解，再对照《企业会计准则第6号——无形资产》第九条及其相关应用指南的规定，分析资本化的开始时点是否合理。

下面来看一篇对照《企业会计准则》判断的实务案例。以下案例摘自"上海××科技股份有限公司关于对深圳证券交易所关注函回复的公告"。

······

报告期公司资本化项目共一个：BEV感知研发项目，资本化研发项目与研发费用资本化五个条件的对应情况具体如下：

该项目2021年12月已经完成项目方案总体设计且已经显示有市场需求，从2022年1月开始进入产业化前的项目开发阶段。

条　件	业务具体情况
完成该无形资产以使其能够使用或出售在技术上具有可行性	本项目涉及的关键技术为俯视视角下的感知输出；公司已完成该项目技术要点的梳理，在实际项目中拥有丰富的相关实践经验及总结，自研求解输入空间（图像）到输出空间（车体坐标系或者改称BEV）得到验证，且该项目组配备有高素质的相关研发人员，公司完成该研发项目在技术上具有可行性

条　件	业务具体情况
具有完成该无形资产并使用或出售的意图	BEV感知研发项目是面向公司产品需求项目，可以运用于公司自身智能驾驶软件或者单独对外销售实现经济利益。公司研发项目与主营业务相关度高，具有完成该无形资产并使用或出售的意图
无形资产产生经济利益的方式，包括能够证明运用该无形资产生产的产品存在市场或无形资产自身存在市场，无形资产将在内部使用的，应当证明其有用性	BEV感知项目的研发能更灵活、轻便、高效地提升公司智能驾驶软件能力，公司目前已与客户签订智能驾驶软件开发及授权费收入合同及感知软件销售合同，该无形资产生产的产品存在市场或无形资产自身存在市场
有足够的技术、财务资源和其他资源支持，以完成该无形资产的开发，并有能力使用或出售该无形资产	公司拥有经验丰富的研发技术团队，拥有开展该项目所需的基础技术、场地和其他相关研发设施，拥有足够的财务预算及人员安排计划，有足够资源支持该项目完成研发
归属于该无形资产开发阶段的支出能够可靠地计量	公司设立了完善的内控制度和会计核算体系，通过项目辅助核算方式进行账目独立核算，依据公司的财务核算等要求进行审批、资金开支、账务处理等，在研发项目成本核算及归集上可以准确、可靠地进行计量

综上，公司 BEV 感知项目满足研发费用资本化的五个条件，资本化时点恰当、审慎。

……

（资料来源：深圳证券交易所网站）

5.10.3　研发样品及废料相关的处理

根据财政部于 2021 年 12 月 31 日印发的《企业会计准则解释第 15 号》（财会〔2021〕35 号）第一条第一项规定："（一）相关会计处理。企业将固定资产达到预定可使用状态前或者研发过程中产出的产品或副产品对外销售（以下统称试运行销售）的，应当按照《企业会计准则第 14 号——收入》《企业会计准则第 1 号——存货》等规定，对试运行销售相关的收入和成本分别进行会计处理，计入当期损益，不应将试运行销售相关收入抵销相关成本后的净额冲减固定资产成本或者研发支出，试运行产出的有关产品或副产品在对外销售前，符合《企业会计准则第 1 号——存货》规定的应当确认为存货，符合其他相关企业会计准则中有关资产确认条件的应当确认为相关资产……"

对于公众公司，面临的监管比较严格，因而对于《企业会计准则》的应用往往走在前沿，涉及的问题一般整改比较及时，但对于 IPO 企业和其他非公众公司，《企业会计准则》的应用可能滞后于公众公司，所以在审计此类企业时要格外关注。

存货的确认需要同时满足两个条件：一是与该存货有关的经济利益很可能流入企业；二是该存货的成本能够可靠地计量。根据以上条件，我们来分析下某企业样机是否满足存货的确认条件，企业的研发活动主要由两种因素推动，一种是自身需求，为了获取更多订单，改进产品技术或研究新产品，提高生产效率，降低成本，增强产品的竞争力等原因；另一种是客户需求，有些研发项目为客户提出的产品需求，然后企业针对性研发，相应产品主要为根据客户需求进行的定制化生产，技术指标也是根据客户需求而进行定制，在未研发成功前已经有在手订单或意向性合同，通过样机测试后就可以销售。

对于自身需求研发的产品，样机通过测试前发生的费用计入研发费用。当样机通过测试，且达成销售意向后，就满足了"与该存货有关的经济利益很可能流入企业"的条件，生产过程中的料、工、费归集到存货中，待客户验收通过，同时确认销售收入和营业成本。对于客户需求研发的产品，尽管已经有在手订单或意向性合同，但因为不确定样机是否能通过测试，所以通过测试前所发生的费用不满足"与该存货有关的经济利益很可能流入企业"的条件，因而不能够确认为存货，待通过样机测试和客户验证后，对应的研发样机成本再从研发费用转入存货——库存商品中。

延伸思考一下，以使我们对企业的研发活动了解得更加全面：一是研发的推动因素是主观需求还是客户需求？如果是客户需求，需要获取合同或与客户沟通相关的文件；二是研发成果对被审计单位的影响，最终达到了什么效果，形成新的产品还是改进了生产技术，导致售价上升还是单位生产成本的下降？形成新的产品就要核查销售订单中的型号是否和研发产品型号一致，同时对新旧型号产品的单位售价、单位成本进行对比分析，然后把我们上面的思考和分析记录在底稿中。

在形成最终的研发成果前，必然会有很多次的试验，也就会产生废料，对于研发中产生的废料，我们主要关注废料能否二次利用或者销售，检查被审计单位的账务处理是否有误。可以参考以下几种情况：①如果不能作为正常原料再利用，也不能销售，企业一般进行报废处理；②对尚具有变卖价值的废料，企业一般作为废品对外销售处置，在账务处理上直接冲减"研发费用——材料费"；③对于可以二次利用的废料，可以参考一个实务案例来理解，某公司主营业务为有色金属铜加工，拥有先进的废杂铜再生利用技术，在不影响产品质量前提下，将研发废料掺搭到中低档产品生产过程逐步消耗，对研发废料也按市场价值计入掺搭生产形成产品的原料成本，同时冲减"研发费用——材料费"。

IPO 企业可能财务基础薄弱，如存在未按照研发项目归集核算各研发项目的费用支出、缺少研发可研报告、立项等资料的情况，需要在正式申报前请企业建立并完善相关内部控制，补足相关资料，保证每一个研发项目文件资料的可追溯性。需要注意的是，作为第三方，我们不要试图自行匹配，帮助企业强凑证据链条，须请企业成立专项小组进行整改，审计项目组只能给出整改方向，企业提交整改成果，然后由审计项目组检验逻辑。有的企业为了达到上市要求强行拼凑研发费用，风险较大。审计人员要保持职业操守，不要帮助企业造假。

5.11　期间费用

期间费用主要包括三类费用，分别是销售费用、管理费用及财务费用，是企业日常活动中所发生的经济利益的流出，是企业为组织和管理整个经营活动所发生的费用，与可以确定特定成本核算对象的材料采购、产成品生产等没有直接关系，所以不计入有关核算对象的成本，直接计入当期损益。期间费用并不像其他科目那样所需要的资料比较明确，更多的时候是对发生额进行对比分析，然后抽查大额异常的会计凭证进行仔细核查，在这一节主要谈谈期间费用审计的通用程序。

1. 同期对比

我们在进行同期分析对比后，需在底稿中写出变动的原因，也需要通过上期的序时账分析。如果是连续审计，我们先问负责人是否有相关资料，通过对比同期，选择增减比例变动幅度大的项目说明原因。有增减幅度很大，但是金额只有几百几万元的，可以在变动分析中写"增减比例大但金额变动较小"，与上述内容操作相同，在上期与本期异常月份的序时账中查找该费用下的二级科目。通过摘要了解大概原因，看看是否需要进一步抽取会计凭证查验。

2. 月度变动分析

一般来说，12月的职工薪酬发生额较其他月份大很多，此时我们要思考波动的合理性，我们在序时账筛选该月份的职工薪酬会计凭证，如波动是因为年底计提奖金，则抽查这笔会计凭证，确认是否有相关审批和单据。如差旅费在6月发生额较大，我们筛选序时账6月的差旅费会计凭证，查看摘要内容是否表明公司有相关业务需要发生大额差旅费，并抽取会计凭证检查审批单据、报销单据，银行回单等是否真实、完整、准确。还有可能会发现某个项目某月发生额为负数，一般是前期做账错误或其他原因，然后在该月冲回，需要关注下是否有类似情况但未冲回的，如果有则进行调整。

3. 检查分摊

如果被审计单位有多个部门，如销售、研发、财务部门发生的费用，要分别计入销售费用、研发费用、管理费用，我们需要获取固定资产折旧、无形资产摊销等其他费用在各部门间分摊的方法，检查折旧摊销费用摊销比例、分类的准确性，很多企业可能未分摊这些费用，都是记在一个科目中。

4. 合同查验

对于重要的大额费用需要进行合同查验，获取审批单据、银行回单等，检查合同协议中约定的金额，服务期限等，如咨询服务费约定在6月到12月提供咨询服务，那么发生的费用就要平均摊销到期间各月，而不能一次性在发生当月计提，每期的损益计算应反映所有属于本期的真实经营业绩。

关注是否有诉讼费用，如有则获取诉讼文件、律师委托合同等，了解诉讼进度，未决诉讼需判断预期需要赔付或者收到的金额，确认是否作出调整。

5. 费用类截止测试

费用类截止测试，主要目的是检查企业是否将经济业务记录到不正确的会计期间以调节利润，从资产负债表日前后发生的会计凭证选取项目进行测试，选取的样本主要为付现费用、检查合同、发票等，关注发票日期和支付日期，几种常见的费用跨期如下：

（1）根据合同未对没有及时收到发票的费用支出费用化。比如企业在年末发生了一笔咨询费用，但是没有收到发票，按正确做法应该是先暂估计提费用，但部分企业账面可能挂账在预付款上，此时我们根据业务性质判断是发生时一次性进费用还是分期摊销进费用来进行调整。

（2）年终奖金未在年底计提。如资产负债表日为 2022 年 12 月 31 日，但职工薪酬的年终奖在 2023 年 1 月计提，则说明费用跨期，需要进行审计调整，冲销 2023 年的计提分录，在 2022 年补提即可。

（3）借款利息费用未预提。如果企业账面存在长短期借款，那么要注意企业利息费用是否预提。因为银行一般发放的贷款在 12 月 20 日进行结息，企业一般根据银行结息习惯计提费用，那么最后 11 天的利息企业可能没有计提。因此，最后 11 天的利息支出就计入次年的财务费用导致跨期，所以我们要对最后 11 天的利息费用进行补提。

对于销售费用，还需要关注被审计单位所销售的产品是否计提了由产品质量保证产生的预计负债，是否按确定的金额进行会计处理。同时关注销售运费的处理，企业商品或服务的控制权转移给客户之前、为了履行客户合同而发生的相关运输成本应当作为合同履约成本，在确认商品或服务收入时结转计入营业成本，而不是计入销售费用中。

财务费用是指企业为筹集生产经营所需资金等而发生的费用，与管理费用和销售费用有一点不同，它更像是别的科目的"小跟班"，一般要结合其他科目来核查，常规的检查如下：

（1）审查各项借款期末应计利息有无预计入账；

（2）审查现金折扣的会计处理是否正确；

（3）结合长短期借款、应付债券等的审计，检查财务费用中是否包括为购建或生产满足资本化条件的资产发生的应予资本化的借款费用；

（4）检查融资租入的固定资产、购入有关资产超过正常信用条件延期支付价款、实质上具有融资性质的，采用实际利率法分期摊销未确认融资费用时计入财务费用数额是否正确；

（5）检查应收票据贴现息的计算与会计处理是否正确；

（6）检查存在资产弃置费用义务的固定资产或油气资产，在其使用寿命内，是否按期计算确定应负担的利息费用。

第6章　画龙点睛——如何做分析程序

　　我们常见的底稿中，审计说明、审计结论往往都是"未见异常，可以确认"，即使确实没有问题，但这样的底稿缺少灵魂，分析程序是底稿中最有价值的部分，进行合理性分析更能培养我们的审计思维。本章通过应收账款周转率分析与原材料采购价格分析来帮助新人朋友学会如何做分析程序。

6.1　分析程序思路指引

报表本身是建立在假设的基础上，将企业一定时期财务状况、经营成果和现金流量浓缩在一张表中，所以在没有获取企业的财务资料前，我们很难详尽了解一家企业的实际情况，获取报表后会作出初步的未审报表数据分析，对比各科目同期变动是否异常，关键财务指标如资产负债率、速动比率、存货和应收账款周转率的同期对比是否有异常情况，判断需重点核查的科目，然后通过获取资料来验证变动的合理性。

资产负债表中的左边是资产项目，按资产流动性由大到小的顺序排列。资产负债表的右边为负债及所有者权益项目，按清偿时间的先后顺序排列，清偿时间短的流动负债排在前面，清偿时间长的非流动负债排在中间，在企业清算之前不需要偿还的所有者权益项目排在后面，按流动性和清偿顺序排序，能让报表使用者抓住重点，快速了解企业的财务状况，既然资产负债表的设计很科学，所有指标的计算公式又是固定的，借助信息系统直接核算各项比率指标是否可行？答案是否定的。报表准确的前提是财务基础数据准确，这取决于财务人员的水平，更取决于管理层是否想披露真实的数据。

报表的准确性一般由审计复核。我们在审计中，除了对账务差错进行审计调整，调表又调账；也常常会做重分类调整，调表不调账，即为了使财务数据更加符合实际情况，调整完的数据只在报表中显示，不需要调整到序时账中，并不是仅指对往来科目出现负数进行重分类。还有一些其他情况，预付账款中如果款项性质是工程款、设备款，在资产负债表日需要重分类到其他非流动资产；租赁负债、长期借款项目要将一年内到期的非流动负债剔除出去；应交税费为负数，意味着有留抵税额，要重分类到其他流动资产；应收票据根据承兑行的信用等级，确定背书或贴现后是终止确认，还是分类到短期借款或其他流动负债，期末未背书和贴现的票据，信用等级较高的银行承兑汇票调整至应收款项融资。

公式不变，数据变动前后计算结果肯定是不同的，经过审计调整和重分类后计算财务分析指标更加准确。在考虑报表项目的实质、流动性后，我们进行数据分析时需要剔除掉异常数据，如最大值和最小值、偶发因素等没有代表性的数据。我们经常看到新闻，比如某某城市人均工资过万元，但实际上并没有代表性意义，我们在报表上也会看到利润表有扣除掉非经常性损益后归属母公司所有者的净利润，就是让数据更纯粹，接近实际的经营状况。

资产负债表项目也不仅是看某时点余额，累计发生额也可能和其他数据有勾稽关系。假设企业销售产品的税率只有一个，"应收账款借方累计发生额÷（1＋税率）"应该等于收入发生额。如果应收账款借方累计发生额里掺杂着实质上与应收账款无关的往来款项或者其他调整事项，得出的结果自然没有勾稽关系，所以审计调整是对科目余额调整，报表虽然准确了，但进行与发生额相关的分析时，要把调整还原到发生额之中。

除了基础的指标分析，还需要结合企业的性质、会议文件、奖惩机制等，看是否有舞弊的动机。国有企业可能关注"两金"①、压减②指标，压减应收账款，清理无效库存，这时候重点查验企业有没有通过不合规的手段处理。如某国有企业存货不多，但为了降低指标，就在每月末将存货费用化处理。关注管理者个人的业绩指标，看这个指标是不是刚刚达标，如果是则可能存在人为调整的情况。企业正在申报高新技术企业或者打算在科创板上市，就要关注研发人员、研发投入等指标，重点查验料、工、费的真实性。

6.2　应收账款周转率分析程序详解

应收账款周转率反映公司应收账款周转速度的比率，它说明一定期间内公司应收账款转为现金的平均次数，用时间表示的应收账款周转速度为应收账款周转天数，也称平均应收账款回收期或平均收现期，它表示公司从获得应收账款的权利到收回款项、变成现金所需要的时间。

---

①财务上的"两金"指的是企业"应收账款""存货"两个项目所占用的资金，简称"两金"。
②压减一般是指优化资源配置、降低成本的管理手段。此处是指加快应收账款的回收，处理残冷背次的不良存货。

1. 基础思考

当我们站在普通人的角度思考，应收账款周转率应该是越高越好，因为周转率高，表明赊账越少，收账迅速，账龄较短；资产流动性强，短期偿债能力强；可以减少坏账损失等。同样地，周转率越高，周转天数就越少，说明应收账款变现的速度越快，资金被外单位占用的时间越短，管理工作的效率越高。但需要注意的是，企业想要做大做强，需要拓展销路，这就要给客户一定的信用期，而不能一手交钱一手交货。款项回收时间的延长，也就会导致周转率降低。作为审计师，对周转率的高低要结合实际情况来判断是否合理，最重要的是要和同行业进行比较，来判断企业的周转率是否在一个合理的区间，过高或过低，都可能说明企业存在问题。

应收账款周转率与周转天数，一般与被审计单位的赊销信用政策相关，所以我们需要对此进行了解。某公司信用政策示例如下：

（1）对于内销客户，公司采用款到发货或者给予不超过 90 天的信用期，并设定了信用额度；

（2）对于外销客户一般需要预付部分货款才予以发货，且尾款信用期最长不超过 50 天；

（3）对于新客户，公司一般采用先收货款再发货；对于老客户，公司一般根据客户的基本情况、规模大小、订单及合同金额大小、以往合作情况、货款回款情况等多种因素对客户进行信用等级评定，并在合作过程中对客户信用状况进行持续的追踪，及时更新客户信用评定，并根据评定情况动态调整客户的信用期。

根据被审计单位实际情况统计底稿，见表 6-1。

表 6-1　统计底稿示例（仅供参考）

项　　目		2024 年		2023 年		2022 年	
		数量或金额	占比	数量或金额	占比	数量或金额	占比
客户数量（家）	授予信用期客户数量						
	其中：信用期 30 天以内						
	信用期 30～90 天						
	无信用期（款到发货）客户数量						
	当期客户数量合计						

项　　目		2024 年		2023 年		2022 年	
		数量或金额	占比	数量或金额	占比	数量或金额	占比
销售额（万元）	授予信用期客户销售额						
	其中：信用期 30 天以内						
	信用期 30～90 天						
	无信用期客户销售额						
	当期销售额合计						
应收账款余额（万元）	应收账款余额						
	其中：信用期 30 天以内						
	信用期 30～90 天						

在严格执行赊销信用政策方面的被审计单位，应收账款变现速度比较快，周转率与天数在历年对比表现得一般比较稳定，但表 6-1 只是针对被审计单位内部所有客户作出的整体分析。一家企业大部分业务发生往往集中在前 N 大客户，前 N 大客户的周转率也更具有代表性，所以需要进行前 N 大客户周转率分析。底稿参考见表 6-2。

表 6-2　前 N 大客户应收账款周转率对比示例

金额单位：元

项　　目	2024 年	2023 年	2022 年
A 客户	35.30	36.12	32.11
B 客户	36.70	34.29	38.94
C 客户	34.40	32.69	36.41
D 客户	39.10	38.14	39.21
E 客户	40.60	41.32	39.88

表 6-2 是周转率较稳定的情况，如企业的前五大应收账款周转率远低于平均水平，可以直接询问企业原因。除了信用政策，还要从国家宏观政策对客户采购需求的影响，以及"客户的客户"对其采购需求的影响等方面来做出合理分析。

应收账款周转率公式为

应收账款周转率＝当期销售净收入÷应收账款平均余额

应收账款平均余额越大，当期销售净收入越小，周转率就会越低，所以我们主要关注对关键客户应收账款平均余额变大，但收入变少的原因。以下举例仅供参考，根据实际情况具体分析即可。

（1）信用政策角度。如本年起被审计单位信用政策变得严格，往年客户原本可以 90 天内付款，但本年变成 30 天内付款，客户的流动资金不足，无法达到其要求，可能会转而向其他信用政策较为宽松的企业采购，导致被审计单位销售额减少。但上年的政策相对宽松，所以期初应收账款余额较高，这样平均余额也较高，导致周转率变低。

（2）国家宏观政策对客户采购需求的影响。如被审计单位为传统汽车企业，本年起国家倡导环境保护，提升排放量标准，而且大力支持新能源汽车企业发展，同时燃油价格上涨等因素，也同样会导致被审计单位销售额减少，但期初应收账款余额较高，这样平均余额也较高，导致应收账款周转率变低。

（3）"客户的客户"对其采购需求的影响。如 A 大型公司 2022 年委托被审计单位的客户生产某种产品，导致该客户需要向被审计单位采购大量的原料，由此导致对该客户的销售收入迅速增长，2022 年应收账款余额较高。然而 2023 年，A 大型公司战略调整，对该客户的采购减少，从而影响该客户向被审计单位的采购，造成对该客户的销售收入大幅降低，由此导致 2023 年度应收账款周转率较低。

完成内部客户对比分析后，还要完成同行业对比分析，又来到了"货比三家"环节，要找到同行业公司进行同行业应收账款周转率对比，以此发现异常情况。我们可以获取同行业可比公司的招股说明书、年报，查看业务模式，主要产品情况，统计应收账款周转率，具体见表 6-3、表 6-4。

表 6-3　应收账款周转率底稿参考示例

金额单位：元

公司名称	2024 年	2023 年	2022 年
A 公司	36.70	34.29	38.94
B 公司	34.40	32.69	36.41
C 公司	39.10	38.14	39.21
可比公司平均值	36.73	35.04	38.19
被审计单位	38.23	36.20	36.94

表 6-4　客户结构和信用政策参考示例

公司名称	客户结构	信用政策
A 公司	主要客户为 X 公司、Y 公司，2022 年至 2024 年第一大客户销售金额占比为 15%、16% 和 20%，对前五大客户销售金额占比分别为 37%、38% 和 44%	一般给予客户月结 30～120 天的信用期，平均信用期为月结 90 天，相关结算周期从次月开出发票起计算
B 公司	主要客户为 Z 公司，2022 年至 2024 年第一大客户销售金额占比为 14%、18% 和 19%，对前五大客户销售金额占比分别为 39%、40% 和 41%	给予客户的信用期通常为 90～120 天
C 公司	主要客户为 X 公司，2022 年至 2024 年第一大客户销售金额占比为 23%、26% 和 22%，对前五大客户销售金额占比分别为 60%、50% 和 49%	通常给予 30～90 天账期，对于长期合作的业内知名客户，可以适当延长账期，对华为的账期一般为月结 60～120 天
被审计单位	主要客户为 Y 公司，2022 年至 2024 年第一大客户销售金额占比为 35%、36% 和 39%，对前五大客户销售金额占比分别为 80%、81% 和 82%	通常给予客户月结 90～120 天的信用期

在信用政策和业务结构等方面进行分析，参考如下。

（1）信用政策：如可比 A 公司信用政策为开票后月结 30～120 天，平均信用期为月结 90 天，被审计单位对主要客户的信用期主要为月结 90～120 天。相比被审计单位，A 公司整体信用账期较短，因此被审计单位周转率低于 A 公司。

（2）业务结构：业务多元化导致客户集中度较低，通过对比 A 公司的主要客户销售额占整体销售额的比例。如 A 公司对前五大客户销售金额占整体销售额的比例分别为 37%、38% 和 44%，而被审计单位对前五大客户销售金额占比分别 80%、81% 和 82%，说明 A 公司客户集中度及应收账款集中度均相对较低，因为并不过于依赖某一业务和某一客户，由此导致整体的周转率低于被审计单位。

综上可以得出分析结论：被审计单位应收账款周转率低（高）于部分同行业可比公司主要系业务结构、客户结构及信用政策等存在差异所致，具有合理性。

6.3 原材料采购价格分析

在 IPO 或其他重大项目审计中，我们需要进行供应商采购价格对比分析来判断其合理性，但常规的底稿模板可能无法满足需求，需要结合实际情况，自行设计底稿。本节以制造业原材料采购实例来编制底稿。

被审计单位可能只需要在合并层面出具审计报告，所以我们从合并层面上对供应商采购价格进行对比分析，将子公司原材料采购也一并考虑进去，筛选主要原材料并对采购价格进行对比分析。我们先大致按最末级科目余额表筛选母公司和子公司的原材料种类。原材料借方发生额代表登记入库原材料的实际成本，对其进行降序排序，以下示例为思路引导。实务中根据实际情况来筛选。

案例 某制造业母公司原材料借方发生额，示例见表 6-5。

表 6-5 母公司原材料借方发生额示例

金额单位：元

母公司原材料借方发生额		
一级明细	原材料	2 042 600 900
二级明细	电石	1 300 000 900
二级明细	煤	250 000 000
二级明细	醋酸	180 000 000
二级明细	聚乙烯醇	160 000 000
二级明细	活性炭	48 000 000
二级明细	甲醇	45 000 000
二级明细	包装袋	17 000 000
二级明细	盐酸	12 000 000
二级明细	偶氮二异丁腈	11 000 000
二级明细	醋酸锌	9 500 000
二级明细	烧碱	6 300 000
二级明细	液碱	3 800 000

子公司原材料借方发生额，见表 6-6。

表 6-6 子公司原材料借方发生额示例

金额单位：元

子公司原材料借方发生额		
一级明细	原材料	734 900 000
二级明细	兰炭	400 000 000

子公司原材料借方发生额		
二级明细	自产白灰	100 000 000
二级明细	石灰石	70 000 000
二级明细	焦粒	60 000 000
二级明细	电极糊	56 000 000
二级明细	石料	15 000 000
二级明细	面煤	14 000 000
二级明细	电极桶	9 700 000
二级明细	外购白灰	5 800 000
二级明细	中煤	2 400 000
二级明细	电石渣	2 000 000

母公司与子公司合并后按借方发生额排序，可以看出前十大原材料借方发生额占全部借方发生额的比例为 94.47%，此时我们就知道重点需要核查哪些种类的原材料了，实务中具体情况具体分析，无特定比例，见表 6-7。

表 6-7 母公司与子公司合并后示例

金额单位：元

主　体	序号	合并层面原材料借方发生额	
		原材料	2 777 500 900
母公司	1	电石	1 300 000 900
子公司	2	兰炭	400 000 000
母公司	3	煤	250 000 000
母公司	4	醋酸	180 000 000
母公司	5	聚乙烯醇	160 000 000
子公司	6	自产白灰	100 000 000
子公司	7	石灰石	70 000 000
子公司	8	焦粒	60 000 000
子公司	9	电极糊	56 000 000
母公司	10	活性炭	48 000 000
前十合计			2 624 000 900
占比			94.47%

表 6-8 为导账软件导出数据。在导账软件中，我们可以在二级明细下展开对应的供应商明细，此时我们就知道需要参加"选秀"（对比）的人选了。

在对比前我们需要企业提供包含采购日期、采购单价，对应的供应商等关键信息的采购大表。

表 6-8　企业内供应商价格对比示例

金额单位：元

主体	序号		合并层面原材料借方发生额	
母公司	1	一级明细	原材料	2 777 500 900
	1-1	二级明细	电石	1 300 000 900
	1-1-1	A 供应商	电石	120 000 000
	1-1-2	B 供应商	电石	200 000 000
	1-1-3	C 供应商	电石	980 000 900

接下来的对比分析底稿，必须要学会数据透视表的基本使用方法，否则要耗费大量时间。以下的年度、月度对比均为使用数据透视表制作。我们需要将筛选出的，需要进行价格对比的原材料编制以下底稿。

（1）价格年度对比示例见表 6-9。

表 6-9　价格年度对比示例

物料名称	供应商	2020 年			2019 年		
		采购金额	采购数量	采购单价	采购金额	采购数量	采购单价
×原料	A 供应商						
	B 供应商						
	C 供应商						
采购总额							

IPO 审计要列出三年一期数据对比，参考表 6-9 自行设计，然后根据实际情况对整体进行分析，参考如下：

①2018 年到 2020 年，公司醋酸的供应商主要为 A 供应商、B 供应商、C 供应商，平均单价相差较小，不满足生产要求的差量向其他企业采购，采购数量少，因此向其他企业采购的平均单价高于主要供应商。

②从 C 供应商采购醋酸的金额在 2018 年到 2020 年占采购醋酸总额的比例分别为 5%、30%、90%，采购比例逐年上升，原因为大宗原料采购在选择供应商时，选择离公司运输半径较近及规模较大的企业合作，差量向其他企业采购，C 供应商距被审计单位运输半径较近且规模较大。

③醋酸的采购金额逐年减少，但采购数量变动较小，原因为醋酸 2018 年

1月到2020年10月平均单价呈下降趋势，2018年到2020年平均价格分别为3 837.1元/吨、2 258.71元/吨、1 896.59元/吨。

④已对主要供应商实施函证、背景分析、实地走访等程序，详细资料请见相关底稿。

提示：对于①②，企业采购一般比较集中于大供应商，不满足需求的部分选择小供应商。大批量的采购，平均单价要比小批量采购低，我们可以看相关原料的采购审批单、合同等，一般会写明采购情况，如没有此类信息可询问企业采购人员；对于③需查询相关公开信息网站，可以询问企业采购人员日常如何比对价格；对于④需与负责相关工作的同事沟通。

（2）月度对比。

审计习惯于剥茧抽丝，核查思路一般为汇总表到明细表，明细表再到具体审计证据，所以年度对比过后需要进行报告期内的月度对比，企业内供应商醋酸价格月度对比表示例见表6-10。

表6-10　企业内供应商醋酸价格月度对比表示例　　　　　金额单位：元

日　　期	A供应商	B供应商	C供应商
2018年1月	3 818.82	3 948.50	3 837.54
2018年2月	3 762.98	4 132.24	4 137.07
2018年3月	3 865.96	3 947.40	3 884.50
2018年4月	—	3 833.33	3 741.88
2018年5月	—	4 291.95	4 318.51
2018年6月	4 106.32	4 866.38	4 282.09
2018年7月	3 631.47	3 513.20	3 705.46
2018年8月	—	3 781.22	3 784.48
2018年9月	—	3 734.61	3 551.56
2018年10月	—	4 211.99	4 151.58
2018年11月	—	3 896.55	3 896.55
2018年12月	—	3 298.47	3 423.54
2019年1月	2 275.49	2 771.16	2 513.97
2019年2月	2 306.12	2 500	2 493.53
2019年3月	2 314.34	2 298.85	2 338.70

日　　　期	A供应商	B供应商	C供应商
2019 年 4 月	2 228.34	2 329.40	2 365.78
2019 年 5 月	2 004.42	1 974.93	1 938.05
2019 年 6 月	1 872.57	1 884.96	—
2019 年 7 月	—	1 902.65	2 008.85
2019 年 8 月	2 765.49	—	2 300.88
2019 年 9 月	2 631.36	—	—
2019 年 10 月	2 400.23	—	—
2019 年 11 月	—	2 177.46	—
2019 年 12 月	1 788.75	2 150.44	—
2020 年 1 月	1 693.12	—	2 123.89
2020 年 2 月	1 690.27	—	—
2020 年 3 月	1 698.49	—	—
2020 年 4 月	1 698.38	—	—
2020 年 5 月	1 883.71	—	—
2020 年 6 月	1 629.82	—	—
2020 年 7 月	1 844	—	—
2020 年 8 月	1 842.19	—	—
2020 年 9 月	1 735.40	—	—
2020 年 10 月	1 748.83	—	—
2020 年 11 月	2 029.04	—	—
2020 年 12 月	3 265.88	—	—
2021 年 1 月	3 094.03	—	—
2021 年 2 月	3 935.18	—	—
2021 年 3 月	4 780.31	—	—
2021 年 4 月	5 526.12	—	—
2021 年 5 月	6 459.73	—	—
2021 年 6 月	6 430.81	—	—

　　我们可以看到供应商间各月的平均单价差异不大，说明没有问题，此表也可以用来对比向关联方采购价格的公允性。此时内部供应商采购价格的对比已经完成，我们还需要查询外部信息来进行对比。

　　（3）外部信息对比。

　　我们可以在网上搜索相关原料信息的专业网站，也可以直接询问采购人员如何获取原料报价，然后自行查询进行复核，此时需要在底稿中做表对比，平均采购单价用数据透视表根据采购大表快速得出，市场查询价格根据相关网站公开信息查询，示例见表6-11。

表6-11　市场查询价格示例

金额单位：元

物料名称	接收会计期间	平均采购单价	市场查询价格
醋酸	2018 年 1 月	3 788.89	3 848.42
醋酸	2018 年 2 月	3 881.42	3 895.28
醋酸	2018 年 3 月	3 762.87	3 925.72
醋酸	2018 年 4 月	3 778.27	3 811.68
醋酸	2018 年 5 月	4 209.92	4 247.27
醋酸	2018 年 6 月	4 190.55	4 596.47
醋酸	2018 年 7 月	3 553.79	3 780.17
醋酸	2018 年 8 月	3 808.35	3 784.48
醋酸	2018 年 9 月	3 705.25	3 717.30
醋酸	2018 年 10 月	4 170.45	4 246.41
醋酸	2018 年 11 月	3 891.09	3 727.71
醋酸	2018 年 12 月	3 335.09	3 185.34
醋酸	2019 年 1 月	2 576.96	2 682.47
醋酸	2019 年 2 月	2 413.26	2 723.95
醋酸	2019 年 3 月	2 318.08	2 557.47
醋酸	2019 年 4 月	2 260.21	2 583.84
醋酸	2019 年 5 月	1 958.40	2 134.51
醋酸	2019 年 6 月	1 950.84	2 261.29
醋酸	2019 年 7 月	2 143.19	2 316.77
醋酸	2019 年 8 月	2 745.87	2 823.81
醋酸	2019 年 9 月	2 771.66	3 077.43
醋酸	2019 年 10 月	2 541.95	2 799.90
醋酸	2019 年 11 月	2 175.92	2 363.04
醋酸	2019 年 12 月	1 815.24	2 197.43
醋酸	2020 年 1 月	1 728.25	2 230.38
醋酸	2020 年 2 月	1 690.27	2 319.69
醋酸	2020 年 3 月	1 699.94	2 048.47
醋酸	2020 年 4 月	1 704.43	1 948.51
醋酸	2020 年 5 月	1 883.93	2 231.49
醋酸	2020 年 6 月	1 629.77	1 955.54
醋酸	2020 年 7 月	1 860.29	2 231.24
醋酸	2020 年 8 月	1 842.19	2 156.55
醋酸	2020 年 9 月	1 735.40	2 132.94

物料名称	接收会计期间	平均采购单价	市场查询价格
醋酸	2020 年 10 月	1 754.73	2 191.82
醋酸	2020 年 11 月	2 125.26	2 542.35
醋酸	2020 年 12 月	3 265.88	3 823.58
醋酸	2021 年 1 月	3 094.03	3 093.81
醋酸	2021 年 2 月	3 935.18	3 935.18
醋酸	2021 年 3 月	4 780.31	4 780.31
醋酸	2021 年 4 月	5 526.12	5 526.12
醋酸	2021 年 5 月	6 459.73	6 459.73
醋酸	2021 年 6 月	6 430.81	6 430.81

引用上面列出的平均采购单价和市场价格数据表生成折线图，如图 6-1 所示。

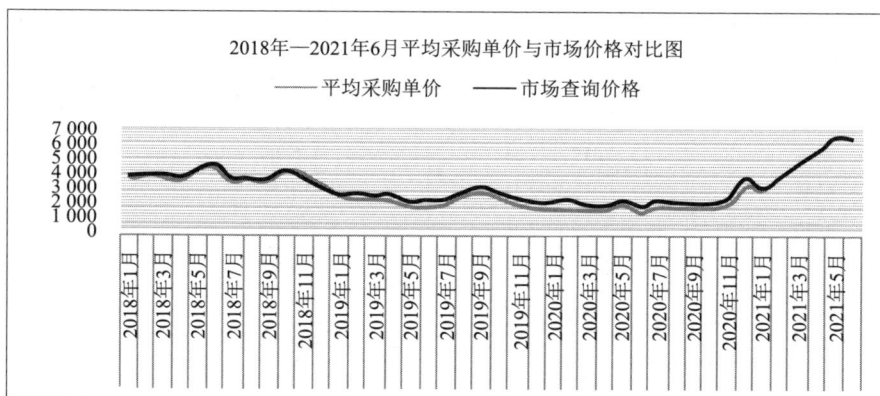

图 6-1　2018 年—2021 年 6 月平均采购单价与市场价格对比图

我们可以看到企业内部供应商采购价格与外部公开价格信息变动趋势基本一致，再加上对比结论说明：市场价格走势与企业醋酸供应商价格走势基本一致；主要供应商平均采购价格按月对比，差异较小，增减趋势一致。

此时分析底稿已经基本编制完成，在填写市场价格信息时，顺便抽取几个月市场价格的截图，标好索引附在底稿后，新人朋友可根据具体情况来编制底稿，只要合乎逻辑即可。

第 7 章 返璞归真——揭开现金流量表的面纱

"返璞归真"含义即除去外饰，恢复原来的质朴状态，用来形容现金流量表自身或者我们学习的过程是很贴切的。因为现金流量表比资产负债表和利润表要"纯粹"许多，不同于前两张表以权责发生制为基础编制，不论虚实都要进表。现金流量表以收付实现制为基础编制，划分为经营活动、投资活动和筹资活动三个部分，只记录当期实际收到和支付的现金，这就和我们记流水账一样，而且具体的现金流量表的项目也接近"大白话"。审计师结合相关科目，配合看序时账里的摘要很容易识别出来。

7.1 现金流量表编制的逻辑

现金流量表便于信息使用者了解企业净利润的质量，无论管理层如何吹嘘盈利能力，账面净利润数据多漂亮，经营活动产生的现金流量净额不理想，也就很难印证企业的经营能力。上市公司经营活动产生的现金流量净额及变动趋势与净利润不匹配，也容易被监管部门问询，如净利润很高，但经营活动产生的现金流量净额却很低。一方面可能是企业账面实现的收入存在大量赊销，在报告期内客户尚未回款，此时我们再看附注披露的应收账款，如果1年以上的金额占比较大，说明款项收回存在一定的风险，但如果是类似工程类项目，结算周期较长，款项未收回有一定的合理性；另一方面可能是销售订单增加导致原材料采购量增加，也可能是在采购量变动稳定的情形下采购单价增加，也可能两者兼有，最终导致预付账款增加，占用了较多的经营资金。所以要配合经营情况，制作年度和月度的采购单价对比分析，同时查看销售收入和采购金额的变动趋势是否有关联，以此来印证我们的想法。

通过现金流量表，报表使用者能够了解现金流量的影响因素，评价企业的支付能力、偿债能力和周转能力。举例来说，衡量短期偿债能力有几个常见的指标：流动比率（流动资产÷流动负债）、速动比率（速动资产÷流动负债）、现金比率（货币资金÷流动负债），很容易看出哪个更加可靠。比如A公司欠B公司100元，站在B公司的角度，A公司账面上有100元货币资金和有100元应收账款哪个更靠谱？答案显而易见，尽管应收账款是流动资产，也是速动资产，但是不能随时变现，而100元货币资金可以随时拿出来。现金比率可靠，但是又不那么可靠，因为B公司并非是A公司的唯一债权人，并不能保证A公司账面上的100元就是还B公司的，还有可能A公司也欠C公司100元，所以要考虑可偿债资产未来变化及变现能力等问题，用现金流量比率（经营现金流量净额÷流动负债），只比现金比率多了"流量"二字，但是含义大不相同，一个是存量，一个是流量，两者可以理解为不可再生资源和可再生资源的差别，稳定的流量说明企业有可持续经营的能力。

7.1.1 拆解"销售商品、提供劳务收到的现金"公式

销售商品、提供劳务收到的现金，该项目主要反映的是企业销售商品、提供劳务实际收到的现金，包括本期销售商品或提供劳务收到的现金、本期销售商品发生的销项税费、本期收回前期销售和提供劳务的款项、本期应收票据的收现、本期销售材料和代购代销业务收到的现金、本期发生的预收款项。

计算公式为

销售商品、提供劳务收到的现金＝利润表中营业收入贷方发生额＋应交税费——销项税额贷方发生额＋（应收票据期初余额－应收票据期末余额）＋（应收账款期初余额－应收账款期末余额）＋（预收账款期末余额－预收账款期初余额）－支付的应收票据贴现利息（筹资活动产生的现金流量）－以非现金资产清偿债务而减少的"应收账款"和"应收票据"

很多新人朋友在初次编制现金流量表时，因为时间紧张，也不清楚逻辑关系，直接套用公式，但不明白原理，导致心里没底。我们举个简单例子。

案例 1 假设 A 有限公司账面应收账款期初余额有 100 元，本期新增 113 元（见会计分录一），收回 50 元（见会计分录二），期末余额 163 元。应收账款相关数据示例见表 7-1。

表 7-1 应收账款相关数据示例

金额单位：元

客户和供应商	期初余额	借方发生额	贷方发生额	期末余额
A 有限公司	100	113	50	163

（1）会计分录一。

借：应收账款   113

   贷：主营业务收入   100

      应交税费——销项税额   13

（2）会计分录二。

借：银行存款   50

贷：应收账款   50

我们可以看到，涉及的现金流量只有收回的 50 元，因此销售商品、提供劳务收到的现金应该只有 50 元，其余的需要剔除。前面的公式实质上是一个剔除与现金不相关内容的公式，我们套用公式验证如下。

销售商品、提供劳务收到的现金＝营业收入＋销项税额＋（应收账款期初余额－应收账款期末余额）＝100＋13＋（－63）＝50（元）

公式的原理：假设销售产品后，收入全部都收到现金，然后剔除掉未收现的部分，或者加上本期收回的上期欠款。

大家的困惑应该在于为什么用"期初余额－期末余额"，我们来进行拆解，以应收账款为例：

期初余额（100）＋本期增加额（113）－本期减少额（50）＝期末余额（163）

增加额，说明本期赊销增加，不涉及现金流入，要减掉；减少额，说明收回本期或前期欠款涉及现金流入，要加上。

我们进行移项，期初余额（100）－期末余额（163）＝－本期增加额（113）＋本期减少额（50），结果为负数，意味着是本期尚未收回的欠款。

在这种情况下，销售商品、提供劳务收到的现金＝假设本期收到全部现金＋（－实际尚未收到的现金）。

我们再来看结果为正数的情况。在其他条件不变的情况下，假设收回的欠款是 200 元，科目余额表示例见表 7-2。

7-2 科目余额表示例

金额单位：元

客户和供应商	期初余额	借方发生额	贷方发生额	期末余额
A 有限公司	100	113	200	13

此时，期初余额（100）－期末余额（13）＝－本期增加额（113）＋本期减少额（200）＝87（元），结果是正数。

因为本期赊销一共才发生 113 元，但收回了 200 元，所以收回的欠款里包含上期赊销的金额，而现金流量编制基础是收付实现制，所以在本期要加上收回的前期欠款。

在这种情况下，销售商品、提供劳务收到的现金＝假设本期收到全部现金＋本期收回的上期现金，所以对于应收账款（期初余额－期末余额），结果为负数代表着本期尚未收回的欠款，加上负数即为减法，也就是剔除的过程；

结果为正数代表着收回的前期欠款，加上这一部分使现金流量完整。应收票据（期初余额－期末余额）也是同理。

我们再来推导公式，新人朋友就知道核心原理了。将会计分录一和会计分录二进行合并。

借：应收账款   113

  银行存款   50

  贷：主营业务收入   100

    应交税费——销项税额   13

    应收账款   50

借贷两边变成等式，即：应收账款（113）＋银行存款（50）＝主营业务收入（100）＋销项税额（13）＋应收账款（50），再进行移项：银行存款（50）＝主营业务收入（100）＋销项税额（13）＋［应收账款（50）－应收账款（113）］

此时再对应最开始的公式，新人朋友就知道公式计算的逻辑了。

7.1.2 拆解"购买商品、接受劳务支付的现金"公式

购买商品、接受劳务支付的现金计算公式为

购买商品、接受劳务支付的现金＝营业成本＋当期支付的进项税额（应交税费——进项税额）＋（应付账款期初余额－期末余额）＋（应付票据期初余额－期末余额）＋（预付款项期末余额－期初余额）＋（存货的期末余额－期初余额）－当期计入生产成本和制造费用的职工薪酬－当期计入生产成本和制造费用的折旧费用

我们用上节的思路继续验证购买商品、接受劳务支付的现金公式。

案例 2 假设 A 有限公司原材料期初余额 50 元，本期新增 100 元，本期减少 60 元，期末余额为 90 元，对应的科目余额表见表 7-3。

表 7-3   科目余额表示例

金额单位：元

项　　目	期初余额	借方发生额	贷方发生额	期末余额
原材料	50	100	60	90
库存商品	10	60	60	10
应付账款	150	80	113	183
主营业务成本	—	60	60	—

（1）原材料采购与付款对应的会计分录如下。

借：原材料   100

　　应交税费——进项税额   13

　　　贷：应付账款   113

借：应付账款   80

　　　贷：银行存款   80

（2）假设直接领用结转到库存商品，暂不考虑出库计价方法，会计分录如下。

借：库存商品   60

　　　贷：原材料   60

（3）结转成本分录如下。

借：主营业务成本   60

　　　贷：库存商品   60

我们可以直接看出实际的现金流出只有 80 元。通过公式计算购买商品、接受劳务支付的现金＝营业成本＋当期支付的进项税额＋（应付账款期初余额－期末余额）＋（存货的期末余额－期初余额）＝60＋13＋（150－183）＋（100－60）＝80（元）。

为什么这样的公式能得出实际的现金流出，我们将上述分录"大合并"。

借：原材料   100

　　应交税费——进项税额   13

　　应付账款   80

　　库存商品   60

　　主营业务成本   60

　　　贷：应付账款   113

　　　　银行存款   80

　　　　原材料   60

　　　　库存商品   60

这样借贷变成等式，即：原材料＋进项税额＋应付账款＋库存商品＋主营业务成本＝应付账款＋银行存款＋原材料＋库存商品。

100＋13＋80＋60＋60＝113＋80＋60＋60

再进行移项，即：银行存款＝主营业务成本＋进项税额＋（应付账款－

应付账款）＋［（原材料－原材料）＋（库存商品－库存商品）］

80＝60＋13＋（80－113）＋［（100－60）＋（60－60）］

和上节的问题一样，为什么用"期初余额－期末余额"，我们来进行拆解：

以应付账款为例，从科目余额表可以看出：期初余额（150）＋本期增加额（113）－本期减少额（80）＝期末余额（183）。

将上面分录移项的公式中"应付账款（80）－应付账款（113）"，和应付账款科目余额表公式对比，只涉及本期增加额（113）和本期减少额（80），但通过对科目余额表公式移项，可以得到：期初余额（150）－期末余额（183）＝本期减少额（80）－本期增加额（113），和"应付账款（80）－应付账款（113）"是一样的结果。

减少额，说明是支付本期或前期欠款，涉及现金流出，要加上；增加额，说明本期赊购增加，不涉及现金流出，要减掉。

在这种情况下，购买商品、接受劳务支付的现金（80）＝假设本期增加额已全部支付（113）±实际尚未支付的现金（80－113），所以对于应付账款（期初余额－期末余额），结果为负数代表着本期尚未支付的欠款，加上负数即为减法，也就是剔除的过程；结果为正数代表着支付的前期欠款，加上这一部分使现金流量完整，其他科目也是同理。

7.2 如何用序时账法编制现金流量表

序时账法也叫简易法，编制现金流量表不仅准确，而且最为容易，此刻忘记公式法、工作底稿法等不容易理解的方法，记住八个字"返璞归真，大道至简"。站在财务人员的角度上来说，就是平时记账时对涉及现金流入流出的会计分录，同时判断现金收付属于哪一个项目。站在审计人员的角度上来说，相当于重新执行，全部的流程就是分类汇总工作，像是把散落在地上的红豆、绿豆，挑出来整理好，最简单的方法是看红豆和绿豆哪个少，就先挑出来。现金流量表这个筐里混在一起的"豆子"种类稍微多了一些，不过还是可以挑出那些有明显特征的，如投资活动和筹资活动发生次数少，特征也很明显，将我们最终挑好的结果和被审计单位的结果对比，核实差异后进行现金流调整，过程很简单。我们来看下面的四个步骤，快速学会编制现金流量表。

步骤一：可以通过导账软件导出有对方科目和现金流项目的序时账，没有导账软件可以请被审计单位提供，导出 excel 后会有些无关的列，将其删减后只保留以下标题列，示例见表 7-4。

表 7-4　标题列示例

日　期	字　号		摘要	科目名称	借方金额	贷方金额	对方科目

步骤二：筛选对方科目为银行存款的行，然后把这部分单独粘贴到一张表里，示例见表 7-5。

表 7-5　筛选示例

金额单位：元

日　期	字	号	摘要	科目名称	借方金额	贷方金额	对方科目	现金流项目
2003 年 2 月 10 日	3	1	××	其他应付款	—	1 000	银行存款	支付给职工以及为职工支付的现金
2023 年 2 月 10 日	3	1	××	预收账款	—	2 000	银行存款	销售商品、提供劳务收到的现金

需要用借方和贷方金额合计与科目余额表中银行存款借方和贷方金额核对一致。

步骤三：根据摘要划分现金流量项目，技巧就是先找明显的项目，示例如下。

（1）支付给职工以及为职工支付的现金，包括本期实际支付给职工的工资、奖金、津贴和补贴、福利费、社会保险费用及公积金、代扣代缴的个人所得税等，这些费用主要筛选"应付职工薪酬"和"应交税费——个人所得税"科目，在现金流量项目列选择"支付给职工以及为职工支付的现金"，然后下拉或全选后复制粘贴，见表 7-6。

表 7-6　缴纳社会保险费

金额单位：元

日　期	字	号	摘要	科目名称	借方金额	贷方金额	对方科目	现金流项目
2023 年 2 月 10 日	4	2	缴纳社保（单位）	应付职工薪酬	1 000	—	银行存款	支付给职工以及为职工支付的现金
2023 年 2 月 10 日	4	9	缴纳社保（单位）	应付职工薪酬	2 000	—	银行存款	支付给职工以及为职工支付的现金

注：支付给在建工程人员的工资，属于"购建固定资产、无形资产和其他长期资产支付的现金"，关注报表是否有在建工程项目，注意区分。

（2）支付的各项税费。企业本期应交且已缴纳、以前各期发生于本期支付以及预缴的各项税费等，如所得税、增值税、房产税、土地使用税、土地增值税、消费税、城市维护建设税、教育费附加等。

这些费用主要筛选"应交税费"下有"已交"字眼的二级科目，在现金流量项目列选择"支付的各项税费"，然后下拉或全选后复制粘贴，见表7-7。

表7-7　缴纳的各项税费

金额单位：元

日　　期	字	号	摘要	科目名称	借方金额	贷方金额	对方科目	现金流项目
2023年2月10日	4	7	缴纳印花税	应交税费——印花税（已交数）	1 000	—	银行存款	支付的各项税费
2023年2月10日	4	8	缴纳所得税	应交税费——所得税（已交数）	2 000	—	银行存款	支付的各项税费

注意以下事项：①支付的个人所得税，属于"支付给职工以及为职工支付的现金"；②销售商品发生的销项税属于"销售商品、提供劳务收到的现金"；③购买商品发生的进项税属于"购买商品、接受劳务支付的现金"；④购建固定资产发生的进项税属于"购建固定资产、无形资产和其他长期资产所支付的现金"；⑤除经营活动外的进项与销项税属于"支付或收到其他与经营活动有关的现金"。

（3）"购建固定资产、无形资产和其他长期资产所支付的现金"和"处置固定资产、无形资产和其他长期资产所收回的现金净额，分别筛选"固定资产"和"固定资产清理"科目。

（4）"支付其他与经营活动有关的现金"与"收到其他与经营活动有关的现金。

企业发生的除经营活动外的其他与经营活动有关的现金，如经营租赁租金、差旅费、业务招待费、银行手续费等支出，主要筛选管理费用、财务费用、其他应收款、其他应付款、营业外收入、营业外支出、其他收益等。

关注摘要是否有以下例外事项：①补缴的税费计入支付的各项税费；②滞纳金计入支付其他与经营活动有关的现金；③收到返还的各项税费，如收到的即征即退的各项税费，产品出口企业收到的出口退税款计入收到的税费返还。

（5）购买商品、接受劳务支付的现金，主要是企业购买商品、接受劳务所实际支付的现金，以及产生的进项税额，主要筛选预付账款、应付账款、应交税费——进项税额、生产成本等。

预付账款要根据性质来填列：①购建固定资产、无形资产和其他长期资产的部分应在"购建固定资产、无形资产和其他长期资产所支付的现金"中反映；②采购原材料、库存商品的部分应在"购买商品、接受劳务支付的现金"中反映；③采购办公用品等其他支出部分应在"其他与经营活动有关支付的现金"中反映。

（6）销售商品、提供劳务收到的现金。本项目主要是本期销售和本期收回商品、提供劳务收到的现金，以及销售商品发生的销项税额，主要筛选应收账款、预收账款、合同负债等。

筹资与投资特征很明显，新人朋友看摘要就可以直接判断，同时关注交易性金融资产、长期股权投资、实收资本、资本公积、长短期借款等科目变动，还有很多项目不一一举例，学会以上的方法，可以任意找一家企业的序时账来练习，会越来越熟练，可以不限于上面的思路，根据自己的习惯增加辅助列。

步骤四：插入数据透视表，在字段列表勾选借方金额、贷方金额、现金流项目就可以生成现金流量表各项目发生额，然后填列现金流主表，此时现金流量表编制完成。

第 8 章　尘埃落定——尾章

本章是本书的最后一章，主要为笔者在工作中对一些事务的看法，如业财融合、审计收费与独立性、事务所利益与员工待遇的矛盾，以及对审计工作压力的调节。

8.1 从审计的角度看业财融合

很多审计人在审计过程中往往会有一种无力感：一方面由于项目时间紧，不得不速战速决，一般都是快速发现常规的问题，但最本质最该重视的问题却无法执行；另一方面，我们作为第三方中介机构，不好过多干涉企业运营管理，在保证审计独立性的前提下帮助企业解决实际问题，其实更能给我们带来成就感。各个岗位都有它的局限性，我们往往听说业财融合，但实际做到这样比较困难：一是岗位职责范围的局限性；二是企业内部整体对业财融合的认识，大家都只想管好自己的"一亩三分地"，并不想越界，既浪费自己的时间，又可能因为越界而担责，正所谓少做少错，不做不错。业财融合的意义很重要，比如提升财务人员的综合素质，提高公司整体财务管理水平等。大道理都懂，关键是怎么做？因此站在审计的角度来看企业如何实现业财融合。

一是业财融合并不能仅靠财务人员和业务人员主动去实现，没有高层领导牵头，业财融合只是空中楼阁，无法执行。业财融合需要企业高层领导的支持，以免出现问题互相推诿扯皮，所以一定要由企业高层领导牵头制定相关制度，明确业财融合管理模式下财务人员与业务人员的职责范围，使其不再束缚于传统的岗位职责，不再因担心"越界"而担责；也需要有实质性的奖励，做到奖惩分明。

二是财务人员需要改变传统的思维模式，主动创造价值，与业务部门进行深度沟通，熟悉业务、深入业务，清楚每一笔经济业务的来龙去脉，参与重大合同的签订、执行（很多财务人员没有参与，仅看合同进行归集做账，其实很难产生对业务的认识。当然并不是财务人员不积极好学，而是财务人员的职权实在太小，负责人可能都不知道会计有会计核算和会计监督两项基本职能）。对于涉及业务判断相关的复杂账务处理问题，要有对问题的思考分析，主动搜索案例，及时更新财务知识储备，而不能遇到问题等待上层解决，机械执行；对业务人员来说，在执行具体业务时同样需要养成从财务角度思考问题的意识，主动与财务人员沟通，积极配合财务部门核算工作，保留好业务的原始凭据，并及时按业务的逻辑顺序整理，向财务人员说明业务实质，而不是把单据直接递给财务人员。

三是设置专门的财务 BP 岗位，使其作为连接财务部门与业务部门的关键纽带，促成财务与业务的协同。或是执行轮岗制度，轮岗范围为公司财务系统内不同岗位，与财务关联较多的业务岗位、驻外项目组之间，使其熟悉不同岗位的工作特点、业务的关键风险点，作为业财融合的另一个切入点，从而提高公司整体财会人员的综合素质和管理水平。

我们最开始以为业财融合的主要着力点是改变财务人员的思维，后来在 IPO 项目审计中发现这个想法单靠财务人员是无法推动进度的。比如某 IPO 企业报告期间以开票确认收入，显然不符合《企业会计准则》要求，所以要进行全面修正，但企业平时没有收集客户验收单，只有送货单，但送货并不代表最终验收，所以当以客户验收时点作为收入确认的时点，这时候就需要补充验收单，但财务不清楚具体验收的时间，只有销售部门的业务员才有第一手数据，销售部门的业务员有几个人，每个人负责不同的客户，就需要这几个人分别去找客户补充验收单，然后将具体的验收日期补录入销售台账中，但项目进度很紧，不能等验收单收齐了再做调整，所以要请这 n 个业务人员先把预估的验收日期填上，由审计师初步复核。但业务人员填得随心所欲，合同中约定了几个付款节点，如预付款 30%，发货后付 30%，验收合格后付 30%，质保期满后付 10%，业务人员并没有结合结算政策和回款时间来判定一个正确的验收日期。如 2021 年收到验收款，却被填到 2022 年或者 2020 年确认收入，没有理解简单的时间逻辑。而这个工作又不能由财务来做。当然，如果企业不上市，业务和财务各做各的关系不大，但一旦要准备上市，前期不规范的做法都会直接导致后期整改的困难，而企业迫切想要上市，使得短期内整改工作量极大，而且非常容易出错。

IPO 项目审计中，除了和销售部门沟通，还要和其他各个业务部门对接，对于审计人员来说，业财融合也具有重要意义。审计人员其实在此方面有一定的优势条件，因为具有一定的财务知识，还可以在访谈不同企业内部控制流程时，向被访谈人员了解业务流程，闲聊中了解到一些行业惯例、规则；也可以向财务和业务人员请教其日常的工作。当然，知与行完全是两回事，如果不亲身去体验，去执行，可能过一段时间就忘得一干二净，所以如果有机会还是要到可以执行的平台去体验，也许才会有成就感。

8.2　审计独立性、事务所利益与员工待遇的矛盾

1. 审计收费与独立性的矛盾

由企业付钱给事务所，本质上是销售与客户的关系，事务所又希望承接更多客户的其他业务，或者从现有客户中获取其他客户资源，独立性被削弱是不可避免的事。如部分企业会把事务所审计作为内审使用，希望其发现集团内的问题，发现的问题少或者没有发现问题就会怀疑审计没有出力，但发现的问题里，哪些可以上报上一级主管部门，并不取决于事务所。

2. 事务所利益与员工待遇的矛盾

这是审计行业比较突出的矛盾，为了获取新业务，维持或超越原有业务收入的目标，事务所低价承接审计项目、降本增效等，导致员工的个人时间被压缩、待遇降低等矛盾，这些矛盾往往会向下转移，如为了按时完成项目，项目负责人进一步提高组员工作强度，可能会导致员工为了个人增加闲暇时间而消极怠工，敷衍了事或拖延交付工作成果。但我们很难直接定性谁对谁错，比如没业务或业务减少，部门业绩不达标，合伙人与员工收入就会降低；但如果项目过多且收费低，导致时间紧张，员工压力大，项目质量会低下，导致严重的审计风险。两者的平衡需要管理层和基层审计人员共同去努力，管理层需要多听一听员工反映的问题和建议，建立良好的双向沟通机制；员工也要换位思考，在力所能及的范围内为企业分忧。

以上问题也会衍生出其他矛盾。注册会计师资格作为国内最难的考试之一，证书含金量较高，通过考试可以执业签字，不论是提升社会地位还是为了职业上长久发展，对审计人员的重要性不言而喻。有的事务所忙季加班，淡季调休备考；有的事务所会专门为参考人员放假一段时间备考；也有的事

务所没有考试假。为了个人的职业发展，没通过考试的审计人员除了工作就是学习，而工作时间的延长必然导致学习时间的减少，很多人在考前仍然在项目上熬夜加班，面临工作按时交付和通过考试的双重压力。所以审计人员要提前准备，利用好碎片化时间，保持良好的心态，每天坚持学习。但个人学习状态受部门环境影响也比较大，所以也需要合伙人重视起来。当然从利益角度上来看，有的合伙人认为部门签字的注册会计师不需要太多，通过注册会计师考试的人反而留不住，而且考试假会影响新项目的承接、现有项目的人员的重新安排，所以不愿意给员工放假。但从长久来看，忽视员工的利益诉求会影响企业的长久发展，加快人才的流失，而且考试假也是提升部门竞争力的手段，会吸引那些有能力的员工加入。考试通过的人员越多，在项目投标及谈业务时更有优势，而且这些通过考试的员工即使留不住，也可能在未来成为合作的伙伴。

审计也好，其他行业也罢，我们需要跳出固有的思维去看问题，也许会看清当前的困境及找到破局的方向，愿各位朋友做好自己的职业规划。

8.3　关于审计工作的压力

审计是项目制的工作，工作成果有明确的交付截止日期，出于成本效益的考虑，审计师们可能会被安排多个项目，要同时推进不同项目的工作，必然会面临巨大的压力。当委屈或者工作压力到了极点，只需要轻轻加一点压力，就会点燃积压已久的负能量，导致我们的情绪失控，项目上我们可能会见到项目负责人和现场负责人、现场负责人和项目组成员之间的冲突，或者审计师和被审计单位、其他中介机构之间发生冲突等，在从事审计的期间里，很多人都有过情绪失控的那一刻，作为过来人，建议不要直接采取对抗的方式，因为这并不能解决问题，而是尽可能保持克制，冷静后提出合理的诉求，言语中不带有偏见和情绪，学着换位思考，互相解决问题，这也是保护自己的一种方式。

我们很难改变外部环境，所以还是要经营好自己，比如保持运动。一位前辈不管下班多晚，仍会去跑步，身材管理做得非常好，整个人看起来也很有活力。要按时吃饭，一位前辈项目比较多，经常在吃饭的时候被打断，或者不能按时吃饭，总是稍微闲下来的时候才有空吃点零食，长久必然会影响身体健康，我们要按时吃饭，也要提醒领导到了吃饭时间，不要害怕做第一个去吃饭的人；学会转移注意力，不再对下班时间有预期，可能某天工作忙，领导没有在预期的时间说下班，我们就会很焦虑和烦躁，不可避免的内耗，要放平心态，没有期望就不会失望。如果第二天不用上班，可以和项目组小伙伴晚上小酌几杯，吐槽一番，晚上会睡得更香；也有的朋友下班了会看书、刷剧、健身、听音乐等适合自己的方式来缓解压力。

朋友说年审时期压力特别大，经常一边哭一边继续工作，哭出来可以释放压抑的情绪，正因为我们不是机器，所以脆弱并不是缺点，被批评也不要"玻璃心"。如果确实有错误，反思自己的问题，及时复盘，争取下一次做得更好，适应能力很强的人其实是少数，我们是大多数的普通人，种子从生根发芽到开花结果，都需要一个成长的过程。

没有做过审计的朋友看到这里，会不会犹豫审计这么苦，到底要不要做审计？我们认为如果没有其他更好的选择，可以尝试做审计：一方面审计在薪酬和级别的增长比较明确，职业天花板相对其他行业来说较高；另一方面审计的工作节奏快，《企业会计准则》时常变化，工作中的复杂问题五花八门，会倒逼个人主动学习专业知识，同时培养良好的工作习惯，最重要的是学会独立解决问题的能力，这在其他行业也是适用的。

结　语

　　本书所说的审计高效工作法，是贯穿于整个审计项目，从开始到结束的全过程，如底稿的编制、向上和向下沟通、团队的管理、内部外部问题沟通等，甚至于情绪的调节，都是审计高效工作法的体现。可以说，审计思维在细枝末节中，也会悄无声息地塑造出一个坚强而独立的人格，经历过的项目，吃过的苦，熬过的夜，查过的《企业会计准则》和案例，做过的每一笔审计调整等，都会化为"骨与肉"，成为人生最宝贵的财富之一。

　　笔者和大家一样，是有血有肉的打工人，偶尔还是要暂时脱离繁杂的工作，抽一些时间来融入生活，感受生而为人的洒脱。某天去了一次附近的早市，在露天的摊位喝了一碗豆腐脑，听着吆喝声，看人来人往。初秋早晨的天气微冷，豆腐脑的热气暖着脸，那一刻感觉活着真好，像是灵魂在烟火气中得到了滋养。

　　行文至此，落笔为终。感谢读者朋友们阅读，希望这本书能给您的工作带来切实的帮助。祝愿读者朋友们身体健康，前程似锦，功不唐捐。

陈英飞